アメリカ政治外交史

［第二版］

斎藤 眞
古矢 旬

東京大学出版会

A Political and Diplomatic History of the United States, 2nd ed.
Makoto SAITO and Jun FURUYA
University of Tokyo Press, 2012
ISBN978-4-13-032218-8

第二版まえがき

本書初版が刊行された一九七五年以降、アメリカ合衆国の内政外交もそれを取りまく世界も大きく様変りした。内ではニューディール以来のリベラルな福祉体制の限界があきらかになるとともにさまざまな保守主義勢力が台頭し、外では対ソ関係は極度の緊張を経て、やがて急速に和解へと向い、ついには冷戦の終結へと至った。しかし、こうした大きな変化が長期的に安定した新たな政治体制の確立を導くことはなかった。かつて、歴史家アーサー・シュレシンジャー・ジュニアや有力な政党史研究者たちによって、アメリカ史は、ほぼ三〇年間一世代毎に安定的な政治体制の交代をみてきたとするいわば史的サイクル論が提起され説得力をもったことがある。しかし、一九七〇年代中葉以降のアメリカ史に限っていえば、そうした明瞭な転換による新しい安定的政治体制の登場をみることはなかった。その間は、むしろ党派対立が激化の一途を辿り、支配的党派が短期間で入れ替り、政治勢力の配置が不断に変化してきたことを考えるならば、安定性よりは流動性こそが顕著な時代的特性であったといえよう。

この約四〇年間のアメリカ史を根本から突き動かしてきた要因の一つは、おそらくグローバル化という新しい現象であろう。この間の情報・通信・運輸に関わるテクノロジーの飛躍的な発展は、確実に地球を小さくし、国家の壁を越えた通商の拡大や人々の移動を促し、諸国民の相互依存関係を緊密化し、一国的な安全保障を困難にしてきた。こうしたグローバル化の流れは、従来は各国民国家の内側に閉じ込められてきた労働市場や公的福祉の領域にも及び、それらの安定性に破壊的な影響を及ぼしている。その点、アメリカというしばしばグローバル化の起点となってきた大陸国にして、なお例外ではない。この第二版は、初版にとって大方のところ想定外であったと思われる、福祉国家体制の動揺、冷戦の終結、グローバル化といった諸現象に光を当てることによって、七〇年代中葉以降のアメリカ政治外交史を書き継ごうとするものである。

初版のまえがきにおいて、著者斎藤眞はチャールズ・ビアードを引きながら、およそ書かれた歴史は「一つの解釈」にほかならないとのべている。まさにこの初版は、通史としての植民地時代以来のアメリカ政治外交史に一つの視角から独自の一貫した解釈を提示することを目的とし、それを見事に達成した成果であったといえよう。それゆえ(この間のアメリカと日本におけるアメリカ史学の飛躍的な発展を斟酌するならば、あるいは異例のことかもしれないが)、初版の歴史作品としての一貫性と完成度を尊重し、それを活かそうとする立場から、この第二版では必要最小限の語句や表記の訂正を除き初版には一切手を加えていない。第二版の目的は、したがって「古典」としての初版の通史解釈を、可能な限り現代理解にまで延長してみることにある。もとより初版の著者と第二版の著者とでは、世代はむろん、背景となる経験や教養においても、歴史観・政治観においても隔たること大きく、こうした試みは木に竹を接ぐたぐいの冒険といえるかもしれない。ただ「一つの解釈」としての通史を追求するという初版の著者の立場は、第二版の著者もこれを踏襲するものである。

そのようなしだいで、本書の初版まえがきから第一〇章までと初版あとがきとは、(第一〇章タイトルの変更を除き)斎藤による初版のままであり、第二版まえがきと第一一章から終章までと第二版あとがきが古矢による付加部分となる。したがって前者の部分における「今」「今日」「現在」は、一九七五年時点を指し、「私」は斎藤を指し、後者における「今」「今日」「現在」は、二〇一二年、「私」は古矢を指すことをお断りしておきたい。なお参考文献解題は最新の書誌情報に基づき全面的に改訂し、初版では人名索引のみであったところに、事項索引を付け加えた。

この、いわば二つの通史の接合という試みの成否についての判断と批判は、読者に委ねることとしたい。

二〇一二年三月

古矢　旬

初版まえがき

一九三四年十月、チャールズ・A・ビアードがアメリカ歴史学会の年次大会で「信念の行為としての歴史叙述」と題する会長演説を行なった時、それは激しい論議を呼び起した。その演説、後に刊行されたその論文は、いわゆる客観的実証史学に対する挑戦として把えられ、あたかも主観的な恣意的な、つまり政治的な歴史叙述を奨励するものとして批判された。確かに、J・H・ロビンソンなどの提唱した「新歴史学《ニュー・ヒストリー》」は現在志向的であるだけに、その歴史叙述が現実政治上の意味合いをもってくることが少なくない。事実、ビアード自身についても、その『合衆国憲法の経済的解釈』(一九一三年)から晩年の『ローズヴェルト大統領と一九四一年の開戦』(一九四八年)にいたるまで、その歴史叙述はしばしば政治的論議の的となった。

しかし、ビアードの右の論文、またことにこの論文に対する批判に応えた「かの高貴な夢」と題する論文を、今「客観的に」読むならば、ビアードののべていることは、「信念の行為」として歴史を書けという「当為」ではなく、「歴史を書く時、歴史家は意識するとしないとにかかわらず、一種の信念の行為を遂行する」「存在」であるということにほかならない。つまり本来「歴史家の能力は限られており、歴史家は歴史についての〈客観的真実〉を追究することはできるかもしれないが、それを発見することはできず、〈それが事実であったごとくに〉歴史を叙述することはできない」ことを警告しているのである。「信念の行為としての歴史叙述」とは、歴史家の傲慢を示す言葉ではなく、まさに逆に歴史家の自戒を示す言葉であった。およそ書かれた歴史は、いずれも事実あった「歴史についての絶対的真理ではなく一つの解釈《ヴァージョン》」にほかならないのである[1]。

今アメリカ史の研究史を省みる時、アメリカ史について歴史叙述が始められて以来、同じ「事実」について実に多くの解釈が展開されてきていることが目につく。独立以来二〇〇年になるが、アメリカ独立革命についての解釈も、十九世紀前半のたとえばバンクロフト流の愛国派的解釈から、今日のストートン・リンドなどのいわゆる新左翼的な解釈まで、くりかえし「新しい」解釈が行なわれてきている。事実、アメリカ史学界において、しばしば「新観点」「新解釈」「新構成」「修正主義」といった表現が使用され、またそうした表題を伴った研究書も少なくない。もとより、歴史解釈が改められるのには、新しい史料の発見に基づく新しい「事実」の出現ということも大きな役割を果しているであろう。また、隣接社会科学の新しい方法論を導入することによって、既知の「事実」に新しい光をあて、歴史解釈の新分野を開拓することもあろう。さらに、ごく一般的な命題として、時代と共に「歴史は書きなおされる」ということもあろう。しかし、それら以外に、アメリカ史解釈の多様な可変性に対する、それこそ特殊アメリカ的解釈というものはないであろうか。

その時、これまた非実証的な仮説の提示になるが、アメリカ社会が、ヨーロッパに旧体制をおいてきて、近代社会と共にはじまり、基本的には一つの社会体制のみを経験してきた社会であることが思いうかぶ。アメリカ社会は、周知のごとく世界最古の成文憲法をもち、その限りでも一つの政治体制が継続してきた社会である。この基本的継続性をもつアメリカ社会においては、事実としての歴史自体いまだ過去のものとはなりきっていない面をもつものといえよう。つまりそこでは、歴史叙述は同時代史的性格をもってくる。これは、必ずしも最近のアメリカ史、たとえば冷戦史、ニューディール時代史についてのみならず、南北戦争史についても、さらにアメリカ独立革命史についてもいえる。同時代史としての歴史的叙述は、意識するとしないとにかかわらず、ある特定の時代に生きるその歴史家の引照基準によって規制され、現在の歴史状況が過去の歴史状況の中に投射される。ここにアメリカ史が頻繁に再解釈されることに対する一つの解釈が成り立ちうるのではなかろうか。(2)

他方、この継続性＝同時代性＝解釈の可変性という仮説と共に、まさしくこの継続性の故に、歴史叙述を規制する引照基準の基本的同質性ともいうべきものがアメリカの社会には認められよう。少なくとも独立以来、アメリカ社会には、基本的には同一の価値体系が支配しており、アメリカ史とはこの価値体系の空間的時間的拡大再生産であるという性格をもってきた。一見激しい価値論争もこの基本的価値体系についての解釈争いであり、いわば本家争いであることが多い。その点、上にのべた多岐的再解釈も、実はその根底においては共通の前提に立っているということができよう。

今、一九七〇年代のアメリカ社会は、独立二〇〇年にしてその価値体系の、外に空間的拡大の限界を体験し、内にその深刻なる亀裂を経験する。独立二〇〇年を迎えて、当然アメリカ史の伝統が強調されるであろうし、また事実ウォーターゲイト事件の処理などにおいても、明らかにそのよき伝統の強さを認めることができる。しかし、他面独立二〇〇年を迎えて、アメリカ社会はようやく過去との断絶を意識し、過去が同時代史的にではなく、過去そのものとして意識されてゆく時代に入りつつあるのではなかろうか。その時、より根底的にアメリカ史の新しい解釈が出てくるのかもしれない。

本書は、大学におけるアメリカ政治外交史のテキストを目指したものであり、いわゆる通史の形をとっているが、ごく限られた頁数の中に三七〇年間の歴史を叙述するにあたっては、一方で「事実」の選択と記述の省略とを行なうと共に、他方で自分なりの「解釈」を行なわざるをえない。自分自身の能力の限界もさることながら、史料への接近、文化的環境の差、日米関係のインパクトといった面でも、叙述の前提条件が当然アメリカの研究者とは異なってくる。私が最初にアメリカ史に接したのは、太平洋戦争開始の前年、高木八尺先生の講義（ヘボン講座）[3]においてであり、アメリカに留学したのは一九五〇年代のはじめであった。どれだけ自分で自覚しているかは別として、教育環境・生活環境・政治環境によって、叙述はおのずから規定されているであろう。私なりに「客観的」に、「禁欲的」に叙述を試みたつもりであっても、結果的には均整のとれた通史とはほど遠く、一つの「試論」以外のなにものでもない。同学の方々からいろいろ批判をいただければ幸いである。

一九七五年七月

斎藤　眞

（1）Charles A. Beard, "Written History as an Act of Faith," *American Historical Review*, vol. 39 (1933–34), 219–231; James Harvey Robinson, *The New History*, 1911; C. A. Beard, *An Economic Interpretation of the Constitution of the United States*, 1913, *President Roosevelt and the Coming of the War*, 1941, 1948; "That Noble Dream," *American Historical Review*, vol. 41 (1935–36), 74–87.

(2) このことは、どちらかというと意識的に現在志向的な革新主義史学あるいは新左翼史学についていえるのみではなく、むしろたてまえとして過去志向的な実証史学あるいは新保守主義史学についていえることであろう。その点、アメリカ史学史はそのままずぐれてアメリカのインテレクチュアル・ヒストリーを形成するといってよい。アメリカ史解釈史については巻末の参考文献解題を参照。

(3) ヘボン式ローマ字で名の知られる宣教師ヘバンの遠縁にあたるニューヨークの銀行家ヘバン (A. Barton Hepburn) の寄付で、東京大学法学部に一九一八年「米国憲法・歴史及外交」の講座が設けられた。正式には一九二三年開設、一九二四年、高木八尺教授によって開講される。同講座は通称「ヘボン講座」と呼ばれ、現在の「アメリカ政治外交史」講座に引きつがれている。おそらく、アメリカ以外において、アメリカ人以外の講師によるアメリカ史講座としては、世界でも最も古いものといえよう。

目次

第一章　植民地時代

植民地時代とは通常、アメリカ大陸に最初の恒久的なイギリス領植民地ジェイムズタウンが設立された一六〇七年から、イギリスとフランスとの間の七年戦争が終了した一七六三年にいたる時代をいう。この約一世紀半余に及ぶ歴史をここで詳細にのべる余裕はない。ここでは、独立革命以降のアメリカ合衆国の政治外交史を理解するのに必要な限りの背景を知るにとどめたい。しかし、そのことは植民地時代史自体の重要性を否定するものではない。植民地時代は、アメリカ合衆国史の単なる前史というよりはむしろ、のちのアメリカ社会・政治を基本的に規定するものとして重要視されるべきであろう。というのは、植民地時代の社会・政治が独立革命によって根本的に否定・変革され、しかるのちに近代アメリカ史が新たに始まったというよりは、むしろ植民地時代においてすでに近代アメリカ史が始まっていたといってよいからである。つまり、植民地時代のアメリカ社会は、近代アメリカ社会の原型をなすものと考えることができ、植民地時代史は単にヨーロッパ社会の延長の歴史としてだけではなく、ヨーロッパ社会と異なった新しいアメリカ社会の生成・発展の歴史としても理解することができよう。

1　植民地の建設

植民地時代を、後のアメリカ合衆国の前史として考察するにさいし、予め次の諸点に留意しておかなければならない。一つは、アメリカ合衆国の前身を、かりにイギリス領アメリカ植民地と呼ぶにしても、現実には単一のイギリス領アメリカ植民地が存在していたわけではないという点である。つまりそれはヴァジニア、マサチューセッツなどのそれぞれの特色をもった一三の異なった植民地から構成されていたことである。さらに、一三植民地以外でも、西インド諸島は、少なくとも十七世紀にはイギリス領植民地として、一三植民地に劣らぬ重要性をもっていたことも、注意されなければならない。

第二に注意すべき点は、いわゆる植民地時代のアメリカ大陸はひとりイギリスのみが植民地を建設・経営していたわけではないことである。たとえばスペインはコロンブスのいわゆるアメリカ発見以来、メキシコの征服についで、一五六五年、フロリダに恒久的植民地セント・オーガスティン（St. Augustine）を建設していた。さらに、フランスも十七世紀の前半にはケベック（Quebec）、モントリオール（Montreal）を中心にカナダ中西部にわたって広大な植民地を築いていた。あるいはオランダも、十七世紀前半に、現在のニューヨーク地方に植民地を築いている。イギリスは、こうした当時のヨーロッパ列強の間に伍して、しかもややおくれて東部沿岸を中心に植民地を築いたわけである。この点からいえば、植民地時代の歴史とは、これら列強の植民地の建設・経営をめぐる国際的紛争の歴史でもあり、ヨーロッパにおける諸列強間の苛烈なる権力抗争の新大陸版としての性格をもっていたのである。つまり、植民地時代史はヨーロッパ諸帝国間の世界大における抗争の歴史の一部であり、この抗争を通してのイギリス帝国建設の一環として理解されるべき面をもっている。その点、先回りしていえば、いわゆるアメリカの独立とはイギリス帝国の部分的解体であり、同時に「アメリカ帝国」建設の端緒をなすものであったともいえよう。

第三に、本来アメリカ大陸に先住していたいわゆるアメリカ・インディアンの存在に着目しなければならない。この点からみれば、植民地時代史はまた、先住民たるアメリカ・インディアンとヨーロッパからの主たる移住者であるアングロサクソン民族との抗争の歴史、アングロサクソン民族の手によるインディアン征服の歴史であったと、解することもできよう。その点一七六三年に終了したヨーロッパにおける七年戦争が、アメリカ史においては「フランス人とインディアンとに対する戦争」(French and Indian War) と称されていることは、きわめて象徴的であるといわなければならない。[1] 以上三つの点に留意しつつ、ここではアメリカ合衆国史の背景としてのイギリス領植民地の建設について概観するにとどめたい。

今ふれたように、ひとくちにイギリス領植民地とはいっても、それは数多くの相互に独立した植民地を含んでおり、その植民の動機・統治様式・経済構造においても相互に異なっている。これらの植民地創設の動機は、経済的・社会的・宗教的動機が複雑に絡み合って構成されているが、今これをもっぱら政治的動機にしぼり、極度に単純化していうならば、一三の植民地はいわば理念型としてほぼ二つに大別して考えることができよう。つまり、植民の動機を国家権力との関係において捉えると、いわば体制的な植民地建設運動と反体制的な植民地建設運動とが、一応区別される。

前者は、イギリス本国支配層によりイギリス本国における支配体制の外延的拡大を意図してなされたものであり、テューダー絶対王朝下の国家権力を背景に、イギリス重商主義体制の確立を目指して、貴族・ロンドン大商人などによって推し進められた植民地建設の試みである。具体的には、エリザベス女王（Elizabeth I）の寵臣サー・ウォルター・ローリ（Sir Walter Raleigh）の結果的には失敗に終った植民の試み（一五八五年）に始まり、一六〇七年のジェイムズタウン（Jamestown）の建設を経て、主として南部の各地に展開された植民地創設がこれに当る。その場合、植民地創設の事業そのものは、株式会社組織により私的企業として行なわれるが、その企業に対しては国王の特許状により広汎な権限が特権として附与され、国家権力の強大な支持が与えられていた。また植民地建設の指導者たちも、スペイン、フランスなどの先進国との競争における新興国イギリスのナショナリズムを体し、絶対王朝との一体化のもとに植民を行なっていた。その点最初の成功した植民地に、時のイギリス王ジェイムズ一世（James I）の名が冠されたことは、象徴的なことであったといえよう。したがって宗教的にはこれらの植民地が、体制宗教であるイギリス国教会（Anglican Church）のもとにおかれたことも、また当然であろう。なお、初め国王の特許状に基づく会社企業の形態をとっていたこれらの植民地は、やがて本国政府の直接統治の形態に、つまり王領植民地（Royal Colony）の形態に移行していくことによって、本国支配体制の一環としての性格をさらに明確にしていく。

これに対し、後者は、絶対王政下の国家権力に対する抵抗、少なくともそれに対する忌避の志向においてなされた植民地建設である。それはまず、十七世紀のイギリス国教会制度下における宗教的な被疎外者であり、国教会下のコンフォミティに対する抵抗者であった広義におけるピューリタンたち（Puritans）によって試みられる。

具体的には、一六二〇年のピルグリム・ファーザーズ（Pilgrim Fathers、巡礼始祖）、すなわち「分離派」（Separatists）と称される一団によるプリマス植民地（Plymouth Plantation）建設に始まる、主として東北部における植民地の建設がそれである。それは、古きイギリスの現存支配体制の外延的拡大をではなくして、比喩的にいえば古きイギリスに対する新しきイギリス、ニューイングランドの建設を志すものであった。そのことはピルグリム・ファーザーズが北米大陸への上陸に先立ち船中で締結した「メイフラワー誓約書」（Mayflower Compact）中の「契約により結合して政治団体をつくり」という個所が示すような、新たな契約によって新しい政治社会をつくろうとする発想のうちにすでにうかがうことができよう。さらに、この意識は、一六三〇年に始まるピューリタンたちのマサチューセッツ湾植民地（Massachusetts Bay Plantation）の建設が、本国における「コモンウェルス」建設以前に、自らを「コモンウェルス」と称していたことにも表現される。彼らは、世界の範となるべき「丘の上の町」を築くことを自覚していたのである。[2]

これらの北部植民地の指導者たちは、階級的にも貴族・大商人ではなく、自営農民《ヨーマンリー》出身者が多かったことにも、その体制との関係は暗示される。彼らにとってアメリカ大陸における植民地建設は、南部におけるそれと異なり、いわば他空間への移住による体制の変革を意味したといえよう。したがってこれらの植民地はその経営形態も本国の統制を比較的受けない自治植民地（Corporate Colony）の構造をとることが多く、総督もしばしば民選をたてまえとしていた。以上のように、イギリス領植民地は、その建設の政治的動機によって、主として南部に植民したいわば体制的な植民地と、主として東北部に植民したいわば反体制的な植民地とに一応大別することができる。さらに、これら二種類の植民地は、やがて、その位置した地域の自然的な環境の影響により、経済的にも異なった利害関係をもつ地方として発展してゆく。

まず、南部における植民地は、その肥沃な土壌、温暖な気候、広大な平原という自然的諸条件の故に、タバコ・米・綿などの栽培に適し、単一栽培方式《モノカルチャー》による大農園制《プランテイション》(plantation system)を発達せしめることとなった。行政区画体も、比較的広い区域をもつカウンティー制度が一般的であった。この大農園制の発達はやがて中間的な自営農民層を競争場裡から次第に脱落せしめ、山岳地帯の奥地に追いやって、いわゆる白人貧農《プア・ホワイト》(poor white)を生み出すことになる。また農園地帯においては、一方の極にごく少数の大農園主《プランター》と、他方の極に労働力としての年季奉公人(indentured servant)、奴隷との階層分化が、促進、固定化されることになる。単一栽培方式に依存する南部植民地は、土地や奴隷の購入のために資本が必要とされ、イギリス本国商人に資本を借りるものが多かったこと、また徹底した農業生産依存のため日常用品その他を本国からの輸入にまたなければならなかったことなどから、債権者、生産物の独占的購買者としてのイギリス本国商人への経済的依存度を強めることになった。つまり南部植民地はイギリス重商主義体制の重要な一環を構成していたのである。

それに対し、北部の植民地では、南部のごとき大農園制の発展は自然的条件からみて不可能であった。そこでは主として恵まれぬ気候とやせた土地とを背景に、自活するに足るだけの小農場経営が行なわれていた。したがって南部のごとき大プランターの出現もみず、相対的にいって規模を同じくする自営農民が人口の中核となる。その行政区画体も、比較的狭いタウン制度を中心としていた。経済的には北部の植民地は南部のごとき輸出用農産物をもたない。しかも建設途上の植民地として輸入すべき物資は多い。その不均衡を補うためにとられた方法が、いわゆる仲介貿易ないし三角貿易である。つまり北部植民地にとっては通商・貿易が重要な産業であり、資本蓄積の源泉であった。その結果通商を把握しているボストン市などの沿岸諸港における商人層が、北部植民地で多くの発言権をもつにいたる。なお通商・貿易の隆盛と相ともなって、北部においては海運業・漁業・造船業などの産業が発達したため、本国への経済的依存度は、南部植民地に比して相対的にいって低かったといえよう。それどころか、これらの産業に関して北部は、潜在的には本国と競争的関係にさえあった。この点で、北部はイギリス重商主義体制と基本的には対立する面を内包していたということができよう。

ところで、広大なアメリカ大陸において、南北に長く展開したイギリス領植民地は、以上に概観した南部と北部とのどちらとも共通の面をもつ、もうひとつの地方を発達せしめたことに留意しなければならない。地理的にも政治的にもそして経済的にも、いわば南北植民地の中間的地位を占めるニューヨーク、ペンシルヴェニア、デラウェア、ニュー・ジャージーなどの中部植民地（middle colonies）である。その中間的性格はさまざまな点で認められよう。まず、統治形態についていうならば、これらの植民地においては、自治植民地・王領植民地のどちらとも異なる、国王が特定の個人に与える私領植民地、いわゆる領主植民地（Proprietary Colony）の形態をとっていた。また経済的にも、農業においては南部の大農園制とは異なった大地主《マナー》制と小農経営とが併存し、生産物も小麦などの穀物を主としており、「パン植民地」（bread colonies）とよばれていた。農業とともに商業も早くより発達し、フィラデルフィア（Philadelphia）は植民地時代の商業の中心地となっていたことは、有名である。さらに宗教的にも中部植民地においては、ペンシルヴェニアのクエーカー教派にも示されるがごとく多様な宗派が共存し、宗教的に寛容であり、フランクリン（Benjamin Franklin）的人間の活動の地盤がそこにはあったわけである。

2　本国の植民地統治政策

植民地時代のアメリカ社会をめぐる統治関係は、二つの観点からこれをみることができよう。一つは、本国政府とその植民地としてのアメリカ社会との権力関係であり、二つはアメリカ社会内部における権力関係である。ここではまず前者の関係を概観し、その理解の上に立って、後者の関係の特色を考えることにしたい。

まず、先にもふれたように、当時イギリスは世界大の規模において、スペイン、フランス、オランダなどの列強と植民帝国の建設をめぐり角逐しており、このような状況下、その対アメリカ植民地政策は、グローバルな視野に立った対外政策の一環として決定されていたことを忘れてはならない。植民地時代に、イギリス本国がいわゆる重商主義を国是としていたことはいうまでもない。問題は、このイギリス重商主義体制の下で、アメリカ植民地がどのように位置づけられていたか、また、逆に、植民地にとって本国の重商主義政策がどのような意味をもっていたかという点にある。そこで本国と植民地との経済的関係を考察するならば、アメリカ植民地は航海法(Navigation Acts)により本国への原料および食料の供給地として、イギリス重商主義体制の一翼を担っていたということができる。たとえば航海法中にいわゆる列挙品目(enumerated articles)が設けられ、それらの生産物はひとりイギリス本国にのみ輸出されなければならなかった。また同法は通商帝国としてのイギリスの発展、そしてそれを結ぶべきものとしての商船隊の拡大を期し、本国と植民地との貿易はただイギリス船舶によってのみ行なわれるべきこと、逆にいえば、植民地に対してイギリス以外の国の船舶による貿易を禁止することを規定していた。さらにイギリス重商主義政策は、本国産業資本を擁護せんとする観点から、植民地製造工業に対しても抑圧政策をとっていた。このことは毛織物法（Wool Act 1699）を制定することによりアメリカ植民地における幼き羊毛製造業の発展を阻害しようとした企図や、これと同じ趣旨の帽子法（Hat Act 1732）、製鉄法（Iron Acts 1750, 1757）などに端的にうかがうことができる。

こうしたアメリカ植民地の本国に対する経済的従属を確保する政治的な権力機構として、あるいはいわば植民地行政の元締めとして、一六九六年に設置されたのが商務院（Board of Trade）である。これは、各植民地議会の立法の中で本国の利益に反するものを裁可しないよう、枢密院に勧告する権限をもち、また他方本国政府の代弁機関としての植民地総督（Governor）に対して、種々の訓令を与える機関であった。この本国による植民地統制政策は、前にのべた自治植民地・領主植民地を、種々の名目のもとに王領植民地にかえ、本国の直接統轄のもとにおこうとした一連の王領化政策のうちにも認めることができよう。その結果、一七五二年までには一三の植民地のうち八つまでが王領植民地となり、自治植民地はわずかにコネティカットとロード・アイランドの二植民地を残すのみとなっていた。以上要するに、イギリス重商主義政策の観点から本国の植民地統轄は、植民地時代一世紀半の間に次第に強化されようとしていた。

しかしながら強固な植民地統制政策の反面で、植民地内における自治はかなり広汎に認められていたこと、さらに重商主義政策の拘束に植民地が不満を感じてはいたにせよ、同時にイギリス帝国体制の一環をなしていたことから、植民地はイギリス重商主義の受益者でもあったことを忘れてはならない。たしかに、イギリス本国の重商主義政策は、イギリス本国の利益のため植民地に一定の犠牲を要求するものではあったが、かかる犠牲に対する対価もまた、この政策中に斟酌されていたということができる。たとえば南部のプランターは、その主要生産物であるタバコを列挙品目とされたため、これをもっぱらイギリス本国にのみ輸出しなければならなかったが、しかし他方本国ならびにアイルランドのタバコの栽培は禁止され、加えて外国産タバコにも重税が課せられていたため、結果としてアメリカ産のタバコは、本国市場独占の恩恵に浴することになった。また先にふれたようにイギリス船のみが植民地と本国との間の通商を許されていたが、アメリカ植民地の船もまたイギリス船として認められていたが故に、ここでも植民地はその独占的利益に均霑し、ニューイングランド地方、ニューヨーク、ペンシルヴェニアなどの海運業・造船業は、これにより大いに発展助長せしめられていたのである。

以上のように重商主義政策中にすでに一定の代償による植民地の利益が考慮されていたことのほかに、本国の政策で著しく植民地人の利益に反するものに対しては、植民地人はしばしばあえて、これを無視しても自らの利益を擁護しようとしていたことに留意しなければならない。ボストンやニューヨークにおいて、本国の取締条例を無視して、大々的に行なわれていた密貿易はその最も顕著な例であった。ことに一七三三年の糖蜜法（Molasses Act）はイギリス領西インドの砂糖プランターを保護するために制定されたものであるが、同法に反するニューイングランド商人の密貿易には注目すべきものがある。イギリス本国は、当時対外戦争に多忙をきわめ、海軍力を密貿易取締りにまで動員する余裕はなかったこと、またアメリカ大陸におけるイギリス税関は、弱体かつ腐敗をきわめ、密貿易を有効に取締る実力をもたなかったことなどの事情から、密貿易はなかば公然と行なわれ、本国はこれを黙認せざるをえなかったのである。また先にふれた、イギリス本国産業資本保護のためのアメリカ大陸における製造業抑圧の諸政策も、広大なアメリカ大陸の空間を背景にしては、それを有効に取締ることは事実上不可能であった。その結果、十八世紀の中頃までには、イギリス重商主義政策のたてまえにもかかわらず、アメリカの通商業は、そしてきわめて幼いものとはいえ製造業も、着実に発展しつつあったのである。

さらに、植民地が、本国の統轄政策に対する反感を、あえて抵抗へと顕在化しなかった理由として、軍事的な要素をつけ加えなければならない。すなわち先にのべたようにヨーロッパにおける列強の抗争は、そのままアメリカ大陸における列強の植民地間の抗争として再現されていた。アメリカ大陸におけるフランス、スペインなどの強力なる外国勢力の存在が、イギリス領植民地をしてイギリス帝国の一環として、イギリス本国の軍事力の保護に大きく依存せざるをえなくしたのである。ことにカナダにおけるフランス領植民地は、強力な統一的な軍事的性格をもった植民地であり、現実にイギリス領植民地にとって脅威を与えていた。いわば危険な隣人の存在が、イギリス本国とアメリカにおけるその植民地との結合の解体を防いでいたといえよう。さらにつけ加えるならば、イギリス領植民地人が先住民であるインディアンと抗争を展開し、その所有地を奪い去っていくに当っても、イギリス本国の軍事力の存在が大きな力となっていたことを忘れてはならない。

以上、植民地時代の本国と植民地との統治関係を極端にわりきっていうならば次のごとくなろう。まず、植民地が植民地である限り、それはいうまでもなく本国の統治下にある。また本国が重商主義政策をとっている限り、植民地はいうまでもなくその重商主義政策の統制下にあり、またしばしばその犠牲者の立場にある。つまりそこにおいては明らかに本国と植民地という支配服従関係が認められる。しかしその反面、アメリカ大陸における幼きイギリス領植民地は、その発展のためにしばしば本国に経済的・軍事的に依存せざるをえず、その意味ではイギリス重商主義体制の受益者の立場にもあり、またイギリス帝国の一環であることの恩恵にも浴していた面があったことを、否定しえない。この点、本国がその植民地統轄の政策を強化しようとしても、現実には対外戦争に多忙をきわめ、その統轄を有効に実施しえない状況にあったことも植民地には幸いしたといえよう。さらに地理的には本国と植民地との間の三千マイルの海洋が、本国権力の有効な行使を阻止したともいうことができよう。いずれにしてもアダム・スミスが『国富論』において「外国貿易を除いてはあらゆる点で植民地人は、自身のことを植民地人の勝手に処理する自由を完全にもっていた」とのべていることは、若干の誇張はあるにせよ、当時のイギリス本国とアメリカ植民地との統治関係の実情であったのである。いいかえるならば、形式的には、あるいは法的にはどうであれ、実質的にまたは政治的には、本国と植民地との間に一定の権限の分割が行なわれ、そこに一定の均衡が保たれていたということができよう。つまり本国は軍事権・外交権・通商規制権を掌握していたが、内政権・予算権・課税権などは各植民地の議会がこれを掌握し、ここに一種の実質的な連邦制というべきものが保たれていたのである。かくして植民地時代においては、本国と植民地とは相対立する利害関係、政治的な志向を内在せしめながらも、アメリカ大陸を含む世界大の国際戦争を背景に、相互の間に一定の権限の配分と利益の均衡とを保っていた。このかぎりにおいて、アメリカ植民地人は、いまだイギリス本国および国王に対して忠誠を保ち、イギリス帝国の一員であることに満足を覚えていたといえる。

3　植民地内部における権力関係

植民地に対する統治機構についていえば、まず、本国における権力機構として、国王・枢密院・商務院・イギリス議会、そしてその植民地における下部機構として、国王の任命による総督、その諮問行政機関である参議会(Council)、その他の植民地官僚機構をあげることができる。総督は国王の訓令に基づき行政権を行使すると共に、その立場から植民地議会の立法に対して拒否権を行使した。その諮問機関としての参議会の議員は、総督の推薦に基づき多くの場合国王によって任命され、植民地の上層階級出身者が多かった。これらの本国側の統治機構に対して一六一九年ヴァジニア植民地で開かれた最初の植民地議会をはじめとし、各植民地は植民地人側の合意を調達する機関として植民地人の選挙による植民地議会を組織していた。

これらの議会は、本国の植民地支配への同意調達機関としての側面をもっているが、同時に重視されなければならないのは、この植民地議会が、三千マイル離れた本国から相対的に独立な植民地の自治機関としてその機能を次第に拡大していったことである。さらに、植民地議会は、被支配層としての植民地人にとって本国支配層およびその植民地における代弁者に対する抵抗機関の役割をも果すことになる。しかし、植民地議会が、植民地人全体の自治機関ないし抵抗機関として機能するためには、その代表性に広汎な基礎がなければならない。選挙権は、アメリカにあってもイギリス国内と同様五〇エーカーの土地所有、いわゆる四〇シリングの収入のある土地所有を要件とすることが多かった。この制限によって政治参加から疎外された人々が決して少なくなかったことはいうまでもないが、当時イギリスに比して土地空間が豊富にあったアメリカにおいては、相対的には政治参加が、容易であったといえよう。つまりイギリスではいわゆる「囲い込み」の結果土地空間が縮小されていくのに対し、アメリカでは逆にいわゆるフロンティアの存在の故に土地空間が漸次拡大していくという条件の違いがあったため、政治参加の形式的要件は同じであっても、実質的な政治参加はアメリカにおいて相対的にいってはるかに広汎であったといえるわけである。

アメリカにおいて政治的争点となったのは、選挙権制限よりはむしろ代表の地域的不均衡《アンダー・リプレゼンテイション》であった。つまり多くの植民地議会選挙の選挙区割当ては東部地域の沿岸地方が開拓されたときに決定され、その後西部地域が開拓されその地の人口が増加しても議員の地域的な割当て数はほとんど変えられることがなかった。その結果西部の代表選出権が東部のそれに比して著しく低いという事態が生じたのである。しかもこれは単に地域的な不均衡を意味するだけではない。たとえば南部植民地をとればその西部地域の住民の多くは、小プランターあるいは自営農民あるいは貧農といった階層に属しており、東部地域の大プランターに対しいわば階層的に対立していた。つまり地域的不均衡は同時に階層的不均衡を意味していたのである。くわえて、このような代表権の不均衡にもかかわらず税金の割当ては各地域一律であったため、西部地域の住民の東部支配層に対する反発は、ときに反乱の形をとるにいたったこともある。一六七六年のヴァジニアにおける「ベーコンの反乱」(Bacon's Rebellion)はその最初にして最も有名なものである。小プランター、ナサニエル・ベーコン (Nathaniel Bacon) に率いられた西部の農民たちは、一時ヴァジニアの首都ジェイムズタウンの議会を占領するにいたったが、やがて鎮圧されてしまった。この事件は当時のアメリカ社会における権力への参加の地域的不均衡が、同時に階層的対立をも意味していたことを示すものとして、アメリカ植民地史上注目すべき事件であったといえよう。

ところで、植民地議会が、植民地内における統治機関というよりは、植民地内の自治機関、本国への抵抗機関として意識されたのは、政治参加の広汎性と共に、本国との物理的距離の遠隔性も作用していたといえよう。つまり三千マイルの海を隔てた本国政府が、権力そのものとして意識され、国家《ガヴァメント》として意識されていたのに対し、植民地は国家に対する社会《コミュニティ》として意識され、植民地議会は植民地内の権力や統治機関としてでなく、その社会の本国政府に対する抵抗機関として意識されるにいたる。そして植民地議会が抵抗機関として意識されればされるほど、その植民地内における統治機関としての性格は、植民地内においては認識されにくくなる。この点をやや図式化していうならば、ヨーロッパにおいては国家と社会とは同一空間内に重畳的に存在するものと意識されるのに対し、アメリカにあっては国家と社会とは異空間に分離して存在するものと意識されてくる。アメリカ社会においては、権力への距離感はしばしば物理的な距離感に比例し、空間を媒介として権力への距離感が意識されていたということもできよう。

しかし、自らの社会を没権力的な社会として意識する植民地人の権力観は、これを必ずしも全面的に幻想であったといいきることはできない。というのは植民地においては、その社会の形成に際し住民の協力を調達するために、かのタウン・ミーティングに象徴されるような、住民全体の決定への直接参加が必要でありかつ当然とされていたことを見おとすことができないからである。たしかにその場合の住民とは実際にはきわめて限られた住民であったとはいえ、少なくともたてまえとしては、決定への参加、つまり権力への参加は、社会の構成員として一つの義務とされていたわけである。したがってアメリカにおいては議会の構成に際して代表制がとられる場合にも、それは直接民主制に便宜上代替する制度として意識されていた。この点同じ代表という観念ないし制度も、アメリカにおいてはむしろ代理の観念・制度に近く、イギリスにおける国民代表の観念・制度とはおよそ異なった性格をもっていたのである。(3)

以上をごく概括するならば、イギリス領アメリカ植民地はイギリス帝国の一環として発展してきた。その間、本国政府との関係は、重商主義政策を通し、また空間的距離を媒介として権力関係として意識されたが、植民地側はイギリス帝国の受益者の立場にもあり、さらに本国側のいわゆる「有効なる怠慢」(salutary neglect) もあって、本国と植民地との間には一種の実質的な連邦制が発展・維持されてきた。一方、植民地内部にあっては、地域的利害の対立と階層的な利害の対立とが交錯しながら、次第に内部対立を生じつつあったが、本国とのより大きな対立関係のかげにかくれて植民地内部における対立関係は、必ずしも明確に自覚されてはいなかったといってよい。かくして対本国関係においてもまた植民地内の関係においても、ある程度、安定的な発展が維持されていた。

しかし、七年戦争の終了に伴う国際環境の激変は、また本国と植民地との関係にも変化をもたらさずにはおかなかった。ここにいたって本国はその植民地統合の傾向を強め、逆に植民地はその離脱的傾向を強め、従来の安定した関係は破綻するにいたる。

(1)　七年戦争は、イギリス領植民地人が北アメリカ大陸に関する限り、フランス勢力を駆逐したと同時に、インディアンをも駆逐した戦争であった。そのことをつとに指摘したのはフランシス・パークマンであろう。イギリス軍による「ケベックの勝利は、インディアンの急速な衰亡の前兆をなすものであった。それ以降、インディアンはイギリス系アメリカ人勢力の打ちよせる波濤の前に壊滅を余儀なくされてゆき、イギリス系アメリカ人は今や向うところ敵なく西へと押しまくっていった」(Francis Parkman, *The History of the Conspiracy of Pontiac*, 1851, *The Works of Francis Parkman*, 1902, Vol. XVI, p. ix.) パークマンが、アメリカ大陸におけるフランス人およびインディアンとイギリス系アメリカ人との抗争について膨大な叙述をのこしていることは周知のごとくである。ちなみに、この「駆逐」は、一八九〇年ウーンデッド・ニーにおいていわば「完成」する。Dee Brown, *Bury My Heart at Wounded Knee*, 1970.（邦訳、鈴木主税訳『わが魂を聖地に埋めよ』上下、草思社、一九七二年がある）。

(2) 本国においてはいわば反体制的存在であり、ノンコンフォミスツであるピューリタンたちが、本国の体制的権威から空間的に離脱して、新しく彼ら自身の「コモンウェルス」を築く時、彼らは自身体制的権威となり、コンフォミスツになる。移住による変革は、また異端の正統への転換をもたらした。かくして新しい地における新しい異端は、自由を求めて再び空間的に移動してゆく。ロジャ・ウィリアムズ（Roger Williams）のプロヴィデンス植民地（ロード・アイランド植民地）の建設は、その典型といえよう。

(3) この植民地創設期における決定への全員参加のたてまえと、植民地拡大に伴う全員参加への便宜的代替物としての代表制の観念は、トマス・ペインによって生き生きと描かれる。Thomas Paine, *Common Sense*, 1776, Modern Library edition, 1943, pp. 6–11.（邦訳、小松春雄訳、岩波文庫版がある）。

第二章　独立と革命

アメリカ革命（American Revolution）は、わが国においてはしばしば独立革命と訳されている。この訳語は、はからずもアメリカ革命のもっている二面性を同時に表現しているといえよう。つまりアメリカ革命とは、一面においてイギリス領アメリカ植民地のイギリス本国からの政治的独立を、他面においてアメリカ社会の体制的な変革を同時に含むものであったからである。アメリカ革命に対する従来の歴史的解釈は、大きくいって、その政治的独立の面を強調する解釈とその社会的変革の面を強調する解釈とに分けることができよう。ここではアメリカ革命のもつその両面性に注目するとともに、合わせてこの独立革命がイギリスと列強との国際紛争の結果でもあるというその国際性の面にも留意したい。

ところでアメリカ革命といわれる時期は通常、七年戦争の終了した一七六三年から独立戦争の終了後、イギリスによってアメリカの独立が承認された一七八三年までの約二〇年間をさすものとされている。この間、イギリス本国による植民地統制の強化とそれに対するアメリカ植民地の反発とがおりなすダイナミックスは、対立と妥協の緊張をはらみながら、やがて一七七五年の武力衝突にいたり、さらに一七七六年の歴史的な独立宣言を生み出すにいたる。そして、独立とともに、アメリカは自らの権力機構を樹立し、いわゆるアメリカ合衆国として新しい歩みを開始する。本章ではこの反英抗争の具体的展開を概観するとともに、反英抗争の正当化のために援用された論理にも注目したい。その論理は、アメリカが自らの権力機構を樹立する際に、制度化されていくからである。

1　植民地統治の強化と反英抗争

十八世紀におけるヨーロッパ列強間の世界帝国建設をめぐる闘争は、アメリカ大陸においてもそれぞれの植民地間の抗争として展開されていた。一七五六年に始まる英仏間の七年戦争は、アメリカ大陸においては、いわゆる「フランス人とインディアンとに対する戦争」として展開されていた。この七年戦争がフランスの敗北に終ることによって、イギリスはいわゆる「太陽の没することなき」世界帝国の建設に成功することになる。アメリカ大陸においてもイギリスは、カナダそしてアパレチヤ山脈以西からミシシッピ河にいたる広大なフランス領を獲得する。ここにイギリスは従来の東部沿岸の一三植民地以外に、広大な版図を北米大陸に獲得することになったわけである。かくして、イギリス本国は、その拡大された植民地をいかに統治するかの課題に直面する。そのときイギリス本国政府の採った対植民地政策の基調は、従来の「有効なる怠慢」政策の放棄、すなわち植民地統治政策の強化にほかならなかった。事実、長年にわたる対外戦争が終了したことは、イギリス本国に、その軍事力を植民地統治強化の権力的手段として使用する余裕を与えたのである。

他方、七年戦争の終了により、アメリカ大陸におけるイギリス領植民地にとっての最強の競争相手フランス勢力が駆逐されたことは、植民地にとってイギリス本国の軍事力に依存する必要性が消滅したことを意味した。それまで、イギリス領アメリカ人の行手を西方で阻んでいたフランス領植民地およびそれと共同していたインディアンの存在は、七年戦争の終了とともに、前者は抹消され、後者は著しく弱体化することになったわけである。アメリカ植民地人が、いまやイギリス領になった広大な土地に対し、土地投機、インディアンとの毛皮などの交易、そして農耕移住などの希望を強くもったのも当然であった。

かくして、七年戦争においていわば共通の敵としてのフランスを共同して打破したイギリス本国とイギリス領植民地とは、ここに相互の対立を次第に自覚し、本国側の植民地統制強化の志向と、植民地側の自治ないしはイギリス帝国からの離脱の志向とがその対立を顕在化するにいたる。その最初の具体例としては、七年戦争終了直後に発布されたいわゆる「一七六三年の国王の宣言」(Royal Proclamation of 1763) をめぐる対立をあげることができよう。時のイギリス首相ジョージ・グレンヴィル (George Grenville) によって画策されたこの宣言は、七年戦争の結果イギリス領となったアレガニー山脈以西の新しい領土をインディアン保留地とし、この地域への植民地人の移住を禁止するものであった。大農園制度に常に内在する肥沃な土地への要求と、負債の支払いのために必要とされた新たな土地投機の機会とを、この国王の宣言によって同時に否定された南部のプランターたちは、彼らが本来もっていたイギリスの郷紳《ジェントリー》的心情にもかかわらず、イギリス本国政府への反発・反抗の機運をもつにいたる。

さらにこの拡大された植民地を防衛するという名分のもとに一万の本国正規軍を植民地に常駐せしめ、しかもその費用を植民地に負担させようとする本国の計画もまた、植民地人の反発を喚起する結果となった。この軍隊の費用分担の問題をめぐる本国側の主張は、第一に本国は相つぐ対外戦争のため現在以上の出費は不可能であること、第二に七年戦争がアメリカ植民地自身の利益を少なからず増進したことの二点を根拠としていた。しかし一方植民地人には、フランス植民地からの軍事的脅威が去った今日、正規軍の常駐の必要性が感じられなかったばかりか、その正規軍は対外的脅威に対抗する手段としてではなく、まさに本国の植民地支配のための権力的手段と映じていたのである。イギリスは軍隊の駐留の費用を対植民地課税に求め、その最初の具体化が一七六四年の砂糖法（Sugar Act）の制定であった。この法律は通商規制を目的として関税を賦課した従来の通商法とは異なり、国庫への収入の増加を目的として関税を賦課するものであった。さらに、この法律の制定と合わせて海事裁判所が強化・拡大され、税官吏が増強されるなど、従来ほとんど黙認されていた密貿易に対する取締りが強化されるにいたる。このことは、前章でふれたごとく密貿易によって資本蓄積をすすめていた東北部植民地の商人に、大きな打撃を与えざるをえない。かくして、ニューイングランド地方の通商業者・海運業者・製造業者などの間にも、次第にイギリス政府に対する反抗の気運が醸成されていった。

しかし、この段階までは、本国の政策により打撃を蒙っていたのは南部のプランター、東北部の商人などのごく限られた地方的・階層的利益にとどまっていたといえよう。したがってこの段階は、本国への抵抗もまだ部分的にのみ行なわれていたといえる。この限られた植民地人による部分的抵抗を全体化し、いわば全アメリカ大の反抗を生む直接の契機となったのが、一七六五年の印紙税法（Stamp Act）の制定であった。植民地内の各種の証票・新聞・パンフレットなどに対し、印紙をおすことを規定し、それによって砂糖法と同じく国庫収入の増加を意図した法律である。それは海港においてではなく内陸において、しかもアメリカ全土にわたって課税することを規定していたが故に、それ以前は散在していた反英感情を集約し、全アメリカ大の反抗へと亢進せしめる結果をもたらすことになった。しかもこの法律によって最も甚大な経済的影響を蒙る層が新聞関係者・弁護士・牧師など、当時植民地社会において重要な地位を占めていた、いわゆるオピニオンリーダーたちであったことからも、植民地人の反英感情はより効果的に、かつより急速に拡大・増幅されることになる。

こうして点火された反英抗争は、ときに印紙販売業者に対する焼きうちなどの形態をとることもあったが、効果的な闘争形態としては、イギリス商品の不買運動《ボイコット》がしばしば実行されていた。不買運動は、植民地社会全体の一致した協力がなければ効果が薄かったため、この運動の展開は反英抗争の組織化を著しく促進することになる。このような組織としては、一七六五年頃各コミュニティーごとに反英抗争の秘密組織として形成された「自由の息子」(Sons of Liberty)、また、コミュニティー間を結ぶ組織として通信連絡委員会 (Committee of Correspondence)、さらに植民地間《インターコロニアル》の連帯を強化する目的から開催された一七六五年の印紙税法会議 (Stamp Act Congress) などをあげることができる。

これらの組織に支えられた、イギリス製品不買運動は効を奏し、イギリス本国の商人たちは、イギリス政府に対し印紙税法の廃止を請願するにいたる。かてて、砂糖法・印紙税法等の政策が国庫増収という当初の目的について実質的な効果をもたらし得ないのをみて、イギリス議会は印紙税法の廃止(一七六六年)、また砂糖法の税率引下げを決定する。しかしイギリスの財政危機は植民地への財政負担の要求を避けられないものとしていた。

そこで一七六七年、イギリス政府は改めて時の大蔵大臣チャールズ・タウンゼント (Charles Townshend) のもとで、関税収入の増収をはかるいわゆるタウンゼント諸法 (Townshend Acts) を制定した。この法律は、基本的には砂糖法を拡大、他の商品にまで拡張・強化したばかりでなく、それから得られる収入を総督以下の植民地官僚の俸給に当て、これら植民地官僚を植民地議会から経済的に独立させる意図をも含んでいたために、植民地人の激しい反対を喚起する結果となった。植民地人はふたたび商人を中心としてイギリス品の不買運動を起し、このボイコットも効を奏して、本国は一七七〇年、茶税条項を除くタウンゼント諸法の廃止を余儀なくされるのである。

ここで、やや図式的にこの間に形成されつつあったイギリス本国に対する植民地人の反応のいくつかの型を検討するならば、一応次のごとくいえよう。その一つは、イギリス本国への忠誠を誓うという意味で「忠誠派」(Loyalists) とよばれるグループである。別名「トーリー」(Tory) ともよばれるこのグループの主な成員は、国王に任命される総督、およびその下にある植民地官僚、イギリス本国からの商品を輸入・販売する商人、イギリス国教会の牧師、イギリス本国から移住して間もない植民地人、さらには植民地の支配層に対し激しい敵意を抱くが故に、かえって本国による植民地支配層への圧迫を期待する人々、たとえば南部のアパレチヤ山脈地帯のいわゆる白人貧農《プア・ホワイト》などに、認めることができる。

他方、これに対し、多かれ少なかれイギリス本国の政策に反対する、「愛国派」(Patriots) と呼ばれるグループが存在する。別名「ホイッグ」(Whig) ともよばれるこのグループは、いわば「穏健派」(Moderates) と「急進派」(Radicals) とにさらに分類されよう。「穏健派」の主張は個々の政策に対する具体的不満を表明しその解消を求めるものではあるが、必ずしもイギリス本国との関係の根本的変革を求めるものではない。それに対し「急進派」の主張は単なる個別的な不満の解消ではなく、対本国関係の、そしてやがては植民地社会自体の全面的な変革を求めるものであり、これに含まれる人々はのちにはついにイギリスからの独立を求めるにいたるのである。前者には南部のプランター、ニューイングランドあるいは中部植民地の商人、富裕な弁護士、牧師などをあげることができるであろう。一方後者には、リーダーとしてはヴァジニアのパトリック・ヘンリー（Patrick Henry）、マサチューセッツのサミュエル・アダムズ（Samuel Adams）のごとき、弁護士あるいはジャーナリストなどをあげることができるし、その支持者としては西部の小農民、東部の職人などをあげることができる。しかしここで注意しなければならないのは、以上の分類がひとつの図式でしかないことである。現実には同一人物がある時点において「忠誠派」に属し、次の時点においては「愛国派」中の「穏健派」に属し、さらに「急進派」に転ずるということも、しばしばあった。さらに同一人物がはたして「穏健派」に分類されるべきか「急進派」に分類されるべきかとの識別が困難なことも、また同一家族内においても「忠誠派」と「愛国派」とに相別れるということも、少なくない。要するに以上の型の分類は、アメリカ革命における反英運動のダイナミックスを理解するための一つの理念型にすぎないことに、留意しなければならない。

この分類が暗に示唆するものは、アメリカ革命が、前にもふれたように二重の権力関係を含む過程であった点である。つまり当時のアメリカ植民地社会の政治は、イギリス本国とアメリカ植民地との間の権力関係と、アメリカ社会の中における権力関係との二重の関係を含んでいたのであって、アメリカ革命とはまさにこの二重の関係の両面における運動であり変革なのである。したがって対イギリスとの関係においては共同歩調をとっている「愛国派」も、植民地内部の権力関係においてはしばしば内部的に対立することもありうるのであり、この「愛国派」の内部対立こそが、独立革命後のアメリカ政治史のダイナミックスを形成していく一つの基本的な原型となってゆく。

ところで問題をふたたびイギリスの政策とそれに対する植民地の反応とに戻そう。一七七三年、イギリス本国は東インド会社の財政的危機を救うために、その大量の茶の在庫を、アメリカ市場に廉価に輸出する政策をうち出した。これがいわゆる一七七三年の茶法（Tea Act）である。この結果、密貿易によってアメリカ市場における茶の販売を独占的に掌握していたアメリカ商人は、打撃を受けることになった。しかも、茶において行なわれたことが、他の商品において行なわれないという保証はなかった。ここにふたたび商人と「急進派」との連携のもとに反英抗争が再燃し、一七七三年のいわゆる「ボストン茶会事件」（Boston Tea Party）が起るにいたったのである。この事件は、イギリス政府の権威を正面から否定するものであったため、イギリス本国政府はマサチューセッツ植民地に対して強硬な弾圧策をもって報復するにいたった。それが、ふつう強制法（Coercive Acts）と称される一連の懲罰的な立法である。すなわちボストン港の閉鎖をはじめ、マサチューセッツ植民地の王領化の促進、ゲイジ将軍（Thomas Gage）を総督とする軍人総督の任命、陪審員制度の事実上の廃止、イギリス本国軍隊の強制的な民家宿泊などの措置がそれである。

しかもこれに続いてイギリスは先にふれた一七六三年の国王の宣言を、一七七四年ケベック法（Quebec Act）によって恒久化し、西部をアメリカ植民地人に対して閉ざす措置をとった。これにより南部の植民地もイギリス本国に対する反抗の意志をますます固めるにいたったのである。かくして本国の政策に対し植民地はふたたび全大陸的次元において反抗運動を組織化する。しかもすでに、植民地議会は解散されていたため、総督・議会・植民地議会といった従来の合法的な統治機関に代り、新たに非合法的な、植民地人自身の手による統治機構が各所に出現し始める。その名称・形体は植民地によって異なるが、たとえば議会に代る機能をもつ評議会《コンヴェンション》の組織、イギリス本国の正規軍に対抗する植民地人の民兵《ミリシア》の組織、およびそれを指揮統轄する保安委員会（Committee of Safety）の組織、前にふれた各コミュニティー間、各植民地間の連絡機関である通信連絡委員会の強化などがそれである。そしてついには一七七四年に植民地の反英抗争を統轄するものとして、大陸大の植民地会議、すなわち大陸会議（Continental Congress）がもたれるにいたり、さらに同年、そのもとでイギリス商品のボイコット運動を組織する大陸不買同盟（Continental Association）が構成される。

こうした植民地側の激しい反応に対し、本国側もある程度の妥協案を用意せざるをえなかった。しかしその妥協案がアメリカに到着する前に、一七七五年四月、ボストン郊外において、イギリス正規軍とアメリカ植民地の民兵との間で武力衝突が起り、ここにエマソン（Ralph Waldo Emerson）のいわゆる「世界に轟く銃声」が独立革命戦争の開始を告げたのである。かくして本国・植民地間の対立は、武力対立の段階に入るわけであるが、植民地側は一七七五年五月、第二回の大陸会議を開き、ジョージ・ワシントン（George Washington）を植民地軍の総司令官に任命して、対英武力抗争を全面的に展開する決意を固める。ただしこの武力による反英抗争も、必ずしもそれ自体イギリス本国からの政治的独立を意図するものではなかったことに注意しなければならない。

2　反英抗争の論理と独立の宣言

一七六三年以降のイギリス本国に対する反発・反抗に当り、植民地側が自らの立場を正当化するために採った論理は、それが単にこの抗争を合理化・正当化した点ばかりではなく、のちにそれがアメリカの政治制度に結晶した点でも、注目しなければならない。

まず、植民地の反英抗争の論理の基本的性格に注目するならば、この反抗はコンスティテューション——イギリス憲法の意味であれ、あるいはイギリス帝国の統治構造という意味であれともかくイギリス憲法体制——の枠内における植民地側の自己主張として開始されたということが指摘できる。つまり当初は、植民地側はイギリス帝国を自らもそこに属する「単一帝国」とみなし、イギリス本国議会を全帝国の政策決定機関として認めており、したがって自らがイギリス本国議会の支配下にあることをその行動の前提としていた。ただしその場合、イギリス本国議会もやはりイギリス憲法の制約下にあり、したがってその権限は無制限・無制約のものではないと理解する点に、植民地の反抗の理論的根拠があったのである。より具体的には「代表なければ課税なし」(No taxation without representation) というイギリス憲法理論に依拠して、現にアメリカ植民地がイギリス本国議会に代表を送っていない以上、イギリス本国議会は植民地人の同意なしに植民地に対して課税することはできない、とするのが植民地側の当初の論理であった。つまり一七六四年の砂糖法は、植民地人の同意なくして植民地人に対して課税するものであり、その点まさしくイギリス憲法に違反する行為であるというわけである。一七六五年十月における印紙税法会議の決議は、以上のような植民地側の反抗の論理を論理的かつ説得的に明示したものであったといえよう。[1]

しかし「代表なければ課税なし」とする植民地側の主張に対し、本国においては当時すでにいわゆる「実質上の代表」(virtual representation) の観念が支配的であり、そこにはアメリカ的ないわば代理的な代表の観念とは異なった国民代表の観念が確立されていた。この観念に基づいて本国側は、イギリス本国《レルム》内にあって現実には議会に代表を送っていないバーミンガムなどの地方が、理論上イギリス議会において代表されているものとみなされているのと同様に、アメリカ植民地もイギリス議会に代表されていると考えたのである。アメリカ植民地側の主張は、十七世紀のイギリスにおいてホイッグがトーリーに対して用いた論理に基づいていたにせよ、議会主権の観念が普及し、制度化されていた十八世紀のイギリスにおいては、その現実的な有効性をすでに失っていた。

ここにおいて、アメリカ植民地側はもう一つの憲法論へとその論点を移行させていく。つまり、イギリス帝国の統治構造（Constitution of the British Empire）に関する論理に基づいて自己の主張を正当化していったのである。すなわち、植民地は、イギリス帝国を以前のように「単一帝国」としてではなく「複合帝国」（Compound Empire）として把え、イギリス議会《パーラメント》はイギリス本国《レルム》のみの議会であり、各植民地《ドミニオン》においては各々の植民地議会が少なくとも内政に関する限り、政策決定権を握っているものと解したのである。この解釈に立つかぎりイギリス本国議会と植民地議会とは、イギリス帝国の統治構造においてそれぞれ対等の構成要素とみなされる。ただイギリス帝国全体の利害にかかわる対外戦争・外交・通商の規制などの事項については、本国と植民地との相互の利益にてらし、任意の合意に基づいてイギリス帝国全体の議会としてのイギリス議会の管轄に委ねることを認めていた。したがってここに植民地側は、イギリス帝国全体の通商を規制する手段としての関税措置には服従するが、植民地内部において収入を上げることを目的とする砂糖法・印紙税法のごとき税法には、たとえ関税の形をとるにせよ、それはイギリス帝国の統治構造《コンスティテューション》に違背し、その意味で違憲であり、服従の義務はないとする憲法論を展開するにいたった。そして、この憲法論は一七七四年の第一回大陸会議の宣言および決議にほぼ要約され、植民地の反英抗争を正当化する武器となったのである。

ここで注目すべきは、この論理はイギリス議会の決定権を否定するものであるが、アリメカ植民地がイギリス帝国の一環であることを否定するものではない点である。少なくともこの段階までにおける植民地の主張は、イギリス憲法、あるいはイギリス帝国体制に少なくとも論理的には忠実たらんとする意図に基づいていたといえよう。その意味で植民地側の立場は、本国側の主張に比してより伝統的、より体制遵守的、より保守的なものであったと解することもできる。その点、しばしばイギリス保守主義の代弁者とみなされるエドマンド・バーク(Edmund Burke)が議会演説において、アメリカ植民地側の主張をその法理論的根拠はともあれ、イギリス憲法体制の伝統に忠実なものと認め、むしろイギリスの対植民地政策をこの伝統に対する革新《イノヴェイション》であるとして非難したことは、きわめて象徴的なことであったといわなければならない。事実、植民地の指導者たちは抗争の当初においては、本国と新しい関係を形成することではなく、むしろ一七六三年以前の広汎な自治の状態を回復することを一応の目標としていたということができる。このことは、武力闘争が始まった一七七五年四月以降にいたっても、なお植民地側はイギリスからの独立を考えず、むしろ依然としてイギリス帝国の一員としての権利回復を望んでいたことにもうかがえるのである。しかし武力抗争の現実は、次第に本国と植民地との関係を戦争の論理に従って全面的に変革していく。そこに植民地側が本国よりの独立を模索するという新しい事態の出現をみざるをえない。

そこでまず注目しなければならないのは、このいわゆる独立戦争が、単なるイギリス本国とイギリス領植民地との間の植民地独立戦争という以上の性格を含んでいたことである。つまり世界史的にみるならば、この独立戦争は長年に及ぶヨーロッパ列強間の、とりわけ七年戦争以後もなお対立を続けていた、イギリスとフランスとの間の世界帝国建設をめぐる抗争を背景として戦われたが故に、国際戦争としての性格をも含まざるをえなかったのである。先に七年戦争においてイギリスに破れたフランスは、イギリスの国際的地位の低下を期待しており、その観点からアメリカ植民地のイギリス本国に対する反乱を歓迎すべき事件として捉えていた。一方軍事的にも財政的にもイギリスに対し脆弱な立場にあるアメリカ植民地は、必然的に外国の援助を必要としていた。ここにフランスとアメリカ植民地との間に共通の利害が生じ、フランスによるアメリカ植民地に対する財政的な援助の約束がとりつけられる。さらに、強大なイギリス本国との戦争に勝利するために植民地は、帝国内の戦争＝内戦を、国際的な戦争へとエスカレートする必要があった。いわば、戦争の論理的必然性の結果としても、アメリカは独立を喫緊の課題として自覚する。

しかし独立の大きな心理的障害となったのはイギリス国王への忠誠あるいはイギリス国民としての帰属感であった。この忠誠と帰属感とを見事に断ち切る役割を果したのが、トマス・ペイン（Thomas Paine）が一七七六年に著わしたかの有名な小冊子『コモン・センス』(*Common Sense*)にほかならない。ペインはそこできわめて単純明快にアメリカがイギリスの植民地であることの無意味さを説き、イギリス帝国よりの離脱を当然のこと、「常識」として提示した。もとよりこの小冊子がアメリカ植民地人を独立に踏み切らせたと言い切ることはできないにしても、それが事態の新しい展開を大きく促進したことは否めないであろう。さらに、『コモン・センス』が、君主制を正面から否定することによって、イギリスからの政治的独立が単にイギリス帝国からの離脱を意味するだけではなく、同時に君主制から共和制へという体制の移行を意味するものでもあることを示唆したことも重要である。ここに対イギリス戦争はイギリス本国からの政治的独立と、ヨーロッパ的旧体制への体制的訣別という二重の目的を明確にするにいたる。

　こうした気運のもとに一七七六年五月、大陸会議は各植民地に対しそれぞれ独立の統治機構をもつべきことを勧告し、その年の六月当時最大の植民地であったヴァジニアがまず最初に独自の政府を組織して植民地から主権国家へと転換し、他の植民地もこれに続こうとする。一七七六年七月四日大陸会議により公布された「独立宣言」(Declaration of Independence) は、こうしたイギリス領諸植民地の独立を広く公けに世界に宣言したものにほかならない。独立宣言書は、周知のごとく主としてトマス・ジェファソン (Thomas Jefferson) の起草したものであるが、それには二つの側面が含まれていた。まずいうまでもなくそれは、アメリカ人諸植民地がイギリス本国から独立したことを宣言するものである。次に、それは、単に独立の事実の宣言であるだけではなく、独立の理由の宣言でもある。そこでは独立の直接の原因となったイギリスのジョージ三世 (George III) の権力簒奪的な暴政が批判されると共に、人民主権の原理に基づく新しい政治体制の建設が宣言されている。この独立宣言の論理それ自体は、しばしば指摘されるごとく、基本的にはかつてロックが名誉革命の正当化のために用いた論理に負っているにせよ、それをいまや広く具体的な政治制度の基礎に据えたことのうちに、アメリカの独立がヨーロッパ的旧体制から絶縁する決意を含んでいたことを読みとれるであろう。この意味においてアメリカ革命は、十八世紀末に始まる西欧諸国における市民革命の端緒としての意義をもつものといえよう。

　ただしその場合に留意しなければならないのは、この革命がアメリカ社会内における旧体制の断絶と新体制の建設という面よりは、むしろアメリカ社会外の大西洋を隔てたヨーロッパにおける旧体制からの断絶という面で、意識されたものであったことである。すなわち比喩的な言い方をするならば、アメリカ革命は旧体制との時間的な断絶であるよりはむしろ、空間的な断絶という性格を色濃くもったといえよう。つぎに、それでは具体的にアメリカ社会内においていかなる政治体制が建設され、いかなる変革が行なわれたかという問題を検討しなければならない。

3　権力機構の樹立と革命の進行

前にふれたように本国と植民地との関係において、本国政府が統治主体《ガヴァメント》、権力あるいは国家そのものとして意識されるのに対し、アメリカ植民地は統治客体《ガヴァーンド》、被支配者あるいは社会そのものとして意識されていた。つまり国家と社会との関係が同一空間内に立体的に並存するものとしてではなく、本国と植民地という二つの異なった空間に分離されて把握されていたといえよう。ここにおいて独立は、社会(植民地)を国家(本国)から解放するものとして意識されるとともに、自らいかに国家を建設するかという新たな課題をアメリカ社会に与えることになった。この場合、この課題に対するアメリカ社会の第一次的な反応は、いうまでもなく国家の建設を否定することであった。つまりかつての強大な中央権力としての本国政府に対する不信が、そのまま独立したアメリカ社会に存続し、新しい強大な中央政府の建設に対する不信を形成していく。しかし他方、少なくとも独立戦争という組織的武力行為そのものが、当然権力機構の樹立を必要とする。この権力の否定と権力の必要との矛盾をいかに解決するかに、独立当初のアメリカ人の課題があったといってよい。

もっとも権力機構の樹立といっても、各ステイト単位の政府の樹立と全大陸大の政府の樹立とは当然に区別されなければならない。前者にあっては、植民地時代にすでに存在していた政治体の継続ないし修正である限り、それほど多くの問題はない。すなわち行政部としては植民地時代の総督《ガヴァナー》を受けつぐ知事《ガヴァナー》が、立法部としては植民地時代の参議会に相当する上院と、植民地議会に相当する下院とからなる州議会が組織され、司法部としても植民地時代の裁判所制度がほぼそのまま継承されたのである。かくして三権分立の制度が継承されたわけであるが、植民地時代においては総督が本国政府の権力の代弁者として強く意識され、それに対する抵抗が独立革命の闘争のひとつの主要な要因であったことから、新しい州政治機構においては総督の後身としての知事の地位は相対的に弱体化されていた。すなわち、植民地時代の三権分立が、行政部の優位のもとにおける三権の均衡であったのに対し、独立以後の各州においては逆に立法部優位の三権分立・権力均衡の制度が採用されたといってよい。

なお、本国との抗争において植民地人は基本的人権の擁護の必要性を痛感するにいたったが、新政治機構においては基本的人権が成文憲法、「権利の章典」(Bill of Rights)によって制度的に保障される道が開かれることになった。すなわちここにおいて成文憲法はより高次の法として、議会立法あるいは行政命令に優先し、基本的人権を保障し政府権力の行使を制約する典拠とされ、アメリカ的立憲主義が制度化される。

以上のような構造をもった各州の政治機構に対し、アメリカ大陸大の政治機構、いわば中央政府に当るべきものをいかに構成するかは、先にふれたように当時のアメリカ人にとって重要なしかし困難な課題であった。この課題の達成をまず制度的に表現したものが「連合規約」(Articles of Confederation, 1781)にほかならない。連合規約はその第一条において「本連合の名称は『アメリカ合衆国』(The United States of America)とする」と規定しているが、この名称は単一の中央集権国家ではなく、国家の連合体を意味していたのである。すなわち連合規約によれば、連合あるいはアメリカ合衆国は「主権・自由・独立を保有する」各州《ステイツ》「相互の固い友好同盟」を形成するものであった。つまりそれはあくまでも、相互に独立の国家《ステイツ》の同盟ないし連合(Confederation)にすぎなかったのである。そしてたとえば連合会議(Congress)は、連合規約により連合の立法権と行政権とを合わせて掌握する、いわば中央政府的な役割をもつ機関であったが、そこにおいては各州が一票ずつの平等な表決権をもち、戦争・対外条約・通貨の鋳造などの重要事項の決定については単純多数ではなく九州の同意を必要としたのである。しかも連合会議は、そこで議決されたことを各州に対して強制する権限をもっていなかったばかりでなく、本国との抗争において、大きな争点となっていた課税権や、通商規制権も与えられていなかった。したがって戦争遂行のための軍費を調達する際にも、連合会議は、各州に対する賦課金の割当てを決定し勧告する権限だけを与えられ、たとえ各州がこれに応じない場合でも、その調達を強制する手段はもたなかった。ちなみに、その結果合衆国は戦費を内外の公債と紙幣の乱発とに頼らざるをえず、財政の紊乱を招く結果となるわけである。(2)

しかしながらいかに弱い結合であれ、現実に一三の州の連合体が形成され、かててこの連合がイギリス本国に対する戦争を共同して遂行してきたという歴史的体験に裏打ちされていた結果、当時すでに、各州の住民の間に次第に一つのアメリカ人としての共同意識が形成されていたことも、看過しえない事実である。つまり彼らは自らを一方においてヴァジニア人、あるいはマサチューセッツ人として意識すると共に、他方においてアメリカ人として意識していたといえよう。

さてここで、一三の独立した権力機構と中央の権力機構とが、いかなる集団によって掌握され、その結果いかなる政策決定がなされるにいたったかという問題に目を転じなければならない。アメリカ革命の進行過程において「穏健派」と「急進派」とが相争うことについてはすでに若干ふれたが、この両派の対立は独立後、各州のあるいは中央の権力機構の掌握をめぐる争いにひきつがれることになる。植民地時代のアメリカ社会において主として上層部を形成していたイギリスに対する「忠誠派《ロイヤリスツ》」が、独立と共にその地位を失うにつれ、アメリカ革命は穏健派と急進派との愛国派二派の国内政策をめぐる対立という新しい段階を迎える。

アメリカ革命期においてアメリカ社会は、どれほどの内部変革を経験したのであろうか。この点の評価については歴史家の間でも大きく意見が分れている。たとえばいわゆる「内部革命派《インターナル・レヴォリユーション・スクール》」の解釈は、その変革を過大に評価するのに対し、いわゆる「新保守派《ネオ・コンサーヴァテイヴ・スクール》」は、アメリカ社会における革命前後の変化を過少に評価する。当時のヨーロッパ社会に比較すれば、植民地時代からすでに身分的階層的差別がそれほど多く存在しなかったアメリカ社会においては、急激な社会的変革がそもそも必要とされず、またそれがもたらされなかったことは事実であろう。しかしながら他方、独立革命前後を通じやはりある程度の社会的変革が行なわれたことも認めなければならない。たとえば免役地代(quitrent)や、あるいは長子相続制(primogeniture)・限嗣相続制(entail)の廃止、また旧忠誠派《ロイヤリスツ》所有の大土地の没収とその再配分、さらにヴァジニアにおける公定教会制度(established church)の廃止およびそれに伴う信教の自由の制度化などをかかる社会的変革の事例として指摘することができる。[3]

さらに独立後のアメリカ社会の動向を理解するにあたって、これらの諸立法と共に、内政面の争点として重視されなければならないのは、紙幣増発の問題であろう。植民地時代末期におけるアメリカの経済発展は、アメリカ社会内部に債権者と債務者との間の利害の亀裂を生じ、しかも、この亀裂が先にのべた地方間の利害対立および、穏健派と急進派との政治的対立と交錯していた点にこの問題の深刻さがあった。つまり債権者の立場にある東部沿岸地方のプランターや商人と、債務者の立場にある西部奥地の小農民層とは、紙幣増発によるインフレ政策あるいは債務支払いの一時停止《モラトリアム》の法案をめぐって鋭く対立していたのである。すでにいくつかの州においてはいわゆる「紙幣党」(Paper Money Party) が出現し、インフレ政策の実現をみていた。紙幣問題が、債務者にとって有利に解決されていったことをみる限りでは、いくつかの州の権力機構は大農民・大商工業者から、小農民の手に、すなわち穏健派の手から急進派の手に移行しつつあったということができよう。

ところで戦争そのものはどのような状況においていかに進行したのであろうか。当初は、軍事力・財政力において劣るアメリカ植民地軍が不利の地位に立たされたのは当然であろう。このことは、ラファイエット (Marquis de LaFayette)、あるいはシュトイベン (Baron Friedrich Wilhelm von Steuben) のごとき外国人士官によって、士官の不足を補う必要があったということ、そしてさらにフランスなどに財政的援助をあおがなければならなかったことにもうかがうことができる。しかしながら他方、三千マイルの大西洋の存在は、イギリス軍をしてその補強を困難ならしめ、また広大なアメリカ大陸空間は、かかる土地に不慣れなイギリス正規軍の活動を困難ならしめ、逆に民兵《ミリシア》であれあるいは正規軍としての「大陸軍《コンティネンタル・アーミー》」であれ、市民軍としてのアメリカ植民地軍の活動を有利ならしめたことは、否定できない。さらにイギリス国内においてこの対アメリカ植民地戦争がきわめて不人気なものであり、イギリス政府はこの戦争の遂行にあたって挙国一致的な国民の支持を得られなかったことも、指摘されなければならない。そして最後に、とりわけ注目すべきことは、この独立戦争が先にふれたように国際戦争としての側面を含み、ことに一七七八年の米仏同盟成立以降、戦争の帰趨にアメリカに対するフランスの軍事的財政的援助が大きく寄与したことである。以上のようないくつかの条件の下で戦われた独立戦争も、一七八一年十月、ヨークタウンにおいてコーンウォリス将軍（Charles Cornwallis）指揮下のイギリス軍がワシントンの率いるアメリカ軍と、それを援護するフランス軍との前に敗北したのを契機に終局に向う。これ以後、イギリス本国はむしろフランスの脅威をおそれて、この無益な対植民地戦争の遂行を諦め、アメリカ植民地の独立を認めることに踏みきっていく。そしてアメリカとイギリスとはパリにおいて秘密裡に和平交渉を進め、ついに一七八三年九月、イギリス本国とアメリカ合衆国との間で正式にパリ講和条約が調印され、ここに独立戦争は終了をみた。

この条約においてイギリス側はアメリカ合衆国の独立を承認する〔第一条〕と共に、アパレチヤ山脈以西ミシシッピ河にいたるまでの広汎な領土をアメリカに譲渡し〔第二条〕、かつ北大西洋におけるアメリカの漁業権を認める〔第三条〕。一方、アメリカ側は、アメリカ人がイギリス商人に対して負っていた債務の支払い〔第四条〕と、戦時中にイギリス人から没収した土地の返還、または代価の返済とを義務づける立法を各州議会に勧告することを約束した〔第五条〕。この条約は、アメリカにとって有利な内容を含み、したがってイギリスにおいてはきわめて評判の悪いものではあったが、イギリス政府は宿敵フランスとの対抗関係の文脈の中で、アメリカを長く敵に回すことの不利を考え、あえて締結に踏みきった。また、この外交交渉においてフランクリンをはじめとするアメリカ外交団は、錯綜する列強の利害を熟知し、まさしくヨーロッパ的ないわゆる権謀術数の外交手段を駆使して、自国に有利な条約を締結したということができよう。独立戦争の終了と共に、七年戦争の終了以後全世界にわたって築かれていたイギリス帝国は、アメリカ大陸に関する限りその部分的な解体を余儀なくされた。しかしイギリスはこの部分的解体の体験を経て帝国の再編を期する。そして、ナポレオン戦争に最終的に勝利を占めると共に、その圧倒的な海軍力と経済力とに基づくいわゆる「パクス・ブリタニカの世紀」を招来するにいたるわけである。

一方、独立を達成したアメリカは、弱小の新興国としてその独立の維持に腐心せざるをえない。このヨーロッパ列強からの独立維持という課題は、また同時に大西洋という空間を媒介として、ヨーロッパ体制と断絶した新しい社会体制を構築する課題をも内包している。そしてその意味においてアメリカは、新大陸を舞台とする新たな国家と体制の建設に向うことになる。かくして、イギリス帝国から離脱したアメリカは、今や自らをいかなる形で統合するかの課題に直面する。

(1) 印紙税法会議決議(一七六五年十月十九日議決)、第三—五項。Resolutions of the Stamp Act Congress, 1765.

III. That it is inseparably essential to the freedom of a people, and the undoubted right of Englishmen, that no taxes be imposed on them but with their own consent, given personally or by their representatives.

IV. That the people of these colonies are not, and from their local circumstances cannot be, represented in the House of Commons in Great Britain.

V. That the only representatives of the people of these colonies are persons chosen therein by themselves, and that no taxes ever have been, or can be constitutionally imposed on them, but by their respective legislatures.

独立革命正当化の論理は、やはり直接原典にあたってそのニュアンスを知る必要がある。独立革命、憲法制定の時代は、アメリカにおいて決議・声明・討議・法令の形で政治思想が最も華やかにかつ有効に展開された時期であり、その多くは後に制度化されていった。その意味でもこの時期についての資料集を参照することがのぞましい。邦語では、アメリカ学会編『原典アメリカ史』第二巻、岩波書店、松本重治編『世界の名著』36、中央公論社、『アメリカ建国思想』河出書房、などがある。英文では数多いが、Samuel Eliot Morison, ed., *Sources and Documents Illustrating the American Revolution 1764-1788*, 1929; Merrill Jensen, ed., *Tracts of the American Revolution*, 1967; Bernard Bailyn, ed., *Pamphlets of the American Revolution, 1750-1776*, Vol. I, 1965, などがある。

(2)　連合規約下の各ステイトは、連邦憲法下のステイトと区別するため「邦」と訳することが多い。その半独立国家的性格を表示する意味で、「邦」の訳語はたしかに適切である。しかし、一つには煩をさけるためと、一つには連合と連邦との間の継続性を示唆するためにも、便宜両者を区別せず「州」と表示した。同じく、連合規約下のコングレスは、連合議会と訳出されることが多いが、当時実際には大陸会議のコングレスとあまり区別されないで、コングレスと呼ばれていたので、これまた便宜連合会議と訳出した。

(3)　アメリカ独立革命は、アメリカ史研究において、その解釈がもっとも多岐に分かれている時代である。十九世紀前半の愛国的解釈、十九世紀末以来の実証主義史学の発展に伴い、イギリス帝国内の関係、つまり独立の面を重視する帝国史学派、二十世紀に入ってからの、アメリカ社会内部の革命性を強調する革新主義史学派、その革命性を疑問視する戦後の新保守主義学派、ふたたびその革命性に注目しようとする新左翼学派、さらには西欧市民革命の先駆として把えようとする大西洋革命論、その他多様な把え方がある。このことは多く論じられているし、私自身他でも論じたことがある。私としては、かいつまんでいえば、本文でも示唆したごとく次のごとく把えたい。すなわち、ヨーロッパ的制度がアメリカへ移植されるが、それはアメリカ的条件・風土の下で変容し、十八世紀後半すでに事実上ヨーロッパ社会と異なった新しい社会がつくられつつあった。アメリカ革命はまずこの新社会を「保守」する試みとして出発し、ヨーロッパ的体制、より具体的にはイギリス国家権力よりの独立・断絶において、理念的にも制度的にもこの新社会を定着させる。その点、個々の具体的な改革よりも、長い独立革命運動の流れの中にこの変革性を見出すべきであろう。

第三章　憲法制定とフェデラリスツ

独立戦争の終了は、一方において対外的危機の解消による合衆国の安定化を意味するものであった。しかし他方逆に、対外的危機の解消が諸州間の統合的契機、少なくとも統合の必要性の意識を弱めることによって、合衆国の不安定化を意味することにもなった。戦争遂行という共同の目的の故に抑制されえた地方間の対立、各州間の反目、穏健派と急進派との抗争は、戦争終了と共に顕在化する危険性をはらんでいたのである。イギリス帝国よりの離脱という目的達成のために、アメリカ内部の統合は保持・促進されていたが、その離脱という目的達成の結果、今や合衆国内の分離が促進されかねない。

しかし、成立間もない弱小アメリカ合衆国が錯綜した国際環境の中で、その政治的経済的独立を維持し、ヨーロッパ列強の植民地勢力のせめぎあうアメリカ大陸において、独自の支配権を確立していくためには、近代国家としての統合が必要であることが次第に意識されてきた。しかも、アメリカ内部における権力政治は、穏健派をして強力な中央政府樹立の必要性を痛感せしめた。かくしてアメリカ内外の状況の下、中央政府の樹立、統一国家の形成が要請され、アメリカ政治は憲法制定へと展開されてゆく。ただし、統合の要請に基づくものであれ、憲法制定が単一統一国家の形ではなく、連邦制国家という形で、その「より完全なユニオン」の形成という課題を果したことに十分留意しなければならない。

1　国家形成への要請

アメリカ社会を国家形成へと向わしめた要因としては、まずアメリカ合衆国が統一国家でない故に、多くの外交的・経済的不利をアメリカがうけていたことをあげなければならない。イギリスとの間に締結された講和条約も、アメリカの各州はこれに拘束されることをいさぎよしとせず、しばしば条約によって課せられた義務を果そうとしなかった。このように合衆国が統一国家として十全に機能していない状況の下で、イギリス側もこの条約を無視することがしばしばであった。またアメリカ大陸に植民地をもつ他のヨーロッパ諸国も、この新興の共和制国家の動向を猜疑心をもって注目していた。その結果アメリカ大陸に限っても合衆国の地位は必ずしも安定したものではなかったのである。

しかも今や独立と共にイギリスの重商主義体制の保護から最終的に離脱したアメリカは、通商においてイギリスと対立・競争関係に入る。この対抗関係に直面して独自の通商保護体制を整備することが、弱小新興国のアメリカ合衆国にとって喫緊の課題とされる。にもかかわらず、アメリカ合衆国は、通商の保護規制のための国家的な手段を所有していなかった。また合衆国は、他面においてイギリスとの間に通商条約の締結を望んでいたが、これも果すことができないでいた。

戦争中は、戦争それ自体がいわば保護関税の役割を果していたのであるが、戦争終了と共に先進資本主義国としてのイギリスの製品が、ふたたびアメリカ市場に氾濫し、アメリカの幼弱な製造業はその発展を阻まれることになった。しかも各州が自州経済保護のため単独で関税を設け、相互に関税障壁をきずいたことは、市場としての合衆国を分割細分することを意味し、合衆国全体の経済的利益を著しく損う結果となった。アメリカ経済の発展のために、全アメリカ大の市場が統一形成される必要が痛感されてくる。さらに国家財政の側面からみても、合衆国は課税権をもたず、加えて各州への割当金も現実には忠実に履行されない状況にあったため、その財政状態は悪化の一途をたどっていた。以上のような経済的観点からも、アメリカ合衆国のより強固な統合は要請されたのである。

他方、国内の政治的対立の渦中からも、中央政府の建設を志向する動きが生じてくる。つまり各州における穏健派と急進派との間の権力闘争は、西部農民層の権力への参加の機会が拡大されるにつれ、この層を代表する急進派に有利に傾きがちであった。その結果各州の政権は多くの場合急進派に掌握され、債務者の立場に有利な立法が次々と行なわれるにいたった。そうした各州の権力を抑制するために強力な中央の権力機構を樹立しようとする動きが穏健派の中に生れてくる。彼らは中央政府を掌握することによって間接的に急進派の勢力を制約することを期待し、精力的に中央政府の形成に当るのである。

なお、合衆国がその直属の領土を所有していたことも、その国家としての基礎をもつものとして留意しておかなければならない。つまり、一七八三年の講和条約によって、イギリスよりアパレチヤ山脈以西ミシシッピ河にいたる広大な西部の土地を譲渡されるが、この所有権・管理権をめぐり諸州間、また連合会議と諸州間とに紛争が生じていた。つまり、一三州の後背に広がるこれらの広大な空間を各州の所有に帰属せしめるか、それとも合衆国に帰属せしめるかという基本的な問題がこれであり、複雑な経緯といくつかの手続を経て、この問題は西部の土地が合衆国の直属の所有地であるという結論をみた。その結果合衆国は固有の領土をもつにいたったわけである。なお、これらの領土の管轄統治方式を定めるためにジェファソンなどによって計画され、一七八七年に制定された「北西部領地条例」(Northwest Ordinance)によれば、西部の領地はかつてのアメリカ植民地のごとき、永遠の植民地としてではなく、一定の人口に達したのち一定の段階を経て、旧一三州と同等の権利をもつ新州として合衆国に加わることを認められている。ここに共和政の原理を保持しつつ、同時に領土の広汎な拡大を可能にする「アメリカ帝国」の建設方式が設定されたということができよう。

以上、対外関係における不利、合衆国内部の勢力関係の変動などに影響され、合衆国を一つの国家へと変容せしめようとする要請は、次第に強まりつつあった。しかし一方になお、独立が本来中央集権を否定するものであった体験、あるいは非常に多様な風土的因子を含む広大なアメリカ大陸が、アメリカ人としての一体感の醸成を阻害しがちであった事実など、中央政府の創設にとって阻害的な要因も根強く存在していた。つまり統一国家形成の要請と、かかる国家形成を否定する心情とが、複雑に交錯・対立しながらもなお均衡していた時期であったといえよう。

こうした対立均衡の状況を打破し、アメリカ社会を統一国家の形成へと大きく向わしめる契機となったのが、一七八六年八月マサチューセッツにおいて勃発した「シェイズの反乱」(Shays' Rebellion)にほかならなかった。その発端は独立以後のアメリカ農業問題にあったということができる。独立戦争終結と共に農産物は生産過剰に陥り、価格は下落していた。他方農民の購入する物品の価格は下らず、農産物と他の商品とのいわゆる鋏状価格差《シェーレ》は拡大する一方であった。その結果西部農民は負債の支払いができず、抵当に入れた農場を失い、さらには投獄されるなどの状況に追いこまれることが多くなる。多くの州においては、これらの農民は議会において立法の形でその要求を実現し自らの経済的地位の回復を試みたが、マサチューセッツにおいては保守派が議会を支配し、農民は過少代表制の故にモラトリアム、インフレ政策などの、他州において実現をみた主張を、立法化することができない状況にあった。このような状況のもとで、マサチューセッツの西部農民は、独立戦争中の大尉ダニエル・シェイズ（Daniel Shays）を指導者として、実力行動に出るにいたる。この反乱は、翌一七八七年二月、結局ボストンの州政府によって鎮圧されるが、その経緯は広くアメリカ各地に報道され、強力な中央政府の必要性が宣伝されることとなる。

それまでにも、連合規約を修正し、連合会議に課税権また通商規制権を与えようという試みは何度かなされていたが、連合規約の修正には全一三州一致の賛成を必要とするが故に、その実現をみなかった。こうしたいわば自縛的な性格をもつ連合規約に対し、思いきって連合規約に替る新しい憲法を制定しようとする動きは、従来より各州の一部の指導者たちの間に存在していたのである。シェイズの反乱はそうした新憲法制定への動きを、全国に拡大する重要な契機となったといえよう。かくして、一七八七年五月フィラデルフィアにおいて、前年のアナポリス会議を受けるかたちで、連合規約改正を公式の目的とする、各州代表よりなる特別会議が開かれることになった。

2　連邦憲法案の作成とその批准

一七八七年五月、いよいよフィラデルフィアにおいて連邦憲法制定会議（Federal Convention）が開かれる。この会議には、急進派の勢力の強かったロード・アイランド州は、代表を送らず、結局一二の州から七四名の代表が選ばれたが、実際に会議に出席したものはそのうち五五名であった。そしてその五五名中多数が革命期におけるいわゆる穏健派に属する人々によって占められていたことは、今日等しく認められているところである。

ところでこの会議はその運営および憲法制定手続面で、いくつかの巧みな配慮がなされていた。その一つは、会議の議長にジョージ・ワシントンを推挙したことである。ワシントンは独立戦争の総司令官として広く全国的な名声を得、またその誠実な人格によって人々の信頼感を得ていた。このいわばアメリカ合衆国の独立および統合の象徴ともいうべきワシントンを議長に据えたことは、会議全体の尊厳を高め、さらにはそこで作成される憲法案に、千鈞の重みを加えることになる。第二の配慮は、会議を秘密会議とした点に現われている。会議の外においてこの憲法会議に対する憲法反対派の疑惑が渦巻いているとき、この秘密会議方式は、各州の代表が外部勢力から遮断されて自由な討議を行なうことを可能にし、成案が作成された上ではじめてそれを外部に発表することを可能にしたのである。(1)

第三の配慮は、憲法制定あるいは連合規約修正にとっての法的手続上の障害に対し、これを巧みに回避すべく払われたものである。本来連合規約はその第一三条に明記されているごとく、全一三州の議会の承認を得なければばいかなる修正も行ないえないものであった。しかし先に指摘したように、いくつかの州議会は急進派に掌握されており、したがって憲法案を連合規約の修正案として各州議会の審議にかけた場合、それがいくつかの州で否認される可能性が多かった。そこで憲法制定会議は憲法案の批准を各州議会の審議にではなく、各州において憲法案審議のために特に開催される会議（convention）の審議に委ねることとしたのである。さらに第四の、やはり手続上の配慮として、本来一三州すべての承認を必要とする連合規約の修正に対して、憲法制定会議が憲法案の発効には、九州の承認をもって足るものとした点をあげなければならない。もし連合規約の規定通りの手続をとったとすれば、ほとんどいかなる憲法案も発効しえなかったであろうことを考えてみるとき、このことは、憲法制定過程においてやはり不可欠な手続上の変更であったといわなければならない。

さて憲法制定会議は、その代表の多くが穏健派に属し、かつ全アメリカ的見地から会議に参加したとはいえ、各代表はまた同時に各々地方的利害あるいは出身州の利益を背景としており、そこにおいてはしばしば激しい意見の対立がみられた。ことに大州と小州との間の対立、南部諸州と北部諸州との間の対立は、顕著なものがあった。したがってそこで起草された憲法案は、しばしばこれらの対立の結果としての「妥協の束」であると呼ばれているのも当然であろう。しかし、にもかかわらずこの会議を通して、代表たちの間に対立と同時に、重要な点についての基本的な見解の一致が存在していたことも、やはりこれを認めなければならない。すなわち議事録を参照すれば明らかなように、第一に代表の一人、エルブリッジ・ゲリー（Elbridge Gerry, マサチューセッツ出身）が指摘した「デモクラシーの行きすぎ」（excess of democracy）が各州に瀰漫しているという認識と、この状態に対する危惧とは多くの代表に共有されていた。そして第二にその状態を矯正するために、中央政府をより強化する必要があるとする点でも各代表の見解はほぼ一致していた。しかし、一方「デモクラシーの行きすぎ」と、中央政府の強化とに関する代表たちの見解の一致は、この会議を民主政治制度の否定や強大な中央集権的な国家の創設へと導くものではなかったことにも留意しなければならない。つまり、きわめて少数の例外を除くならば、独立革命の基本原理である人民主権そのものを否定する代表はいなかったし、また独立革命のもう一つの基本原理である地方自治の精神そのものを否定する代表もいなかったことは注目に値する。憲法制定会議の代表たちは以上の基本的な見解の一致の上に立って、それぞれの代表する利害関係を調整しつつ、憲法案を起草していったのである。

会議にはまず新憲法制定の主張者であるジェイムズ・マディソン(James Madison)が起草したヴァジニア案(Virginia Plan)が提出された。同案は、明白に、全国的《ナショナル》な立法部・行政部・司法部の三権の形成を主張するものであり、中央の議会に対して、各州は、一律に同数の代表を送るのではなく、合衆国への供出金の額あるいは人口比に応じた数の代表を送るべきことを主張していた。全体として、同案は合衆国を統一国家として再構成することを主張するものであった。これに対し、のちにいわば対抗提案としてニュー・ジャージーから出された案(New Jersey Plan)は、いわゆる小州の観点を代表するものであり、連合規約を従来より強化する必要性は、これを認めつつも、連合規約の基本的な性格を変えることは、これを否定するものであった。この案においては、中央議会における代表は、人口に比例してではなく、各州均等に選出されるべきものとされていた。結局同案によれば、合衆国は単一の国家として再編成されるべきものではなく、独立国家《ステイト》間の連合として存続すべきものであったのである。

そしてこの中央議会での代表数をめぐる対立に典型的に現われた、大州と小州との利益の対立は結局、下院は人口に比例して選出され、上院は各州均等に選出されるという妥協によって収束されることとなった。憲法制定会議におけるもうひとつの主要な対立軸を形成したのは、南部諸州と北部諸州との異なった地方的利害であった。この対立は、第一に奴隷人口を各州の成人人口に算入するか否かをめぐって争われる。この問題は、結局奴隷ひとりを五分の三人として算定するという妥協によって決着をみた。さらに南北両地方は、通商の規制をめぐって対立したが、これも外国との条約の締結には、各州の利害調整機関としての上院において、出席議員の過半数でなく三分の二の多数の同意を要件とするという妥協によって、解決されたのである。この他、この会議においては大統領の選出方法などをめぐって、多くの論争が展開されたのであるが、ここでは、それらの詳細は一切省略して、同年九月にようやく調印されるにいたった最終的な憲法案の基本的性格を要約することにしたい。

まず第一に注目すべきは、この憲法案が成文憲法の形態をとり、自らを国の最高法規として規定していることである。すなわち憲法は、他のすべての法令に対し、高次の法としての性格をもち、その意味で議会を含むすべての権力機関の行使する権力に対する、抑制と制約の機能を果すものとされている。これは本憲法案の連邦制的性格から、中央政府である連邦政府の権限が憲法によって明確に「委託された権限」(delegated powers) に限定され、それを越える行為あるいは法令は違憲《アンコンスティテューショナル》であるとして、無効とされるという考え方のうちにもうかがうことができる。憲法案のかかる性格は、前にふれたごとく植民地時代以来の、イギリス本国との抗争の体験に基づく成文憲法思想にその源泉をもとめることができよう。さらにその根底には独立革命の基本原理である人民主権の原理、憲法制定権力者としての人民という考えが前提とされていることも忘れてはならない。

さて憲法案の第二の基本的な性格は、同憲法案が合衆国を統一国家として再編成することを目指しながら、それが州の独自の権限を否定するものではない点である。いいかえるならばこの憲法案は、中央政府と州政府との間の権限の分割を認め、単一の中央集権国家でもなく、また逆に独立国家の単なる連合体でもない、中間的な国家形態を志向するものであった。つまり当時の言葉でいうならば、単一統合国家（consolidation）でもなく、また国家連合（confederation）でもない、連邦国家＝連邦制（federal system）を採用したのである。憲法案のこの性格もやはり植民地時代および独立革命時代におけるイギリス本国との抗争の体験に基づくものであり、中央集権の要請と地方自治の要請とが、ここに調和されているということができるであろう。

第三の基本的性格として、憲法案は三権分立制をとっている。これは各州においてすでに行なわれていた権力分立制を受けついだものであり、その意味でこれも、やはり植民地時代および独立革命時代の体験に基づくものであったといえる。しかし実際は、この連邦憲法案における三権分立制は、かつての州憲法における三権分立制が行政部の抑制を目的としていたのとは異なり、立法部を行政部および司法部が抑制することを期待していることに留意しなければならない。同じ三権分立制といえども、ここではその置かれた政治状況に見合った機能の転換が期待されているわけである。

秘密会議のもとで起草された、上のような性格をもつ憲法案がいよいよ公表され、各州の憲法批准会議に付されるや、この憲法案をめぐる賛否両論が各地において激しく戦わされるにいたった。それは憲法案の含む、様々な具体的個別的争点をめぐって行なわれた論争ではあったが、ここであえてそれらの争点を要約するならば、ほぼ二つないし三つの主要争点を見出すことができるであろう。その第一点は、この憲法案により合衆国の性格が根本的に変るか否かを問うものであった。つまり連合規約によって国家連合として規定された合衆国の基本的性格が、この憲法案によって単一の国家としての合衆国へと変革されてしまうというのが反対論者の批判が集中した第一点であった。これに対し憲法起草者たちは、この憲法案が合衆国を連邦国家（federal state）として規定するものであると反論しかつ、自らをナショナリストとしてではなく、フェデラリストとして呼称することによって、憲法案の擁護に努めた。ちなみに当時この憲法案の擁護のために、ハミルトン（Alexander Hamilton）、ジェイ（John Jay）、マディソンの三人がニューヨークの新聞に匿名で書いた八五編の論文は、のちに『ザ・フェデラリスト』（*The Federalist*）なるタイトルの単行本として刊行される。同書は、憲法制定をめぐる激しい権力闘争の所産であり、実務政治家の手になるものであるが、単なる憲法案の正当化の試みではなく、憲法案をめぐる論争を手掛りとしながら、当面の争点を越えた政治思想を展開したものとして、アメリカ政治思想史上、もっとも重要な古典の位置を占めている。ところでこの論争においては、憲法制定派がいち早く自らをフェデラリストと称したが故に、結果的に憲法反対論者はアンティ・フェデラリストという呼称を受けるにいたり、その立場を不利にせしめられるにいたった。いい換えるならば、憲法制定をめぐるシンボルのとり合いにおいて憲法制定派は一歩先んじたということができよう。

争点の第二は、この連邦憲法案に権利の章典（Bill of Rights）が欠けていたことをめぐるものである。憲法反対派はこの点を追及し、憲法案が反人民的性格をもつものであると主張した。これに対し憲法制定派は、本来この憲法案は連邦政府を一定の事項のみを実施できる権限の制限された政府（limited government）と規定している故、あえて権利の章典をこれにつけ加える必要はないと反論した。たしかにこの反論は論理的には正当であったといえよう。しかし先にふれたように当時多くのアメリカ人にあっては、憲法概念と、権力に対する人権擁護を実体的に裏付けるものとしての権利の章典とが結びついて理解されていたことを考えるならば、権利の章典を欠くこの憲法案が、一見人民の権利を軽視するかの印象を一般に与えたことは否定できない。その点多くの州の憲法会議が権利の章典をのちに追加することを条件として憲法案を批准したことは、上の状況をよく物語っているといえよう。

さらにつけ加えるならば、この憲法案が富裕層いわゆる貴族層の利益を擁護する一方で、貧困下層の利益を犠牲とするものではないかということも、憲法反対派によりしばしば指摘された。つまり憲法案は、動産所有者である商人たちにとって有利な案であり、西部の小農民にとって不利な案であるというのが反対派のひとつの論拠となったのである。

以上のような争点を中心として、フェデラリスツとアンティ・フェデラリスツとの間で各州の憲法議会において激しい論議が展開された。ことに連邦憲法制定会議に十分代表されていなかった急進派のグループは、各州の憲法会議においてこの憲法案の批准を阻止すべく強力な反対運動を展開する。たとえばヴァジニアにおけるパトリック・ヘンリーの活動などはその好例としてあげることができる。結局一三州のうちノース・カロライナとロード・アイランドの二州を除く一一州が、一七八八年までにそれぞれ賛否の票差は異なるが憲法案を批准し、憲法案は合衆国の憲法として発効することになる。

ちなみに票差についていえば、たとえば一一番目に批准したニューヨーク州では賛成三〇票、反対二七票、その差三票という僅少差で批准されている。さらにこれを一一州全体でみるならば、賛成の票は八四四票、六四・

四パーセントであり、反対の票は四六七票、三五・六パーセントである。つまり約三分の一が反対票であったことになる。これらの反対票を、地域別にみるならば西部地方により多く分布しており、このことは西部の小農民層が、憲法制定の指導権を掌握していた商人あるいはプランターたち、東部沿岸の指導者に対し不信を抱いていたことを物語っていると考えられよう。ともあれ多くの反対や障害を乗り越えて、憲法は制定され、アメリカ合衆国はここに連邦制の下であれ一つの国家として再発足することになる。しかし憲法の制定が必ずしも円滑かつ、容易に達成されたわけではなく、その達成過程には穏健派と急進派、フェデラリスツとアンティ・フェデラリスツ、東部指導者層と西部農民層、などといった幾層かの対立の契機が内包されていたことを見逃してはならない。というのは、憲法制定をめぐるこれらの対立はのちに、制定された国家権力機構をめぐる対立へと転化されてゆくからである。(2)

3　フェデラリスツの政権

憲法の批准・発効と共にアメリカ合衆国は、連邦制という形態に基づくものとはいえ、国家として再構成されることとなった。つまり、この憲法に基づき、連邦政府は国民に対し、直接強制権をもつ統治機構として確立されたのである。では、この統治機構をだれが掌握するのかが、当面の政治的問題となってくる。もとより憲法制定者たち、すなわちフェデラリスツは憲法制定により、ひとえに統治機構の樹立だけを目指したわけではなく、先にふれたように各州の統治機構を掌握する急進派との対抗上、中央の統治機構の掌握をも目的としていたと思われる。

その時まず行政部の掌握が課題となる。だれを初代大統領（President）に推すかという問題に当り、フェデラリスツは、独立戦争の英雄として国民的声望の高い、超党派的存在であるワシントンを、担ぎ出すことに成功した。一七八九年四月六日、ワシントンは大統領選挙人の全員一致の投票をもって初代大統領に選出され、四月三十日、ニューヨークにおいてアメリカ合衆国最初の大統領就任式がとり行なわれた。ここにアメリカ合衆国は名実ともに国家として発足するにいたるのである。副大統領には、ニューイングランドのジョン・アダムズ（John Adams）が選出され、国務長官には当時ヨーロッパにおり、独立宣言の起草者として名声の高い、トマス・ジェファソンが任命された。財務長官には若きハミルトンが任命されるが、このフェデラリスツの政権の中心的支柱の役割を担ったのは、ハミルトンにほかならなかった。ハミルトン自身も自らの地位を、いわばイギリスの首相の地位になぞらえて、精力的にフェデラリスツの政策を展開していくことになる。

一方、立法部としての連邦議会（Congress）も、憲法制定派の議員が多数を占め、そこにおいて指導的役割を担ったのは、ジェイムズ・マディソンであった。また、司法部においても最高裁判所首席判事（Chief Justice）には、ジョン・ジェイが就任し、ここでもフェデラリスト系の判事が多数を占めていた。『ザ・フェデラリスト』を著わしたハミルトン、マディソン、ジェイの三人が、はからずもそれぞれ行政部・立法部・司法部の枢要な地位についたことは、とりもなおさず新政権がフェデラリスツによって掌握されていたことを象徴的に示す事実であったということができよう。

ところで、当時のアメリカにおいては、自国の将来について、二つの相対立する見解が存在していた。その一つはいわば農業立国論ともいうべきものである。この見解は、アメリカ社会は旧ヨーロッパ社会と幸いにして大西洋を隔て空間的にも隔絶されているが、アメリカ社会は体制的にもヨーロッパ社会と違った新たな社会体制を発展させうるし、また発展させるべきである。そしてその豊かな自然空間を利用して農業国、農民の国として発展していくのが、アメリカのとるべき方向であるとするものであった。そしてこの見解の代表者はプランターの一人ジェファソンであった。これに対立するもう一つの考え方は、いわば通商立国論ともいうべきものである。それはヨーロッパ社会をより先進的な社会とみなし、ヨーロッパ、ことに先進通商工業国としてのイギリスに追いつき、追いこすべく、アメリカも商工業の発展に可能な限りその力を当てるべきであるという考え方である。この考え方は、当然のことながら東部沿岸の都市の商工業者に支持され、その代表者が時の財務長官ハミルトンであった(3)。フェデラリスツの政権にあっては、大統領にプランターのワシントンを戴き、国務長官にはやはりプランターであるジェファソン、そして財務長官にはハミルトンを充てるなどして、たしかに農業と商工業という相対立する社会的利益の均衡・調整がある程度斟酌されてはいたが、経済政策の立案をハミルトンが担当していたことにより、フェデラリスツの政策はしばしば商工業利益に有利なものとなった。

それではハミルトンは具体的にどのような政策を立案遂行したのであろうか。それは、当時の主要な経済的財政的争点――公債・課税・通貨・銀行・製造業――のすべてにおよんでおり、これらを、先の通商立国論的観点に立って解決しようと企てるものであった。一七九〇年二回にわたる「公債に関する報告」に示された公債政策は、多くの議論を喚起する。当時、合衆国は、主としてフランスとオランダとに対する一千万ドル余の外債を別としても、独立戦争中に発行された四千万ドル余の内債をかかえていたが、ハミルトンは上記の報告において、これらをすべて額面価格で償還すること、あわせて、独立戦争中に生じた各州の負債を連邦政府が肩替りして引き受けることを提案したのである。この公債政策が、内外における合衆国の公信用の確立を意図していたことは疑いえないにしても、それが、当時公債を所有していた、多少なりとも相対的に富裕な東部沿岸の商工業者層の利益を守り、反面、公債を手ばなし、これをすでに所持していない多くの債務者・農民の利益を著しく損い、したがって商工業利益と農業利益との対立が深刻化する結果を生ぜしめたことも事実である。そればかりか、州の公債の引受けに関しても、依然として多大の負債をかかえていたニューイングランドの各州とすでに、自州の公債を自力で償却していた南部の諸州との利害の対立を生み、南部・西部の土地利益の犠牲において東部の金銭利益を擁護するものと激しく批判されたのである。

さらにこの公債の元利支払いの財政的裏付けの一つが、政府の公有地の売却に求められたことも、上のような階層的地域的対立を深めた原因であった。すなわち、この公債政策は、農民が農耕地として農民に配分されるべきものと期待する広大な公有地が、連邦政府国庫収入の財源として処理される契機を与え、この点でも土地利益の反感を買うことになったのである。ちなみにこの公有地の処分問題は、十九世紀前半を通じて、アメリカ政治史の一つの大きな争点となっていく。

公債政策を担保すべき財源として当然課税収入が考えられてくる。その第一は関税収入である。憲法により新たに課税権を与えられた連邦政府は、収入を目的として軽微の保護関税制度を採用した。第二にハミルトンが着目したのは国内における消費税である。とりわけその一つとしてのウィスキーに対する課税は、これまた、その穀物生産をウィスキーという形で商品化し、現金化していた西部奥地の農民の著しい反感を買うことになった。

以上の公債・課税政策とともにハミルトンの経済政策の主柱をなしたのが、彼が一七九〇年十二月に提出した「国立銀行に関する報告」に示される金融政策である。同報告において彼は、当時の合衆国における金融制度の不備を直し、公信用を安定せしめ諸産業を振興するためには、イングランド銀行のような中央銀行を創設することが必要であることを強調した。そして彼はさらに戦時中の不換紙幣を廃止し通貨制度を統一し、それを中央銀行の下に管理せしめようとした。事実、合衆国銀行が、翌年十二月フィラデルフィアに開設されるのであるが、連邦政府によるかかる銀行の設立が、はたして合憲か違憲かという憲法論争をめぐり、憲法を広義に解釈 (liberal or broad construction) し合憲とするハミルトンと、狭義に解釈 (strict construction) し違憲とするジェファソンとの間に鋭い対立を生み出す。

以上のような財政・金融政策を一貫するのは、先進工業国としてのイギリスに追いつき追いこすために、幼弱なアメリカの製造業を保護育成しようとするハミルトンの構想であった。彼のかかる構想が最も明確に示されているのが、一七九一年十二月議会に提出された「製造業に関する報告書」である。同報告書においてハミルトンは、アメリカにおける製造業発展の阻害要因とその克服の方途とについて詳細な考察を加えている。たとえば安価な労働力の不足という問題については、低廉な労働力として移民の奨励また女子の工場への誘致が示唆され、国内産業保護のためには保護関税政策が提示されていた。しかし当時、その構成員の圧倒的多数を農民が占めていたアメリカ社会においては、ハミルトンの製造業擁護論は強力な支持基盤をえられず、結局この案は連邦議会において否定され、実現をみなかった。

上のごときハミルトンの経済政策は、結果的に農民の利益を否定し、商工業の発展のうちにアメリカの発展を構想するものであったため、これをめぐって当然大きな政治的紛争が惹起されることとなる。憲法制定にあたっては、ともに協力して強力な中央政府の樹立にあたった南部のプランターと北部の商人とは、ここに大きく相対立することになる。それはすなわち、政権掌握後のフェデラリスツ内部における利害の対立の顕在化と、分裂とを意味していた。つまりハミルトンの経済政策は、東北部の商人層・製造業者層の利益を増進し農業利益を軽視するが故に、アンティ・フェデラリスツの支持基盤をなしていた西部の農民はもとより、南部のプランターたちもこれに反対し、結果としてフェデラリスツ体制の動揺を招来する。

とくに西部の農民のフェデラリスツ政権の政策に対する反発は激しく、時に反乱にまで及ぶことがあった。中でもフェデラリスツ政権を危惧せしめたのが、先にふれたウィスキー製造に課された消費税に対する反発を契機として、一七九四年七月、ペンシルヴェニアの奥地に勃発したいわゆる「ウィスキー反乱」(Whiskey Rebellion)であった。この反乱はその年のうちに、ハミルトン自ら率いる軍隊により鎮圧されたが、しかしこのことはけっして西部農民の間に鬱積する、連邦政府に対する不信不満自体を解消したことを意味しなかった。

このような一般的なアンティ・フェデラリスツ感情の奔出に加え、フェデラリスツ政権は内部的にも危機を迎えていた。先の銀行問題に端を発するジェファソンとハミルトンとの不和はその後私的感情のもつれもあって悪化し、ついにはジェファソンは国務長官の職を辞することになる。さらに州の公債引受け問題で南部諸州を代弁してハミルトンと対立したマディソンも、ハミルトンとたもとを分ち、ジェファソンに接近してゆく。このハミルトンとジェファソン゠マディソンとの離反は、ヨーロッパにおいて当時勃発したフランス革命に対する両者の評価の**齟齬**――ハミルトンはこの革命の影響がアメリカに及ぶことを危惧し、ジェファソンはこの革命の含む共和主義的理念を称揚した——によって一層促進・固定化されることになった。そして、ジェファソンたちは共和派（Republicans）と称される明確な対抗組織を形成する。

一七九六年、フェデラリスツは、先の副大統領ジョン・アダムズを大統領候補に立て、アンティ・フェデラリスツすなわち、共和派《リパブリカンズ》はトマス・ジェファソンを大統領候補に立て相争う。これは、厳密にではないにしろ政党の線に即した大統領選挙戦を意味していたといえよう。この選挙においてアダムズは、選挙人三票の差をもってジェファソンに勝利し、フェデラリスツ政権はさらに次の四年間継続することになる。しかし、この第二期のフェデラリスツ政権は第一期のそれと比べるならば、著しく党派的性格を強めたといわざるをえない。この事実を端的に象徴するのが、フランス革命の影響を防ぎ、またアメリカ国内におけるフェデラリスツ政権への批判を封じる意図をもって立法化された、一連の「外人法・治安法」（Alien and Sedition Acts of 1798）であったといえる。しかし、こうした権力的措置による政権強化政策は、逆にかかる措置を違憲と主張するジェファソンを中心とする反対勢力の強化と組織化とを促進する結果を生む。

フェデラリスツはやがて一八〇〇年の選挙においてジェファソンの率いる共和派に破れ、さらに一八一六年の選挙を最後に解消し、フェデラリスツ時代は名実ともに幕を閉じることになる。

フェデラリスツの政権が、このように比較的短命に終った理由はいくつか考えられる。ハミルトンの工業立国論的な構想は、当時圧倒的に農民が多数を占め、しかもこれらの農民に配分すべき十分な土地が存在していたアメリカ社会においては、いわば早熟の発想であったということができよう。事実彼の描いた構想は、それが展開されるために必要な社会経済的条件の整った南北戦争以降、フェデラリスツの政権から約半世紀以上を経たのち初めて、実現されていくのである。つまりハミルトンの構想は、一八六〇年代以降のアメリカの状況にこそ適合的であれ、独立期のアメリカの現実には必ずしも妥当しない構想であった。しばしば現実主義者と称されるハミルトンも、その意味ではむしろアイデアリストであったということができるかもしれない。これに対し、ハミルトンと対比してしばしば理想主義者といわれるジェファソンこそ、逆に独立直後のアメリカの社会状況を的確に把握し、当時の圧倒的多数派であった農民層を代弁した点では、すぐれて現実主義的であったということができよう。ともあれ、ハミルトンの構想は少なくとも短期間には実現をみず、フェデラリスツの政権は短命に終ることになった。

フェデラリスツの政権が短命に終ったもう一つの理由として、組織の問題もあげられよう。憲法制定以来の政治過程において、フェデラリスツは、常に自らを全体を代表するものとして顕示してきていた。いいかえるならば自らを政党《パーティ》、つまり政治体全体《ボディ・ポリティーク》を構成するひとつの部分《パート》として示さなかった。したがってフェデラリスツは、政党としての組織化を怠り、いわば部分を越えた超然政権として自己を位置づけていた。投票の組織化による多数形成という近代政党政治の基本的な政治戦略が、ここでは看過されていたといえよう。対抗組織としてのリパブリカンズの方が多数形成の論理に徹しており、その点でもジェファソンは現実的であった。

(1)　会議の公式の議事録は秘密会議の故もあってきわめて簡略なものであり、そこから会議における議論の全容をうかがい知ることは不可能である。しかし後世の歴史家にとって幸いなことに、会議の代表の何人かは、会議の進行についての覚え書を書き残していた。ことに憲法制定の主唱者であり、のちに「憲法の父」とよばれるヴァジニアのジェイムズ・マディソンは、毎日の議事について詳細な記録を残していた。この記録は彼の死の四年後一八四〇年に公表され、会議の全貌がここにはじめて公にされるにいたった。のちにイェール大学のマックス・ファランド（Max Farrand）教授の編纂によって、公式の議事録とこれらの私的な議事録とは、『一七八七年の憲法制定会議の議事録、全四巻』（*The Records of the Federal Convention of 1787*, 4 Vols.）として、一九三七年までに公刊された。この資料は単に憲法制定過程を知る上に貴重な資料であるばかりでなく、当時の政治指導者たちの政治思想あるいは広く当時の政治状況を知る上においても、貴重な資料となっている。

（2）　憲法制定史の解釈において、憲法制定を独立革命との断絶において把える解釈と、独立革命との継続において把える解釈とが、少なくとも論理的には鋭く対立する。この解釈は、実は前章でふれたごとく、独立革命を植民地時代との断絶（革命性の肯定）において把えるか、あるいは植民地時代との継続（革命性の否定）において把えるかと深く関連している。私個人は、植民地時代・独立革命・憲法制定を通じ、アメリカ社会内における継続性と、アメリカ社会外との、つまりヨーロッパ社会との断絶性を、いいかえればアメリカ史におけるいわば時間的継続性と空間的断絶性とを重視したい。

（3）　このアメリカの未来像についての二つの見解は、アメリカの対外政策のあり方についてもそれぞれ異なった形で表現されてきた。農業立国論は、ヨーロッパの権力政治から離脱し〔孤立主義〕、アメリカ大陸における大陸帝国の建設を志向する。商工業立国論は、ヨーロッパの権力政治を考慮に入れ〔国際主義〕、通商を主軸とする海洋帝国の建設を志向する。イデオロギー的にも、前者はヨーロッパ体制をしりぞけて、アメリカ的体制を理想とし、後者はアメリカを広く西欧体制の一環として把える。

第四章　農本的民主政と大陸帝国

一八〇〇年の選挙における、共和派のトマス・ジェファソンの勝利以来、十九世紀の半ば一八六一年まで基本的には共和派《リパブリカンズ》＝民主党（Democratic Party）政権が続くことになる。この共和派＝民主党の政権は、南部のプランターと西部の農民層とを支持基盤とし、農業利益を代表する政権であった。

この時代アメリカは、ヨーロッパ列強の影響を意識的に遮断しつつ、アメリカ大陸に広大な領土を獲得し、大陸帝国を建設する。そして、そこにおいては民衆の政治参加への道もまた拡大され、デモクラシーが広くアメリカ大陸に展開・確立されるのもこの頃であった。現在われわれは、アメリカを工業国として、また世界大の海洋帝国として理解しているが、工業国あるいは海洋帝国として発展する以前に、農業が産業の基軸を占める大陸帝国としてアメリカが発展してきたことを忘れてはならない。

そして大陸帝国として膨張を重ねてゆく過程で、十九世紀前半のアメリカにおいては、ヨーロッパとは異なった特殊アメリカ的な文明の建設が意識され、そこにアメリカ・ナショナリズム、あるいはアメリカニズムが生れてくる。しかし他面、そうした広大なアメリカは、その内部に諸利益間の対立を当然に内包していた。十九世紀前半に次第に顕在化していくかかる諸利害対立の中でも、ことにアメリカ特有の地方（セクション）間の対立は、やがて南北戦争において、武力衝突の形をとる。

1　共和派の勝利と農業利益の確立

一八〇〇年の大統領選挙に際し、共和派はふたたびトマス・ジェファソンを大統領候補に立てた。独立宣言の起草者としてすでに全国的名声を得ていた彼は、南部プランターの一人であり、同時に西部奥地の独立自営農民に対する深い共感を明らかにしていたが故に、広くアメリカにおける農民の利益の代表者として仰がれていた。しかも、選挙に出馬するに当り、このような広汎な農民層の支持に加えて、ジェファソンは東北部地域の職人層などの投票を組織するために、自身とは対照的なニューヨーク市の政治家アーロン・バー（Aaron Burr）を副大統領候補とするがごとき現実主義的な選挙戦略を採用することも辞さなかった。

選挙人投票においてジェファソンは七三票を獲得、六五票を得たフェデラリスツ派のジョン・アダムズを僅差ではあるが破り、ここに共和派政権の登場をみる。一方、議会においても上下両院で共和派が多数を占める。この選挙の主たる争点は、外人法、治安法、政府経費の膨張に伴う増税、フェデラリスツの親英外交などであったが、それらはいずれも、農業利益と商工業利益との対立に、すなわち当時の言葉を使えば、南・西部の土地利益《ランデッド・インタレスツ》と東北部の金銭利益《マネイド・インタレスツ》との対立に関連するものであった。そしてジェファソンがこの選挙に勝利したことはとりもなおさず、農業利益が商工業利益に対し勝利したことを物語っている。

一方、大統領・議会の両選挙で破れたフェデラリスツは、アダムズの残された任期中に、選挙ではなく任命によって人事が決定される司法部に、自らの政治的影響力を残そうと努めた。国務長官ジョン・マーシャル（John

Marshall) が連邦最高裁判所首席判事に任命され、さらに多くのフェデラリスツ系の連邦判事がジェファソンの大統領就任の前日、いわゆる「深夜の任命」(midnight appointments) によって裁判所に送りこまれたのである。これらの一連の政治的な任命はたしかに、司法部にフェデラリスツの影響を残存せしめる効果をもたらしたにせよ、のちに司法部と立法部および行政部との対立をもたらす遠因ともなる。ことに、一八〇三年マーシャルは、マーベリ対マディソン事件 (Marbury *v.* Madison) の判決において、裁判所による違憲立法審査権を主張、これを確立した。ちなみにジョン・マーシャルは、その後一八三五年の死にいたるまで三四年間、連邦最高裁判所首席判事の職にあって、連邦《ユニオン》強化のために尽力することになる。

一八〇一年三月、ジェファソンは前年の夏に正式に首都となったワシントンD・Cで大統領に就任する。なお、国務長官にはジェイムズ・マディソンが、財務長官にはスイス系の移民アルバート・ギャラティン (Albert Gallatin) がそれぞれ任命される。

ジェファソンはこの時の就任演説の中で、「われわれはすべてリパブリカンズであり、われわれはすべてフェデラリスツなのです」(We are all Republicans, we are all Federalists.) とのべ、フェデラリスツとの和解、同質性・継続性を強調した。しかし一方で、ジェファソンはのちに自ら一八〇〇年の選挙による政権の交代を、「一八〇〇年の革命」と称している。たしかにこの選挙の結果は、商工業重視から農業重視へと政策の基本線を転換し、当時の大多数の民衆の支持に基礎をおく政権を生みだした点で「革命的」であったといえるかもしれない。しかし基本的にはこの政権も、いわゆる名望家たちによって支配されていたことを否定しえない。上のごとき、ジェファソンのフェデラリスツに対する宥和的な発言も、単なる政治的な修辞であるにせよ、また当時のアメリカの現実を示すものでもあった。事実、このことはジェファソン以降、マディソン、モンロー（James Monroe）と続く共和派の大統領たちが、いずれも南部ヴァジニア州のプランターの名門出身者であり、彼らの政権が、「ヴァジニア王朝」（Virginia dynasty）と称されたことにも象徴されている。

しかし、具体的な政策面においては、共和派政権は、やはり消極的にはフェデラリスツの政策をある程度修正することによって、また積極的には新たに農業利益の保護助成の政策を展開することによって政策転換を進めていく。フェデラリスツ政権の財政政策の基軸となっていた公債については、共和派はこれを継受するが、これをできるだけ早急に返還することを訴え、事実一八〇一年―一八〇九年のジェファソン政権時代に未払い公債額は、八三〇〇万ドルから五七〇〇万ドルへと減少していった。フェデラリスツ時代とくに農民の間で不評であった課税政策は大幅に修正され、ウィスキーへの消費税など廃止されるにいたった。かかる収入源の縮小は当然に政府経費の大幅な節減を意味し、事実、ジェファソンは「賢明にして簡素なる政府こそよき政府である」と訴え、フェデラリスツ政権の下で肥大しかけた政府機構の簡素化を実施した。また共和派政権は、フェデラリスツ時代に設立され激しい憲法論争を惹起した合衆国銀行を、その特許状の期限到来とともに解散する。さらに、フェデラリスツ政権がしばしば反対派鎮圧のために利用した外人法・治安法も、その有効期限が切れるとともに廃止され、同法によって投獄されたものも釈放される。

このようなフェデラリスツの政策の修正とともに、共和派は積極的に農業利益擁護の政策を打ち出す。その第一は、「国内交通運輸手段の改善」（internal improvements）事業の着手である。広大な大陸にあって、単純な自給自足経済から商品経済へと移行しつつあった当時のアメリカ農業にとって、その生産物をより有効に商品へと転化するためには、交通運輸手段の改善が不可避的に重要な課題となっていた。西部の農民は連邦政府がそうした東西の交通路を積極的に開拓することを強く要請していたが、農業利益に基礎を置く共和派政権のもとでそれが次第に実現されていくことになる。この交通改善は具体的には一つに有料道路の建設、二つには運河の建設を意味していた。一八〇七年に財務長官ギャラティンは、包括的な国内交通改善政策の報告書を提出し、これに基づいて首都ワシントンの近くからアパレチヤ山脈を横断して、ミシシッピ河流域のヴァンデリア（Vandalia）にいたる国道カンバーランド・ロード（Cumberland Road）の建設が着手されていたことは、以上の事情を説明するものといえよう。なお、この国内交通の改善は、単に、農産物市場としての東部の発展のみではなく、東部の産業資本にとっての西部の市場化をも意味したことにも留意しなければならない。

第二に、従来国庫財源の重要なひとつと考えられていた公有地の処分政策が、これを中小農民のために小単位で安価に払い下げる方向に次第に転換されていく。以前は、公有地払下げの最低面積は六四〇エーカーであったが、一八〇〇年にはそれは半分の三二〇エーカーとされ、一八〇四年にはさらに半分の一六〇エーカーに、そして一八二〇年には八〇エーカーにまで縮小された。共和派政権下の二〇年間、小農民にとって土地所有は著しく容易になったといえよう。しかし、公有地はそれを耕作するものに無償で賦与されるべきであるとする農民の要求は未だ完全には満たされず、公有地の処分問題は以後もひとつの重要な政治的争点でありつづける。

この政策がいわば土地空間の分配に関するものであったのに対し、第三の政策は、土地空間そのものの拡大、すなわち新たな農耕地として合衆国領土の西部に大きく広がる空間を、その領土に編入するものであった。一八〇三年のルイジアナ購入（Louisiana Purchase）がそれである。一八〇〇年十月、フランスは、以前スペインに譲渡したミシシッピ河以西のルイジアナ地方を、秘密条約によりふたたび自領とすることに成功した。ナポレオンは、この成果の上に、北米大陸にフランス植民帝国を建設することを画策していたのである。この秘密条約はやがてジェファソンの知るところとなったが、ジェファソンは、ミシシッピ河河口のニュー・オリンズ港がフランス領となり、その結果、アメリカ人に対してそれが閉ざされることを危惧していた。ニュー・オリンズは、当時ミシシッピ河を経て船により運ばれてきた西部農産物の東部市場への積出し港であり、その意味で西部農業の全生命を支配下におくといっても過言ではない重要性をもつ海港であったからである。かくして、ジェファソンは、パリに使節を送りニュー・オリンズの購入をめぐり、フランス政府と交渉に入った。

しかし、すでにフランスはフランス領であったハイチの奴隷反乱の鎮圧に失敗し、しかもヨーロッパにおける対外戦争に忙殺されていたため、アメリカ大陸にフランス帝国をきずくことを断念せざるをえない状況に追い込まれていた。その結果アメリカは、ニュー・オリンズのみならず、ミシシッピ河以西の広大な領土、いわゆるルイジアナ地方全域をきわめて廉価に購入することに成功したのである。この購入の結果アメリカ合衆国の領土は、いまやほとんど倍加され、ここに合衆国は、アメリカ大陸全域においてその優越的地位を確固不動のものとすることになった。なお、ジェファソンがすでに同地方の買収以前に、ミシシッピ河以西の地方の探検、開発を計画し、太平洋岸にいたる交通路の発見を主たる任務とするルイス (Meriwether Lewis) とクラーク (William Clark) との探検隊を西部奥地に派遣していたこと (Lewis and Clark Expedition, 1803–06) も、注目すべき事実といわなければならない。

以上のような政策により、ジェファソン政権のもとでアメリカは農業国として発展する基礎を確立したことになる。かくして、十九世紀初めの共和派政権は、常に新しい肥沃な土地を必要とする奴隷制に基づく大農園制の拡大を可能にし、あわせて西部の自営農民の発展をも約束する上のごとき諸政策を採用することにより、窮極的には相矛盾・相対立せざるをえない南部のプランターと、西部の自営農民という二つの社会勢力を、暫定的に土地という公分母、あるいは広く農業利益という公分母で合体せしめることに成功したといえよう。そしてこの点にこそ共和派の政権が長く安定しえた基本的な理由が存在したのである。(1)

2 ナショナリズムとセクショナリズム

先にのべたようにアメリカの独立は、イギリスとフランスとを中心とするヨーロッパの国際的な権力抗争の故にこそ、可能であった。しかし、一たん独立を達成したのちのアメリカは、後進国、相対的な弱小国としてその独立を維持するためにヨーロッパの諸列強間の抗争から離脱する必要があった。この点については、ハミルトン流の海洋通商帝国を夢みるものも、ジェファソン流の大陸農業帝国を夢みるものも基本的には変りはなかったといえる。しかしにもかかわらず、フランス革命の勃発と、それに伴うイギリス、フランス間の抗争は、アメリカにも波及し、その外交政策に大きな影響を及ぼさざるをえない。つまりアメリカは、英仏の抗争に際して、独立以来の米仏同盟関係に基づいて、フランスに与するか、それともヨーロッパへの不介入の原則により、中立を維持するかという試練に直面するのである。しかも、この英仏間の抗争は、イギリスのフランスに対する封鎖作戦が、アメリカ通商の利益を著しく損ねる結果を生ずるなど、アメリカ経済にとっても少なからぬ影響をもたらしていた。

この状況に際して、アメリカ社会では従来の親仏反英感情が強く、一部では対英戦争論も見うけられたのであるが、ときのフェデラリスツ政権はイギリスとの和解によって通商を保護する道を選択した。一七九四年、ワシントンは当時の最高裁判所首席判事ジョン・ジェイを特別使節としてイギリスに派遣して、いわゆるジェイ条約（Jay's Treaty）を締結せしめた。同条約はイギリス軍のアメリカ北方よりの撤収、アメリカの通商・漁業の利益を保護する内容も含んでいたが、他方で独立戦争以前の債務を確認し、その支払いを具体化するなど、アメリカ国民には不満足な条約と受けとられた。その結果同条約は、南部のプランターの利益を代弁する共和派はいうまでもなく、一部の北部海運業者、一部のフェデラリスツによっても批判されることとなった。しかしにもかかわらず、ハミルトン等の精力的な活動により、同条約は翌年上院の同意をえて批准される。国内的には不人気な条約ではあるが、対外的には同条約によってアメリカはヨーロッパの紛争の外に自らをおくことに成功したといえよう。

一七九六年、ワシントンは大統領を辞するにあたり、国民に対し、アメリカは、ヨーロッパから隔絶したその地理的条件によって、ヨーロッパと異なった道を歩むことが可能であることを強調し、アメリカとは関係のない利害をはらむ、ヨーロッパの紛争に巻きこまれることのないよう訴えて、その「告別の言葉」（Farewell Address）とした。ここにうかがうことのできる「非同盟」の発想は、当時の国際政治状況と脆弱なアメリカの国力とに鑑みるとき、きわめて現実主義的なものであり、まさに権力政治的観点からみてもっとも妥当なものであったということができる。これを受け継いで、ジェファソンもその大統領就任に際して、「すべての外国と平和、通商、友好関係を保ち、いかなる国とも錯綜せる同盟を結ばないこと」を、その基本政策の一つとして国民に訴えた。ただ、ジェファソンの場合には、上にのべた権力政治的発想が、アメリカ社会は本質的にヨーロッパ社会と異なった面をもつ社会として発展すべきであるとする、イデオロギー的・体制的な発想に強く裏付けられている点に注目しなければならない。

ジェファソン政権下において、ヨーロッパの紛争からの中立維持という基本政策は、一八〇七年の「出港禁止法」(Embargo Act) の形体をとる程徹底したものであった。同法は現実には、アメリカとヨーロッパ諸国との通商関係に断絶をもたらし、ニューイングランド地方の海運業者、商人層の間に激しい批判を惹き起した。同法の立法化の直接の契機となったのは、イギリス海軍がアメリカ船チェサピーク号 (*Chesapeake*) の乗組員の中にイギリス海軍の脱走水兵がいるとして、彼らを武力を用いて強制的に連行するという事件であった。このたぐいの事件が頻発したことは、ふたたび広くアメリカ人の間に反英感情を喚起せしめ、勃興期にあったアメリカのナショナリズムを著しく刺戟するものであった。このような反英感情やナショナリズムを背景にして、一八一〇年から一一年にかけて連邦議会には「タカ派」(War Hawks) とよばれる一団が擡頭してくる。彼らのほとんどは、南部および西部の出身であり、その地域の農業利益を代表するものであった。つまり、常にインディアンの脅威にさらされていた北西部は、インディアンの背後にあるイギリス勢力を根絶すべく、当時イギリス領であったカナダの領有を主張し、他方、南部も、イギリスの同盟国であったスペイン領のフロリダを合衆国の版図とすることを主張していたのである。西部のヘンリー・クレイ (Henry Clay)、あるいは南部のジョン・C・カルフーン (John Caldwell Calhoun) などに率いられたこれらの「タカ派」は、政府に対英開戦を強く迫り、ついに一八一二年六月、第四代マディソン大統領の下で、アメリカはイギリスに対して宣戦を布告するにいたる。

しばしば「第二の独立戦争」とよばれるこの戦争は、イギリスが一方でナポレオン戦争を行なっていたこと、またアメリカも、北東部の通商業者の間に強い戦争反対があり国内が分裂していたことなどもあって、一八一五年にいたって終結をみた。英米いずれの陣営も決定的な勝利を得ずに終ったこの戦争は、結果的にはカナダの領有はおろか、アメリカに何ら直接的な利益をもたらさなかった。しかしながら、アメリカ史上においてこの戦争が有する意義は決して小さくない。一つには、この戦争を通してアメリカ国民としての一体性が拡大強化された。二つには、その消費物資の多くをイギリスの製造業に依存していたアメリカにとって、この戦争は事実上、保護関税の役割を果し、アメリカ国内の製造業が発展する一大契機となった。つまり、この戦争は、前者すなわち精神的な自立――国民意識の強化と、後者すなわち経済的な自立――国民経済の成立とをもたらした点できわめて重要であり、この二重の意味からこれが「第二の独立戦争」の役割を果したことは否定できない。そしてさらにこの戦争の終了とともに、ヨーロッパとアメリカの関係に、一つの安定が生まれることとなった。つまり、ヨーロッパ大陸における勢力均衡の結果、ヨーロッパ各国はアメリカ大陸に対して干渉する余裕がなく、アメリカはヨーロッパから自らを隔絶し、アメリカ大陸の内側に向けての発展に専念することができるようになる。その意味でもこの戦争は、ヨーロッパからのアメリカの独立を保障することとなったといえよう。

以上のようなヨーロッパからの隔絶、アメリカ大陸内への発展を背景にしたアメリカン・ナショナリズムの形成は、一八二三年のいわゆるモンロー主義（Monroe Doctrine）の宣言によって公にされるにいたる。このモンロー主義は、モンロー大統領のとき、ときの国務長官ジョン・クインジ・アダムズ（John Quincy Adams）のもとで構想される。この政策は第一に、太平洋岸に侵出してきたロシア帝国の動きに対して、これを抑制することを直接の目的とし、アメリカ大陸は今後もはやヨーロッパの植民地化の対象とはなりえないという、いわゆる「非植民地化の原則」をうたう。第二は、ナポレオン戦争中に、ラテン・アメリカにおいては、多くの中南米諸国が独立を達成したのであるが、この戦争の終了と共に、神聖同盟のもとで旧体制の回復が行なわれ、それが旧スペイン支配下のラテン・アメリカにも及ぼうとしたことに対する反発である。これはヨーロッパのアメリカあるいは西半球に対する干渉を排除する、いわゆる「非干渉主義の原則」としてうたわれている。さらにその第三点は、第二点と表裏の関係にあるものとして、アメリカもヨーロッパのできごとに対して干渉しないことがうたわれている。

この三点を主たる内容とするモンロー宣言は、十九世紀前半、ようやくその独立の地位を固めたアメリカが、ヨーロッパ列強に向けて行なった宣言として歴史上きわめて著名であるが、その内容を現実に保障したものは、大西洋という三千マイルの空間の存在であり、かつ、ヨーロッパにおける各列強間の勢力均衡の維持であり、さらにはその勢力均衡を保障するものとしてのイギリス艦隊の存在であったということができよう。かくしてアメリカ合衆国はヨーロッパ列強の干渉から自らを守り、アメリカ大陸あるいは西半球において、そのヘゲモニーを握ることになる。しかしここで注意しなければならないのは、このようなアメリカ合衆国のヘゲモニーの達成が、単にヨーロッパも含めた当時のパワー・ポリティックスの結果であっただけではなく、それがアメリカ大陸にヨーロッパとは異なった政治体制、社会体制をきずこうとする体制的発想、あるいはイデオロギー的発想によって裏付けられている点であろう。その点、モンロー宣言自体の中に、旧世界＝旧体制＝神聖同盟＝専制と、新世界

＝新体制＝自由という対比的イメイジを読みとることはそれほど困難ではない（この点はやがてのちの「明白な運命」論（Manifest Destiny）の中に受け継がれていくことになるであろう(2)。

ところで、アメリカン・ナショナリズムは、また十九世紀前葉、文化的にもヨーロッパとは異なる、アメリカ独自の文化・文明をきずくという意図にも表現された。それは、いわゆるアメリカ国民文学の形成の主張の形をとる。エマソンが一八三七年「アメリカの学者」（*The American Scholar*）と題する講演の中で、「わたしたちの依存の時代、他国の学問に対するわたしたちの長い徒弟時代は、いま終ろうとしている」として、アメリカ独自の学術、学芸の発展を訴えたのもその一例である。また、ウェブスター（Noah Webster）がイギリス語と違ったアメリカ語の発展を指摘し、アメリカ語の辞書を編纂したことも有名である。

こうして十九世紀の前半には、独自のアメリカ社会、アメリカ文化の形成という意味でのアメリカン・ナショナリズムの形成、あるいは広くアメリカニズムの形成が説かれ、また一八一二年の戦争の後には、従来の党派間の対立もほとんど解消し、モンローが一八二〇年に再選されたときには、すでにフェデラリスツは存在せず、いわば共和派一党制ともいうべき現象を示していた。この比較的安定した時代の雰囲気は、それがしばしば「好感情の時代」（Era of Good Feelings）とよばれたことのうちに象徴的にうかがうことができよう。しかし、こうしたヨーロッパに対する対外的な一体性の強調、また一見、政党的対立の解消に伴う一体性の表面のもとで、じつは一八二〇年代のアメリカは、その内部に地域間の対立、いわゆるセクショナリズムの対立をはらみつつあったのである。当時、アメリカの領有する空間が広大に拡大された結果、その気候風土の差に基づく各地域間の経済構造の差はますます顕著となっていた。すでに独立革命期にも認められた南北の対立に加えて、西部の開拓・

発展につれて独自の地域としての西部の発言権がしだいに強大化し、ここに南北東西のセクション間の対立が、アメリカ政治にとって大きな意義をもってきたのである。以下、西部、南部、東北部について、概観してみよう。

「西部」の概念はアメリカ史特有の概念であり、地理的名称であるとともに、ターナー（Frederick Jackson Turner）も指摘するがごとく、すぐれて社会的名称でもある。それは固定した一地方を指すのではなく、歴史とともに文字通り西方に移動していくわけであるが、十九世紀の前半において、西部とはアパレチヤ山脈を越えた以西のことを一般的に指していた。国内交通の改善、また公有地の払下げ政策などに刺戟され、西部への移住者の数は年々増加し、連邦における西部の占める比重は年とともに増大していく。これを人口統計でみるならば、一八〇〇年に五七万、連邦総人口の約十分の一であった西部の人口は、一八二〇年には二三〇万、連邦全体の約四分の一を占めるにいたる。さらに一八三〇年には三六〇万、連邦の人口の三分の一近くを占めるまでに発展していく。この人口の増加に伴い、いわゆる独立一三州以外の、西部から新しく連邦に加入する新州の数も次第にふえ、一八二一年にはその数一一州にまで増加する。このことは当然に議会における、あるいは大統領選挙における、西部の発言権の増大を意味する。

西部社会は相対的にいえば東部の固定した社会に対して流動的社会であり、身分制は存在せず、機会の均等が東部社会より広汎に達成されていたことは否めない。西部の新州においては、白人成年男子の普通選挙権はほぼ当然のこととされていたし、また、いわゆる官職の交代制（rotation of office）も一般に採用されていた。このことは、西部においては、新しいコミュニティを形成していくにあたり、その住民の労働力、あるいは財力が必要であったことと関係している。つまり、そうした住民の協力を得るために、住民に、いわゆる政治参加の道を広く開放することが必要だったのであり、それは特定の政治的理念の要請よりも、社会形成という現実の要請に応えるものであったといえよう。その点、西部の社会は、東部の社会に比べると、現実的により民主政が徹底していたといえよう。以上のように漸次発展し、それにつれて連邦におけるその発言権を拡大しつつあった西部においては、独自の政治的要求として、全国的なレヴェルでの国民の政治参加の道の拡大、そして経済的要求として、東部と西部とを結ぶ交通運輸手段のより一層の改善、また、より廉価な、あるいは現実に耕作するものに対しては無償の公有地処分、さらにより基本的には農耕地としての土地空間の拡大、西部へのさらなる膨張《エクスパンション》などが主張されていた。

これに対し、同じ農業利益、土地利益に立つ地方とはいえ、南部はかなり異なった発展を示していた。南部については次章でさらにのべるので、ここではごく簡単にふれるにとどめたい。独立以前には黒人奴隷制を基礎にするタバコ栽培によって発展してきた南部社会は、独立戦争の頃には、その大農園制農業は経済的に採算がとれず、したがって奴隷制そのものの自然消滅も時間の問題であろうと思われていた。そうした意味では、独立戦争の頃の南部は、必ずしも、奴隷制という特殊な利益、「特殊な制度」《ペキューリア・インスティテューション》に基づく特殊な地域として自らを意識していなかったといえよう。しかし、ホイットニー (Eli Whitney) による綿繰り機 (cotton gin) の発明によって、綿の種をとり除くことがきわめて容易になった結果、南部における原綿の生産が急激に増加することになった。しかも他方、イギリスのマンチェスターを中心とする木綿工業が急激に発達し、原綿に対する需要が急激に増えるにいたる。こうした生産供給の側における技術的な進歩による供給高の増加と、産業革命による原綿に対する需要の増加とが相見合って、南部において従来のタバコに代る綿の栽培が、十九世紀初頭より急激に伸長する。その結果、南部は綿の生産地として大きな発言権を占めるようになってきた。この綿の栽培とともに奴隷制自体も再びこの地に定着し、奴隷制を積極的に擁護する議論も展開されるにいたった。

こうして一八二〇年代には、南部は綿の栽培を支える奴隷制の積極的な維持、そして大農園制農業による急速な土地の荒廃に対処するための肥沃な新しい土地の獲得、つまり膨張主義、さらにイギリスへの原綿の輸出を確保し、イギリスより廉価な工業製品を購入するための自由貿易主義、以上の三つの要求を当面の主要な政策として主張するにいたるのである。かくて、アメリカ社会全体においては、絶対的な少数者の地位にある南部、ことにその支配者たるプランターは、上にみたような独自の利益を確保し、自己の政策を実現していくためには、全国的な次元で政権を掌握する必要を感ずる。この全国的次元において少数者である南部プランターによる政権掌握と、その政権下での自己の特殊利益の促進という課題の追求は、一八三〇年代以降他地域と南部との対立を深め、やがて南北戦争へといたることになる。

他方、目を東北部に転ずるならば、これまでにもしばしばふれてきたごとく、東北部は海運業、通商業そして若干の製造業などによって資本の蓄積を行なっていた。連邦政治においてハミルトンのいわば工業立国論ともいうべき構想は早熟なものとして破れ、以後はしばらく農業利益を重視する共和派が政権を支配していたのであるが、一八一二年の戦争は、先にもふれたように、アメリカの海運業、通商業に甚大な打撃を与える結果となった。その反面、この時期に従来、通商業に投下されていた資本が、製造業につぎ込まれ、ここにアメリカにおける製造業の発展が始まる。

その一つのよい例として、一八一三年にローウェル（Francis C. Lowell）によりマサチューセッツのウォルサム（Waltham）に開設された、近代的な一貫木綿紡織工場をあげることができる。これ以後、資本を株式会社組織で集め、労働力をその土地の婦女子の低廉な労働力、あるいは移民の低廉な労働力に依存し、動力はニューイングランドの水力を用い、原材料はいうまでもなく南部の原綿を用い、そして市場としては、次第に開発されていくアメリカの西部を背景とし、アメリカの東北部において木綿工業は急速な勢いで発展する。その結果、東北部は、従来の商業利益に基づく自由貿易から、製造業の利益に基づく保護関税へとその主張を転換していくことになる。つまり、連邦政治において東部は、保護関税によってアメリカの国内市場を形成確保していくことを基本的な政策要求とし、これに加えて労働力確保のための移民の奨励と、市場の統一を目的とする国内交通の改善とを主張していた。

以上のような各地方の経済構造の違いに基づくそれぞれの利害関係の相違は、次第に地方的利害、セクショナリズムの対立激化をアメリカ社会にもたらし、また、それがアメリカ政治の上にも反映されざるをえなくなってくる。そのような状況を背景に各セクションは、それぞれのセクションの利害を代弁する指導的な政治家を輩出せしめることになる。たとえば、東北部においてはウェブスター（Daniel Webster）がその代表であり、南部を代表するものとしては、ジョン・C・カルフーンがおり、さらに西部においては、比較的北部に近く北部と利害を共にする西北部はヘンリー・クレイが、南西部はアンドルー・ジャクソン（Andrew Jackson）がそれぞれ代表するというように、各セクションの利害を代表する象徴的な政治家が、連邦政治の舞台に陸続と登場したのである。そして一八二四年の大統領選挙のころには、一応政党としては共和派《リパブリカンズ》のみが存在していたが、その実一八二〇年前後の「好感情の時代」はもはや過ぎ去り、共和派の内部において先にあげた各地方の代表的政治家がそれぞれ異なった利益を代弁して、激しく対立していたのである。この時の大統領選挙は結局、東北部を代表するJ・Q・アダムズ、西北部を代表するクレイ、南西部を代表するジャクソン、そして南部を代表するクローフォド（William H. Crawford）という四人の候補によって争われることになった。その結果は選挙人投票でも、一般投票でも、ジャクソンが最高の票数を獲得したが、選挙人票の過半数を制することができなかったため、憲法の規定により、連邦議会下院によって決選投票が行なわれた。この投票によってJ・Q・アダムズがジャクソンを破り第六代大統領に選出され、一八二五年就任する。

ちなみに、J・Q・アダムズは第二代大統領ジョン・アダムズの息子であり、東北部マサチューセッツ州の名門出身である。したがって、ヴァジニア・ダイナスティにひき続き、もう一代東部沿岸のエリート層から大統領が選出されることになったわけである。J・Q・アダムズはモンロー大統領の下で国務長官をつとめた経験豊かな有能な政治家であり、積極的な政策をいくつか展開している。彼は東北部出身であり、フェデラリストのジョン・アダムズの息子であるだけに、その政策はフェデラリスツ的な色彩をおびていた。とくにアダムズ政権下においては、国内市場の拡大・統一を目標とする国内交通の改善政策は著しい進歩をみ、また対外通商の拡大保護のために、海軍の拡張も計画された。さらに北部産業資本の保護育成のために保護関税政策をとり、一八二八年には高率の保護関税政策をとった。これら一連のフェデラリスツ的な政策、とくにその関税政策は、南部プランターたちの強い反発を買うことになる。

アダムズの政権は連邦議会下院における決選投票によって生まれた政権であり、国民の大多数の支持を背景とするものではなく、事実当選直後より西部・南部の農民たちから強い批判を受けていた。その結果、アダムズ自身の個人的な識見ないし才能いかんにかかわらず、彼の政権はきわめて不安定なものたらざるをえなかったといえる。これら農民層の不満を背景とし、ジャクソンを中心とする共和派左派は、早くから一八二八年の選挙を目指して選挙運動を開始しており、事実一八二八年の選挙は、アンドルー・ジャクソンとJ・Q・アダムズとによって争われることになる。この選挙に当ってジャクソンとその支持者とは自らを民主党《デモクラット》と称し、これに対してアダムズ派は、ナショナル・リパブリカンズと称した。結局この選挙は選挙人投票でジャクソンが一七八票、アダムズが八三票という大差をもってジャクソンの勝利に帰し、ここにアメリカ史上はじめて、西部出身者がホワイト・ハウスの主となる。

3　ジャクソニアン・デモクラシー

一八二八年の選挙におけるジャクソンの得票結果をみるとき、ジャクソンを支持した層が圧倒的に西部に多く、ついで南部に多いことがわかる。ジャクソンはサウス・カロライナ州ワクスホーで生まれ、若くして父を失い、南部西部の各地を転々とし、その間正規の教育もほとんど受けず、次第に立身出世してテネシー地方のリーダーとなり、連邦下院議員、同上院議員を経て、テネシー州最高裁判所の首席判事などの重要な公職に就き、社会的にも奴隷をもつプランターにまで成り上っていった。この多彩な経歴中、彼を決定的に全国的な人物へとひきあげたのは、「一八一二年の戦争」の終局、一八一五年ジャクソンの率いる民兵が、ニュー・オリンズでイギリス正規軍を打ち破った事件であった。もっともこのニュー・オリンズの戦いは、現実にはガンで平和条約が調印され、戦争が正式に終了したのちの戦闘であり、戦争全体の帰趨を直接に左右するものではなかった。しかし、この不人気な戦争において合衆国側に唯一の輝ける勝利をもたらしたジャクソンの名前は全国民に知られるにいたり、彼はこの戦いをさかいとし全国的な英雄になるわけである。その経歴からも察せられるように、ジャクソンはワシントン以来の歴代の大統領とは異なり、典型的な西部出身の「独立独行の人《セルフ・メイド・マン》」であった。

なお、もう一つ注目すべきことは、ジャクソンは、西部のコモンメンたる小農民の偶像であったが、同時に彼自身はプランターの一人であり、その点で、南部のプランターも彼の中にある程度の階層的同質性を見出していたことである。このことは南部の代表的政治家カルフーンが一八二八年の大統領選挙においてジャクソンを推し、その副大統領候補になっていたことに端的にうかがうことができよう。さらにアメリカ政党政治の基本的な原則のひとつである、投票の獲得のための連携についても、ジャクソンはニューヨークにおけるマシーン政治家マーティン・ヴァン・ビューレン (Martin Van Buren) と手を組み、ニューヨーク市の新興職人層の支持をとりつけていたことも見のがせない。この点、南部のプランターと北部の都市マシーンとの提携という後年の民主党の支持基盤の原型が、このジャクソンの時代にすでに形成されつつあったといえよう。

一八二九年ジャクソンは大統領に就任するが、それ以降二期にわたる彼の政権下と、それに続くジャクソンの後継者ともいうべきヴァン・ビューレンの政権下とを合せた時代は、いわゆるジャクソニアン・デモクラシーの時代と称せられる。ただし、この時代の政治的方向は、ジャクソン個人の発想に基づくというよりは、西部の発展に伴う一八二〇年代、一八三〇年代のアメリカの時代的風潮のもたらしたものというべきであろう。次にこの時代に実現されたいくつかの注目すべき基本的政策あるいは政治的方向とでもいうべきものを検討してみよう。(3)

まず第一に注目されることは、この時代が、従来西部社会の地域的特色とされていた政治参加への機会均等を、全国的規模において実現しようとしたことである。それはいいかえれば、従来の東部沿岸のエリート層による連邦レヴェルでの政治権力の独占に対する西部のコモンメンの挑戦であった。具体的にはいくつかの制度の導入によってそれは実現された。その一つは官職の交代制《スポイルズ・システム》の導入である。これは特定の人間が権力の座に長くあることが、権力の独占化・腐敗化をもたらすとする原則に基づき、一定の任期を区切って官職者を交代させる制度である。この制度の導入により、政権の交代とともに多くの官職が選挙の勝利者の「戦利品《スポイルズ》」として、その支持者の間に分配されるようになった。今日スポイルズ・システムは、しばしば政治の腐敗、ことに政党政治の腐敗の同義異語として用いられるようになったが、少なくともその発端においては、このシステムはエリートによる官職の独占に対する挑戦であり、政治参加の機会の拡大にほかならなかったことは留意しなければならないであろう。

政治参加の機会の拡大をもたらした第二の契機は、政党政治の発展を伴う普通選挙制の全国的な拡大である。すでに指摘したように西部においては、早くから普通選挙権は当然の政治的前提とされていたが、ジャクソニアン・デモクラシーの時代に入り、東部各州においても、職人層・労働者層などにより白人成年男子に対する普通選挙制が要求されるにいたり、ほぼ三〇年代にその実現をみることになった。普通選挙制の拡大に伴い、有権者数は急速に増大し、多数化した投票者をより有効に組織すべく各地において政党政治が活発化する。一八二八年の選挙における投票者数は一八二四年の選挙におけるそれに比べ、三倍の多くを数えるにいたっていたことは注目しなければならない。政治参加者の増加、投票者の増加は、有権者の組織としての政党の地方組織、下部組織の発達を促すことになった。一般にアメリカの政党は地方組織の連合体であるといわれるが、そのような政党の性格は、ジャクソニアン・デモクラシーの時代に、有権者数の飛躍的な増加に伴って、地方組織が政党の権力構造の中でより大きな地位を占めるにいたったことに由来しているといえよう。

政党組織の民主化に伴い、選挙のさいの政党の候補者の指名においても、党の少数の指導者だけではなく、一般の党員が参加できる制度が要求されるようになった。従来、大統領候補はコーカス (caucus)、すなわち連邦議会の各政党の議員総会において指名されるのが通例であったが、この時代に、党大会 (convention) による指名方式が一般化された。少数指導者による政党指導から、地方の下部組織の連合体としての政党組織へと、政党の形態が変化したことは、この点にも明らかである。以上の政党の性格は、政治制度そのものが連邦制であることと相まって、アメリカの政党組織をヨーロッパ各国のそれに比しても著しく異質なものたらしめることになる。

有権者数の増加と、地方組織の発達とに伴い、選挙運動の形式も著しく変化してきた。従来の選挙運動は有力者間の手紙の回覧などの方式によることが多かったが、いまや選挙に際して遊説などがさかんに行なわれ、大衆説得の手段として各種の目に見えるシンボルがさかんに動員されるようになった。松明行列あるいはリンゴ酒をふるまうなど、選挙運動はにぎやかな一種のお祭《フェスティヴァル》りと化し、それは、有権者の理性よりは情緒に訴える面を強くもつようになってきた。そして候補者は自身の選挙民との間の同質性を可能な限り強調するようになった。そして事実、たとえば西部においては選挙民の多数を占める農民層からの出身であること、つまり「丸太小屋出身である」ことは、候補者にとって投票獲得のためのきわめて有利な条件になる。一八四〇年代の選挙が「丸太とサイダーの選挙」といわれるゆえんである。

ジャクソニアン・デモクラシーの時代には、以上の一般的な政治参加の機会の拡大、政治権力の配分における機会均等の実現とあわせて、第二に経済的利益における機会均等も強く主張されるようになる。そのような動向を指し示す一つの具体的な、かつ象徴的な事件は、合衆国銀行をめぐるジャクソンの拒否権発動であろう。前にもふれたように、合衆国銀行はジェファソンの時代に一時廃止されたが、のち「一八一二年の戦争」の戦費調達のためにふたたび設立された。その設立政策は基本的にはデフレーション政策であった。したがって建国以来常に債務者としてインフレーション政策を要求してきた農民は、銀行をしばしば東部の特権階級の代弁機関とみなしていた。また実際、銀行への借金を返済できずに、抵当に入れた農地を失うものも少なくなかった。つまり、一般的に農民の銀行に対する猜疑心は強かったのである。この合衆国銀行の特許状の期限が、一八三六年に切れることになっていたことから、銀行問題は、ジャクソン政権時代のひとつの重要な争点となる。当時の同銀行総裁ビドゥル (Nicholas Biddle) は本来フェデラリスツの出身であり、ジャクソン一派の擡頭に大いなる危惧を抱いていた。彼に率いられた銀行側は一八三二年の選挙を前にして、議会に働きかけ、同銀行の特許状の期限を延長する法案を通過せしめた。しかし大統領ジャクソンは、同銀行が特権階級を利するものであると主張し、同法案に反対しこれに拒否権を行使した。ちなみに拒否権はいうまでもなく、憲法上認められた大統領権限のひとつであるが、政治的に行使したのはこの時のジャクソンをもって最初とする。

この拒否権行使は、大統領ジャクソンの人気を一層高め、一八三二年の選挙において、彼は圧倒的多数の支持をもって再選されることになる。ちなみに、大統領としてのジャクソンをみる場合、とりわけ注目すべき点は、彼においては、大統領は直接国民多数の代表者として捉えられ、これに対して議会の議員は個々の少数利益の代表者の集まりとして捉えられていることであろう。大統領職《プレジデンシー》をこのように性格づけたことは、大統領と国民との同一化《アイデンティフィケーション》を強調することとなり、これによって議会に対する大統領の権限を拡大強化する結果をもたらした。爾来、アメリカ政治史上強力な大統領とは、しばしばそうした国民との同一化に成功した大統領を指すにほかならない。

ところで、銀行問題ではこのように明確な立場をとったジャクソンの政権も、関税問題に関してはきわめて微妙な立場をとり、南北の調停者としての役割を担わざるをえなかった。たとえば、一八三二年に制定された保護関税的色彩の強い関税法は、南部プランターの激しい批判をあびたのであるが、ジャクソンはこれに対しては、連邦《ユニオン》の統一性を強調し、必要によっては軍隊を派遣することも辞さないまでの強硬な態度を持して、彼らの反抗を抑えた。その結果この時、彼はまた自らをアメリカ統合の象徴とすることにも成功したということができる。

またジャクソン政権の施政が直接関係していない司法部においても、当時の経済における機会均等、自由競争の理念は正当化されていく。その例としては、マーシャルの死後、ジャクソンによって任命された最高裁判所首席判事トーニイ (Roger Brooke Taney) のもとでのチャールズ河橋事件 (Charles River Bridge v. Warren Bridge, 1837) 判決をあげることができよう。また、社会的な機会均等の一つの要件として、教育における機会均等が民衆の間で強く要求されはじめるのもこの時代である。この要求に応じて、マサチューセッツをはじめとする各州が、立法措置によりいわゆる「無月謝学校《フリー・スクール》」の制度を次々と実現していくことも重視しなければならない。一八二八年には、アメリカ史上最初の労働者の政党が、フィラデルフィアの地方政党として成立するが、当時の労働者の要求の一つは、そうした教育における機会均等の実現であった。

ただし、当時のアメリカにおける平等化の要求は、ジャクソンがその合衆国銀行法案に対する拒否権行使の教書にのべたことからもうかがえるように、個々人の絶対的平等を主張しているわけではなく、むしろ、個人間に本質的に差別の存在することを前提とするものである。このような前提に立って、個々人がその能力を十全に発揮するためには、機会が均等に与えられ、競争が自由に行なわれなければならないとするのが、平等化の主張の根本原則であった。なお、十九世紀前葉にアメリカ社会の支配的なエトスとなったこの機会均等、自由競争の原理は、本来自営農民のエトスとして打ち出されたものであったが、やがてアメリカが急激な勢いで工業化するにあたって、いわゆる「資本主義の精神《ガイスト》」として産業社会にも受け継がれていくことは注目に値する。その意味でジャクソンは、アメリカ的農本主義の代弁者であるとともに、彼の個人的意図いかんにかかわらず、アメリカ的資本主義のエトスの代弁者でもあり、そして何よりもアメリカン・デモクラシーの象徴であった。しかし、ジャクソンの名に象徴される政治参加の拡大、アメリカ的民主政の確立には、一つの大きな対立物があった。それは奴隷制の存在であり、奴隷制に基づく南部大農園制の存在である。

(1)　この広大な土地空間の獲得と農業利益の促進とは、農村人口をして、総人口中の多数者として長く固定化する。と共に、農民こそアメリカ社会の中核であるとするエトスを、深く長く根を降ろさせることになる。ジェファソンはつとに「アメリカは農民の勤労を待つ広大な土地をもっている……もし神が選民というものをもち給うとすれば、この大地を耕すものこそ神の選民である」と語っていた。Thomas Jefferson, *Notes on Virginia*, 1787, *The Life and Selected Writings of Thomas Jefferson* (Modern Library edition), 1944, p. 280.　邦訳に中屋健一訳『ヴァジニア覚え書』(岩波文庫)がある。この農民賛歌と「象徴と神話としての西部」とを長く裏付けたものは、正にルイジアナ購入であったといえよう。

(2)　アメリカ合衆国のアメリカ大陸におけるヘゲモニーの確保は、それが必ずしも中南米への領土的進出を伴うものではないにしろ、独立後間もない中南米諸国にとっては、新しい脅威の出現を意味していたことにも留意しなければならない。

事実、やがてアメリカ合衆国の存在は、これらの諸国にとって「北方の巨人」として経済的に文化的に脅威となっていく。いうまでもなく、ラテン・アメリカ諸国は、アングロサクソン文化と異なったラテン文化をスペイン、ポルトガルから継承し、宗教的にもカトリック系であり、したがってラテン・アメリカの目から見るとき、南北両アメリカ大陸は一つのアメリカとして意識されるよりは、しばしば二つの異なったアメリカとして意識されていた。ここに、モンロー主義が、ラテン・アメリカにとっては、いわゆる「アメリカ帝国主義」の原型を内包するものとして意識されるゆえんがある。

(3)　外国人によるアメリカ論の古典とされるトックヴィルの『アメリカにおけるデモクラシー』が、その劈頭で「アメリカに滞在中、新奇に感じられたことは多かったが、諸条件の平等ほど私の目を驚かせたものはない」と記したことは、あまりにも有名である（Alexis de Tocqueville, *Democracy in America*, 1835-40, Vintage edition, 1900, Vol. I, p. 3）。トックヴィルがアメリカを訪れたのは、一八三一年四月よりの約九ヵ月のことであり、ジャクソン政権の時代であった。彼が「諸条件の平等」という時、それは正しくジャクソニアン・デモクラシーのことを指しているのであり、彼はその中に、デモクラシーの効用と危険とを読みとっていった。この古典は、明治時代に早くもその第一巻が肥塚龍訳『自由原論』として完訳されたが、その上下二巻の完全な邦訳はまだない。幸い、最近、この一部の訳が岩永・松本訳『アメリカにおけるデモクラシー』研究社、一九七二年、また第一巻の全訳が井伊玄太郎訳『アメリカの民主政治』上下（講談社文庫）、として刊行された。〔その後、松本礼二訳『アメリカのデモクラシー』全四冊（岩波文庫）として完訳されている。〕

第五章　奴隷制と南北戦争

前章でのべたように、十九世紀前半、人口の圧倒的多数を占める農民を背景に、土地利益の促進と農本主義のエトスとをもって多数派形成に成功した共和派＝民主党政権は、相対的には安定した政権であった。全国的にはもちろんのこと、南部社会に限っても少数者である奴隷制プランターは、この全国的な多数者組織である民主党の支配権を掌握することによってはじめて、全国的な政権を維持し、その諸利益を固守していくことができたわけである。しかし、東北部の産業資本の急激な発展は、アメリカ社会の工業化をもたらし、農業社会としてのアメリカ社会に強い衝撃を与えることになる。また農民そのものの中の、南部プランターと西部農民との本来的な矛盾・対立は、十九世紀前半を通じて次第に顕在化していく。ここに反プランター勢力の結集がやがて行なわれ、共和党が形成され、一八六〇年の大統領選挙においてこの共和党のリンカンが当選することによって、ついに南部プランターはその全国的な政権から追われる。

続く南北戦争において、決定的な敗北を蒙った南部プランターは、全国的な次元における政権掌握の願望を永久に放棄せざるをえなくなる。そして戦後の、南部社会そのものの改革を志向する「再建」(Reconstruction)の動きと、南部を再び連邦内に組み入れようとする「再統合」(Reunion)の動きとの中にあって、旧プランターは全国的次元では失われたヘゲモニーを南部社会において確保すべくつとめていくことになる。

1　奴隷制とプランターの寡頭支配

すでに指摘したように南部の気候・風土は、単一栽培方式に基づく大農園制の発達を容易ならしめた。しかしこの農業生産方式は、厖大な量の低廉な労働力を必要とする。初期には年季奉公人が低廉な労働力として活用されたが、それは必ずしも無条件に低廉な労働力ではなく、かつその労働期間も限定されていた。ここに黒人奴隷の労働力が着目され大幅に導入されることになる。アメリカの英領植民地に黒人奴隷が最初に輸入されたのは一六一九年のことであるが、その後一六六一年にはヴァジニアにおいて法律により正式に奴隷制が確立される。植民地時代の主たる大農園制作物は、いうまでもなくタバコであったが、やがてタバコの消費量が限界に達したこと、加えて強制労働に基づく耕作であること、土地の荒廃の著しいことなどの理由から、独立革命の時代には、奴隷制とそれに基づく大農園制とは、自然消滅に赴かざるをえないであろうという見解が支配的であったことは、先にふれた通りである。

しかし、十八世紀末の綿繰り機《コトン・ジン》の発明とイギリスにおける産業革命の進行とにより綿の栽培をめぐる需要と供給は著しい増加をみ、ここに奴隷制に基づく大農園制経営に新しい道が開かれることになる。綿の生産額は、一八一九年から一八六〇年までの約四〇年間に、三〇倍強に増大し、またその輸出額も一八一〇年から一八五六年の間に、約五倍に達し、アメリカの輸出総額中五四パーセントを占めるにいたった。ここにおいて「綿は王様」(Cotton is King) の表現にうかがわれるような、綿栽培を中心とする経済へと南部経済は再編成され、それに伴って南部社会においては奴隷制と、それに基づく大農園制とが再定着するにいたったのである。その結果、プランターの南部社会における支配的地位が安定化したのみならず、全国的経済に占める原綿生産業の重要性を背景とし、全国的政治におけるプランターの発言権もとみに強大化するにいたった。

ただしここで、プランターの数そのものは、全国的にはもちろんのこと、南部社会においてもきわめて少数であったことに注目しなければならない。一八五〇年当時、南部の白人総人口六〇〇万のうち、奴隷所有者は約三五万であったといわれる。その家族を含めても三分の一たらずの人が奴隷の所有者であったのである。しかしいわゆるプランター、すなわち二〇名以上の奴隷を所有するものは決して多くなく、まして五〇名以上の奴隷をもったプランターらしいプランター、あるいは真のプランターともいうべきものは、その数約八〇〇〇人にしかすぎなかった。つまり南部社会においても、いわゆる大プランターは、南部総人口の一パーセントにもみたなかったわけであり、アメリカ社会全体においてはプランターは全く、絶対的な少数者にほかならなかった。このきわめて少数のプランターが南部社会においていかにして圧倒的な権力的地位を保持しえたのか。それは、やはり南部の黒人奴隷制と無縁ではない。南部社会は大略、上のごとき少数の大プランターを最上層に置き、ついで奴隷を所有しない、あるいはこれを所有していたにしてもごく若干名にしかすぎなかった自営農民、さらに白人貧農《プア・ホワイト》と称されるいわば社会的没落者である白人、そして最下層に三二五万に及ぶ黒人奴隷が置かれるという形で、階層構成をなしていた。白人貧農、および奴隷をもたない白人自営農民は、南部社会における多数者《マジョリティ》ではあったが、彼らは、人口の三分の一以上を占める黒人奴隷から奴隷制という制度的障壁によって全く分離されていた。絶対的な少数者としてのプランターは、そうした多数者のプランターならざる白人農民と黒人奴隷との分離によって南部社会に一定の均衡を生ぜしめ、そこに自己の支配権を確保していたわけである。

南部社会の支配権を握ったプランターが、南部における以上に、その地位が特殊的・少数者的たらざるをえない全国的次元で政権を掌握維持していくには、それなりの象徴操作と政略とが必要であった。プランターはまず何よりも、自らが当時のアメリカ社会の絶対的多数者である農民階層に属していることを強調することによって、農民の政党としての民主党を掌握し、西部の農民の支持を取り付け、その政権の中枢を占めることに成功する。ジャクソン大統領に始まる民主党の政権は、先にふれたように西部農民の利益を代弁しつつ、いわゆるジャクソニアン・デモクラシーの展開として、政治参加の機会の平等化を推進していたが、少数者である南部プランターは、そうした民衆の政治参加の拡大を巧みに利用しつつ、自らの利益を促進していたわけである。(1)

こうしたプランターの下での民主党政権は、具体的にいかなる政策を展開したか。まずその一つは、自由貿易制度の推進である。一八三二年の関税法は、その後数回にわたる改定によりその税率を下げ、一八四六年の歳入法で保護関税制度は実質的に解消し、さらに一八五七年にはほぼ完全な自由貿易制がとられるようになった。次に重視されなければならないのは、奴隷制の維持という基本的な経済的要求を満たし、かつ上院において北部諸州すなわちいわゆる「自由州」(Free States)との間の勢力均衡を保つために、領土を拡大し、新しい「奴隷州」(Slave States)を形成していくという政策である。

ルイジアナ購入後も、南西部への領土拡大の要求は、プランターたちの間に強かった。一八三〇年頃には、多数のアメリカ人が、一八二一年に独立したメキシコ領のテキサス地方へ進出し、そこに大農園を作りあげていった。テキサスはその後、一八三六年にメキシコから独立するが、アメリカはこれを即時に承認する。やがて、この独立したテキサス共和国（Republic of Texas）のアメリカへの併合運動が高まり、また同時にそれに対して北部諸州から反対運動が起る。テキサス併合条約は上院で一たん否決されたのちに、一八四五年、上下両院合同決議で承認をみ、現在のテキサス州を含み、これよりさらに広大なテキサス地方が、この時アメリカに併合されることになる。

このような南西部の拡大と相まって、北西部においても農民の要求を実現すべく版図の拡張がはかられた。一八四六年にはオレゴン地方におけるイギリス領カナダとの間の国境線が確定する。さらに同年には、国境問題に端を発したメキシコとの戦争が勃発し、その結果、一八四八年にアメリカは、現在のカリフォルニア、アリゾナ両州を含む広大な地域を、一五〇〇万ドルでメキシコより購入するということになった。こうしてアラスカを除くならばこの民主党政権時代の、一八五〇年頃までに、アメリカ大陸における今日のアメリカ合衆国の版図がほぼ完成することになる。こうした膨張主義は、いうまでもなく自営農民を含む広汎な土地利益の要求を満たすべく、農地としての空間の獲得を目指したものにほかならなかった。かくして、十九世紀中葉、アメリカ合衆国は、北米大陸において広大な「アメリカ帝国」の建設に成功したのである。

しかし、それは農業利益あるいは土地利益の要求に基づくものであっただけに、商工業に立脚する東北部の強い反対を喚起せずにはおかなかった。ここに膨張主義の倫理的な正当化という課題が発生する。この課題に対する解答が「明白な運命」(Manifest Destiny「膨張の宿命」とも訳される)の主張であろう。それはアメリカのアメリカ大陸における膨張拡大を、倫理的にもあるいは摂理的にも正当化するものであった。「明白な運命」の論ずるところに従うならば、アメリカ人はアメリカ大陸に自由を拡大すべき使命を担い、膨張とはまさにかかる使命の実現過程とみなされたのである。このような膨張主義の論理は、すでに一八二三年のモンロー主義によって明らかにされていたアメリカ大陸のヨーロッパ大陸との断絶を強調する特殊アメリカ的な世界像を継承し、アメリカ大陸には旧体制的ヨーロッパ文明と違った文明が当然きずかれるべきであるという、いわば一種の「地理的予定説」をその骨子とするものであった。

さてこうした十九世紀前半におけるアメリカ領土の急速な拡大は、アメリカ内においてその領土の配分をめぐる各セクション間の対立を喚起せずにはおかなかった。領土の配分をめぐる対立とはつまり、こうした新領土がやがて州として連邦に編入される場合にそれが奴隷制を認めない「自由州」として編入されるべきか、奴隷制を認める「奴隷州」として編入されるべきかをめぐる対立であった。この問題は連邦政府、ことに連邦議会における各セクション相互の勢力の均衡をはかる上で、甚大な影響を与えるものである。したがって、領土の拡大とともに、一方で奴隷州が認められる場合には、それに対応して他方で自由州が認められるという形で均衡がはかられることが原則であった。たとえば、一八二〇年にミズーリが州として連邦に加入するに際し、同州は奴隷州として認められることになっていたが、それと均衡をはかる意図から北部はメインを新たに州として加盟させ、「自由州」一二州対「奴隷州」一二州の均衡を保つことになったわけである。同時にこのとき議会は、北緯三六度三〇分以北のルイジアナ領地で奴隷制を禁止する決定も行なった。この決定の意味するところは、いわば三六度三〇分線を境として南北すなわち、「奴隷州」「自由州」とを分ち、以後の両陣営の均衡を策した点にある。上の二つの決定がいわゆるミズーリ妥協（Missouri Compromise）と呼ばれるものである。また一八五〇年、カリフォルニアが自由州として連邦加入を望むに際し、プランター勢力は南北の均衡が破れるのをおそれ、カリフォルニアを自由州と認めるかわりに、強力な「逃亡奴隷取締法」(Fugitive Slave Act) を作ることをきめてこれに対抗した。これが「一八五〇年の妥協」(Compromise of 1850) である。

プランター勢力は、さらに積極的な政策を展開していく。一八五四年、カンザスの連邦加入に際しプランター勢力は、上記のミズーリ妥協によれば明らかに自由州として連邦に編入されるべきカンザスを奴隷州として組みこむことを計画した。その際、採られた論理は、中西部における民主党指導者であったスティーヴン・ダグラス (Stephen A. Douglas) 上院議員が提出した「住民主権の主張」(squatter sovereignty もしくは popular sovereignty) であった。ダグラスなどの民主党の主張は、カンザス、ネブラスカ両領地が、将来州に昇格する際に、その州が「奴隷州」たるべきか「自由州」たるべきかは、その州の住民の意思によって決定されるべきであるという一見民主的な「住民主権の主張」に基づくものであった。結局、この主張は、議会において鉄道敷設の問題などがからんだ結果、妥協的に認められ、一八五四年有名なカンザス・ネブラスカ法 (Kansas-Nebraska Act) が可決されたのである。この法案が成立するや、カンザス州においては、南部系と北部系とが激しく相争い、ついには「流血のカンザス」(Bleeding Kansas) といわれる状況を呈するまでにいたった。つまりここでは一八五六年に、すでに後の南北戦争を小規模の形で先取りする戦闘が行なわれていたのである。

カンザス・ネブラスカ法は、先のミズーリ協定を実質上破棄するものであったが、さらにこの破棄は法的にも追認されることになる。すなわち、一八五七年の連邦最高裁判所による有名なドレッド・スコット事件の判決 (Dred Scott Decision) がこれである。当事件に対するトーニイ首席判事の手になる判決文は、奴隷は財産であり、財産権は憲法で保障されたものである、その奴隷は合衆国のどこにいようと財産たることに変りなく、これがたまたま特定の領地《テリトリー》にいたからとて、奴隷の身分を失うものではない、したがって合衆国内に一線を画し、「その以北の合衆国の領地におけるこの種の財産の保有又は所有を市民に対し禁止する議会の立法は、憲法に根拠を有せず、故に無効である」という法論理によって、三六度三〇分以北の領土において奴隷制を禁止したミズーリ協定を違憲と断じたのである。この判決により法的支持を受けた奴隷制は、いまや風土的制約を別とするならば、アメリカ全土にわたって拡大の可能な制度となった。プランター支配下の民主党政権のもとにおける奴隷所有者の特殊利益の拡張は、当然に各方面からの激しい反発を受けるにいたった。そしてこの奴隷制の拡大を要求する勢力、すなわちプランター勢力に対する反発は、種々相反する利益、要素を内包しながらも、やがてひとつの全国的な政党の結集をもたらすことになる。

2　反プランター勢力の結集と南北戦争

十九世紀の二〇年代から急速に発展しつつあった東北部の製造業にとって、全国的な政権が南部プランターによって掌握され、自由貿易制度が基本政策とされていることは、アメリカが資本主義国として先進国イギリスと競争していくに際して、著しく不利な条件となっていた。その意味で、国内市場の確保とその拡大とを目指す東北部の産業資本にとって、南部のプランター政権の排除は大きな政治的な課題とならざるをえない。しかも大農園制・奴隷制はその経営維持のために多額な資本を要し、本来、資本に不足している東北部産業資本にとって、資本の獲得をめぐってもまた、南部プランターは対立・敵対関係にあったわけである。

綿栽培以降の奴隷制度はきわめて非人間的な、文字通り奴隷を財産とみなす苛酷な奴隷制度に転化していった。このことはニューイングランドの多くの知識人に、いわば罪の意識を与えることになる。十九世紀、三〇年代頃から奴隷制を即時に廃止すべきであるという、いわゆる「奴隷制即時廃止論」(Abolitionism)が、東北部を中心に起る。そのリーダーの一人、ウィリアム・ロイド・ギャリソン (William Lloyd Garrison) は一八三一年に『解放者』(*The Liberator*) と題する雑誌を刊行し、奴隷の即時廃止を強く訴える。そのほかにも『ウォルデン――森の生活』(*Walden, or Life in the Woods*) で有名なヘンリー・ソロー (Henry David Thoreau) あるいは詩人のロングフェロー (Henry Wadsworth Longfellow) などの知識人も活発にこの運動に加わっていった。すでに一八二八年にメキシコにおいて奴隷制度が廃止されていたことの影響も見逃すわけにはいかない。一八三三年には、全国的な「奴隷制反対全国協議会」(American Antislavery Society) も結成されている。一八五二年にストー夫人 (Harriet Elizabeth Beecher Stowe) の手になる小説『アンクルトムの小屋』(*Uncle Tom's Cabin*) が刊行され、奴隷制下の黒人の悲惨な運命を広くアメリカの一般国民に訴える。この小説は出版とともに約三〇万部売れたといわれている。アボリショニズムの運動はかくして、ニューイングランドの知識人を中心に、北部において活発化するが、決してそれが北部人全般の心情を反映した運動でなかったことには留意しておかねばならない。つまり当時、財産としての奴隷所有は、憲法により保障されていたのであり、いわば私有財産の保障という観点から、アボリショニズムには北部人の間でも抵抗が少なくなかった。現に、ギャリソンの運動なども、たとえばボストンなどにおいては、激しい民衆の非難・攻撃にさらされることになる。アボリショニストの運動は、東北部においても少数者の運動であったということができよう。

当時の状況において、むしろより大きな争点となり、より広い支持層を得ていたのは、奴隷制の即時廃止論ではなく、奴隷制のこれ以上の拡大に対する反対であった。この反対こそは、農民として同じ民主党の支持者でありながらも、プランターと現実的利害を異にする西部の小農民の間に次第に拡大していったものである。すなわち、西部の農民も、土地の拡大を要求する点では、南部のプランターに同調し、その意味では彼らも膨張主義者であった。しかしそのように拡大された土地空間を、いかに配分するかという点では、南部のプランターと彼らとはしばしば利害を異にしてきたのであった。西部の農民の本来の要求は、西部に拡大された公有地はその地を現実に耕作した農民に無償で与えられるべきことを定める、いわゆる「自営農地法」(Homestead Act) の制定であった。この点、大資本を背景とし、大規模な土地投機によって大農園を拡大し、その結果自営農地の拡大の可能性を相対的に減少せしめるがごとき南部プランター勢力の西部への進出は、西部農民の激しい反発を招くことになる。また西部の農民は、その生産物を商品化するにあたって、国内のとくに東部との間の交通の改善を大いに必要としたにもかかわらず、プランター政権はかかる国内交通の改善には原則として反対し、西部の農作物を奴隷の食糧品として確保する以上のことは配慮しなかった。これに対し、東北部における製造工業の発展は、やがて東北部が西部の農産物の最大の消費市場と化することを暗示しつつあった。かくしてこの時代、西部は、ミシシッピ河を中心とする河川によってつまり自然によって結ばれていた南部市場との結びつきを弱め、次第に交通の人為的な改善発展によってすなわち道路、運河でつながれた河川、さらには十九世紀の三〇年代から隆盛に向いつつあった鉄道などによって、東北部との結びつきを強化していくきざしをみせる。

南部プランターの政権下における大農園制・奴隷制の拡大運動は、このようにして民主党に次第に内部分裂をもたらす結果となった。これを民主党の西部農民の立場からみるならば、彼らはプランターとの連携を維持しつつ、新たに主導権を握るか、あるいは東部の産業資本と連携して新しい政党を形成するかの二者択一に次第に追い込まれていくことになるわけである。この第二の可能性を象徴的に現わすできごととして「自由土地党」(Free-Soil Party)の結成をあげることができるであろう。奴隷制の拡大に反対し、自営農地法の制定をうたった同党は、「自由な〔無償の〕土地、自由な言論、自由な労働、そして自由な人間」("Free soil, free speech, free labor, and free men.")をスローガンとして、一八四八年には第三党として独自の大統領候補を立てるまでに発展した。たしかに、この運動そのものはそれほど広汎でなく、短命であり、しかも西部よりはむしろニューイングランドから起ったものではあるが、その志向において将来の東北部と西部との連携、産業資本と西部農民との連携を予め示唆するものとして、重視さるべきであろう。(2)

一方南部それ自体の中においても、微弱ながら、反プランターの気運が勃興しつつあった。当時の奴隷は、反乱指導者の出現を恐れたプランター勢力によって牧師を除いては教育を受けることが禁止されていた。にもかかわらず抑圧されていた黒人奴隷の間では、しばしば小規模な、絶望的な反乱が発生し、また逃亡するものも必ずしも少なくなかった。多くの場合捕えられた反乱者、逃亡者はきわめて苛酷な処罰を他へのみせしめとして受けるものであった。これらの反乱の中で有名なものとしては、「ターナーの反乱」(Nat Turner Insurrection)をあげることができよう。一八三一年、ヴァジニアでナット・ターナー(Nat Turner)という黒人牧師を中心にして起ったこの反乱は、婦女子を含む五七名の白人を殺害した規模の大きなものであり、その報復として一〇〇名以上の黒人が裁判にもかけられず殺戮され、二〇名が裁判によって死刑を宣告される結果に終った。

また、一八四〇年代からは、黒人奴隷を組織的に北部へ、さらにはカナダへ逃亡させる地下組織、当時の表現で「地下鉄道」(Underground Railroad) という組織が形成され、結局五万人程度の黒人奴隷を逃亡させたといわれる。黒人自身もこの運動の中で重要な役割を果す場合もあり、その中でも有名なのは、「黒人のモーゼ」と呼ばれたハリエット・タブマン (Harriet Tubman) という女性である。彼女自身黒人奴隷であったが、この組織によって北部に逃亡し、その後自ら数回にわたって南部に潜入して黒人奴隷の逃亡を助けたのである。また、この地下組織には直接関係はなかったが、フレデリック・ダグラス (Frederick Douglass) のごとき、自由黒人が北部において、ジャーナリストとして奴隷制反対の運動を続けていたことも注意しなければならない。ただし、全体としてみるならば、これらの黒人の数はきわめて少数であり、大多数の黒人奴隷はそのまま枷につながれていた。

また、南部社会における白人で奴隷をもたないもの、ことに白人貧農《プア・ホワイト》についていうならば、彼らの大多数はいうまでもなく、プランターによって支配されておりながら、またしばしばプランターに、ないしは大農園制に寄生する存在でもあった。そして全く大農園制から疎外されていたグループの場合も、先にのべたように、経済階層的な差異の存在にもかかわらず人種的な一体性の操作によってノース・カロライナ州のヒントン・ヘルパー (Hinton Rowan Helper) のごとき少数の例外を除いては、奴隷制そのものに反対し、その廃止を迫るものは少なかった。このような事情を招いた理由としては、プランターの支配下の南部社会においては、先の『アンクル・トムの小屋』のごとき啓発的な書物が禁書になっていたことも指摘されようし、逆に、フィツヒュー (George Fitzhugh) のごとき優れた社会学者によって、南部の社会における奴隷制を積極的に擁護する議論が展開されたこともまた、無視できない。つまり南部は、その政治的社会的地位が次第に孤立化するに従って、自らの奴隷制を必要悪としてではなく積極的な善として、道徳的・宗教的・社会学的に擁護しようとしていたのである。

ところで、奴隷制の存在をめぐって、アメリカの政党組織に再編成の兆候が現われ出した。一八五四年の春から夏にかけて、西北部諸州を中心に共和党《リパブリカン》と称する州大会《コンヴェンション》が開かれるようになり、各地でカンザス・ネブラスカ法案が激しく非難されるにいたった。そして一八五六年の大統領選挙を前に、同年六月、フィラデルフィアで共和党は正式に全国大会を開催することとなった。この共和党には、プランター勢力の拡大をこれ以上放置してはおけないという点で一致する各党派、すなわち「自由土地党《フリー・ソイル・パーティ》」、ホイッグ党、さらには民主党の中で南部プランター勢力に反発する分子などが合流し、奴隷制の拡大に反対することを最大公約数として、この全国大会において正式に同党大統領候補として、ジョン・チャールズ・フリーモント（John Charles Frémont）を指名することになった。この選挙において共和党は、一三四万、すなわち総投票数の約三分の一を獲得し、将来一大勢力となることが暗示される。一八六〇年の選挙を前にして、この新しい共和党の組織は、南部プランターの支配をくつがえすべく、活発な活動を始めるにいたった。一八五九年十月、アボリショニスツの一人で、奴隷制の打倒のためには、奴隷自体による解放・反乱が必要であるとかねてより主張していたジョン・ブラウン（John Brown）は、ヴァジニアのハーパース・フェリー（Harper's Ferry）にある連邦政府武器庫を襲い、奴隷反乱を起すことを試みた。小グループによる彼の計画は、彼の期待したごとき、連続的な奴隷反乱を招くには至らず、この反乱は二日にして鎮圧され、ブラウンは死刑に処せられる。しかし、この反乱は南部プランターに多大の衝撃を与え、彼らによって北部による奴隷反乱の陰謀として、大きく取り上げられる結果となった。彼らはこの反乱が単なるアボリショニスツの行動ではなく、その背後には共和党があると宣伝し、共和党を「黒い共和党」(Black Republicans) と呼び、激しくこれを非難攻撃するにいたった。

一八六〇年の選挙が近づくにつれ、民主党はすでにもっていた内部分裂を顕在化せしめることとなる。大統領候補としてスティーヴン・ダグラスを推した北西部の民主党の支持者に対し、いまや少数派であることが明白となった南部プランターは、同党主流派と袂を分って、生粋のプランターの代表としてブレッキンリッジ (John C. Breckinridge) を独自の候補として指名することとなった。また、南部にあってもこうした極端主義には賛成し得ない民主党支持者、ホイッグ党の残存者の一部は、別に「立憲連邦党」(Constitutional Union Party) を結成してジョン・ベル (John Bell) を大統領候補に推した。

民主党のこのような内部分裂に対し、共和党はその種々多様な分子からなる組織を結集しなければならなかった。一方には急進的な奴隷制即時廃止論者、他方には東北部の産業資本までを含む雑多な集団を調停し、統合していく指導者・候補がここでは必要とされたのである。東北部の産業資本にも、アボリショニスツにも、そしてもっとも大きな潜在的な支持者である西部の農民にも訴える条件を備えた候補者として上ったのが、かのエイブラハム・リンカン (Abraham Lincoln) にほかならない。

一八五八年の「分れたる家は建つことあたわず」(A house divided against itself cannot stand.) という演説で、全国的な政治家として頭角を現わしたリンカンの奴隷制に対する政治的態度は、必ずしも明確ではなかった。その意味で彼は決してアボリショニストではなく、ブラウンの行動に対してもきわめて批判的であった。また西部農民出身の彼は、まさしく「丸太小屋からホワイト・ハウスへ」という点で、アメリカ的な移動性を象徴する存在でもあった。彼に対して、東北部でもたれていた「粗野な西部人」というイメージも、ニューヨークで行なったクーパー演説（Cooper Institute Speech）において、彼が示した理性的な論理的なアプローチによって払拭され、彼の能力は東部人によっても高く評価されるにいたった。

一八六〇年の選挙の結果、リンカンは一般投票の過半数を得ることはできなかったが、選挙人投票の過半数を得て大統領に当選することになったのである。なおこの時、ダグラスは、一般投票の約三〇パーセント近くの一三八万票を得、民主党の主流派として無視できない存在であることを示している。ブレッキンリッジの得票地域はほぼ南部に限られ、その得票数は一般投票全体の二〇パーセント弱にとどまった。いまやプランター勢力の支持者が、全国的に明らかに少数派であることが示されるにいたったのである。リンカンの当選のひとつの重要な理由は、彼が先にものべたごとく、奴隷制に反対であっても、必ずしも奴隷制の即時廃止論者ではなかったということにあったが、しかし、彼の当選は、奴隷制の拡大阻止を国民が選択・決定したことを示すものとして、やはり南部に対する大きな打撃であったことにかわりない。

こうして、選挙によって政権を確保することを断念せざるをえなくなった南部プランター勢力は、アメリカ合衆国内に永遠の少数派としてとどまるべきか、それとも連邦より脱退して、別個の国家をもつべきかの選択を迫られることとなった。プランターは南部社会に限っても少数派であり、もはや回復不能な全国的地位はともかく、少なくともその南部社会において、少数者としての彼らがヘゲモニーを維持してゆくためには、外部社会との間に明確に境界線をひき、その内側で南部の一体性を強調しなければならなかった。かかる事情が南部の連邦脱退の大きな背景をなしていたといえよう。ここにおいてか、南部のセクショナリズムは、いまや南部ナショナリズムへと転化する。いいかえるならば、南部は、統合《ユニオン》からの脱退(secession)(3)によってそれ自体の統合を堅持しようと企てたのである。それが一八六一年二月のいわゆる「南部連合」、厳密にいえば、「アメリカ連合」(Confederate States of America)の結成にほかならない。この時、連邦を脱退したのは、サウス・カロライナをはじめとする七州であったが、後に四州が参加し、全体で一一州が連邦を脱退し、「南部連合」を形成する。一八六三年当時、奴隷制を州として認めていた州が一六州あったことからみれば、五州が奴隷州でありながらも「南部連合」に参加しなかったことになる。これらの、いわゆる境界州《ボーダー・ステイツ》、すなわちメリーランド、ウェスト・ヴァジニア、ケンタッキー、ミズーリなどの州の動向は、南北戦争の帰趨を決する上で重大な意味をもつことになる。これらの境界州は別としても、南部の中は必ずしも「団結せる南部《ソリッド・サウス》」といわれるほどには、その一体性は強固なものではなかった。南部諸州の連邦脱退の決議も、かなり多くの反対票を含んでいたのである。たとえば、いわゆる「深南部《ディープ・サウス》」中の一州であるアラバマ州においては、脱退の決議は賛成五四対反対四五の投票によって可決された。また、ヴァジニアにおいては、脱退反対派はヴァジニア州から分れて、ウェスト・ヴァジニア州を別個に形成したことにも、南部の内部分裂の実情はうかがわれるであろう。さらに南部社会は、全体として一見強固な階層制をとりつつも、まさにその主張の眼目が各州の主権に置かれているがゆえに、南部連合も一つの国家としてよりは、国家の連合体として構成され、したがってその政策決定において、あるいはそのリーダーシップにおいて、大きな困難を制度的にも内包していた。

南部諸州は脱退と同時に、北部との間の戦闘を予想し、連邦の兵器庫を占領して武器・弾薬を南部に運び、あるいは南部出身の将校たちは連邦軍を辞して南部軍の将校になるなど、対連邦戦の準備にかかった。これらのことは南北間の武力衝突のそう遠くないことを予想させるものであったが、リンカンは三月、大統領に就任する際、その就任演説において、彼と彼の指導する共和党政権とが、南部自体における奴隷制の存在を認めるものであることを強調して、南部諸州の連邦への復帰を強く要請したのである。

しかし、一八六一年四月十二日、南部軍のサムター連邦要塞（Fort Sumter）攻撃によって、南北戦争の火蓋はついに切って落されることになった。南部連合は一一州より成り、その人口は約九〇〇万、しかもその三分の一が黒人であった。これに対し北部は二三州、二二〇〇万の人口を擁していた。南部はなるほど優秀な士官を多く擁していたとはいえ、兵隊の動員能力、工業化の進行程度、鉄道開発の現状からみた機動力等において、その戦力は北部より著しく劣り、南部連合側が決定的に不利であったことはいなめない。そのような状況下にあって、なお南部が戦争に踏み切った所以のものは、単に南部のいわゆる伝統的な尚武の精神、あるいはその暴力的要素の優越によるものではないし、また単にいわばじり貧かどか貧という絶望的な選択によるものだけでもない。南部は、その豊富な原綿の供給がイギリスの産業資本にとって欠くべからざるものであることを知っており、その意味でイギリスの経済的かつ軍事的援助を期待していたことが指摘されよう。いいかえるならば、南部はこの圧倒的な不利の予想される北部との戦争を、単なる内戦《シヴィル・ウオー》から、国際紛争へとエスカレートさせることによって有利に戦うことを期待していたといえよう。事実、イギリス政府およびマンチェスターの産業資本は南部に対して好意的な立場をとっていた。

他方、北部の戦争目的はリンカンが再三再四強調するように、奴隷制を救うことにも、保存することにもなく、連邦制を救うことにあった。奴隷制問題については、その拡大に対して反対するという点で北部の世論は一致していた。しかし、奴隷制そのものの廃止については、アボリショニスツを別とするならば、大多数の意見は私有財産としての奴隷を認め、奴隷制の即時廃止に踏み切ることにはむしろ消極的であった。実際上、先にもふれたように、多数の奴隷所有者を擁する境界州《ボーダー・ステイツ》の協力をとりつける必要からも、北部が「奴隷制廃止論」を主張することはむしろ逆効果であった。また、北部にも西部にもスティーヴン・ダグラス流の「住民主権論」を支持する民主党員が多数いたことも忘れてはならない。かてて戦局が当初は、あらかじめ戦争の準備をしていた南部に有利に展開していたことも、北部が極端に強硬な態度をとりえなかった一つの理由といえよう。

ここにリンカンとしては、上のような北部陣営内の複雑な諸利益間を調停しつつ、しかもそれらをすべて戦争に協力させるという、調停者あるいは統合者の役割を指導者として負わされていた。したがって彼は、奴隷制に対する道徳的な見解に基づく十字軍的な戦争遂行は、これをさけた。戦争が長びき、戦闘が次第に北部に有利に転換するにつれ、北部の中でも奴隷制廃止を戦争目的とすることを要求する宗教団体などの声が次第に強くなる。この戦争が南部に対して、北部の道徳的優位性を裏づけるものであることを期待するむきも多くなったのである。加えて、奴隷制廃止が現実に南部に対して軍事的脅威を与えることも、つまり北部において奴隷制廃止の布告がなされたならば、南部は自陣営間における奴隷の反乱・逃亡を阻止するために、多大の軍事力をさかなければならないことも予想されてきた。さらに、イギリスの労働者をはじめとする外国の世論も、北部が奴隷制廃止という大義名分を掲げることを期待していた。そのような状況にあって、いわば戦争遂行、戦争勝利への有力な手段として、「奴隷解放の予備布告」(Preliminary Emancipation Proclamation) が、六二年九月になされる。現実にはこの奴隷解放布告は、境界州にある州の奴隷を解放するものでないがゆえに、奴隷解放という目的それ自体にとっては、さしたる効果をあげることはできなかったが、北部に奴隷解放という大義名分を与え、明確な戦争目的を与えたことにおいて、また南部の黒人奴隷に大きな希望を与えたことにおいて、この戦争の帰趨の上に大きな影響を及ぼすことになる。

戦局は、長期戦化するにつれ、動員能力のまさる北部に有利になる。ことに北部による南部沿岸の封鎖の強行により、南部は武器・弾薬・食糧等の輸入を妨げられることになり、その劣勢は次第に決定的になった。ここにいたって南部自体も奴隷解放を宣言して、奴隷の戦争動員をはからねばならなくなった。これにより南部はもはや、戦争目的そのものをも完全に失うことになり、プランター寡頭制を中心とする南部社会は崩壊の寸前にいたる。一八六五年四月九日、南軍の総司令官リー（Robert Edward Lee）将軍が、北軍の総司令官グラント（Ulysses Simpson Grant）将軍に降伏し、南北戦争は終焉する。かくして、リンカンが一貫して戦争目的としていた連邦の維持すなわち統合《ユニオン》は維持されることになった。そこで、連邦より離脱した南部を再びいかなる形で再統合《リユニオン》するかが当面の課題となる。その場合、その統合は、同時に南部社会その中における南部の改造、いわゆる南部の「再建《リコンストラクション》」を、いかに推進していくかという課題と密接に結びついて展開されるわけである。

五年の歳月をかけて南北戦争は終了するが、この戦争による南北両軍の死者合計六〇余万という数は、アメリカがそれまでに経験してきた、また第二次大戦を含めて後に経験するいかなる戦争における犠牲者の数をも凌ぎ、それだけにまたアメリカ社会に与えた傷痕も深いものがあった。それは単に死傷者の数の大きさによるというよりは、内戦としての南北戦争がそして次にのべる「再建」の下における軍政が、アメリカに与えた亀裂の深さによるものといえよう。これを南部社会についてみるならば、南北戦争に敗れることによって、南部社会が負わされた敗者としての傷跡は、過去においてもった奴隷制にまつわる負の意識の残存と結びついて、深い挫折感と屈折した精神、いわゆる「南部の精神」といわれるものを遺すことになるわけである。

3　南部再建と再統合

南北戦争終了後、南部と南部社会をいかに再建するかという課題に直面して、共和党は大きくいって二つの方向に分かれることとなる。一つは、急進派《ラディカルズ》といわれるグループであり、単にプランターを全国的な政権の座から追放するのみならず、南部社会におけるプランター支配権をも打倒することが必要だと主張するグループである。この急進派の内部は必ずしも単一ではない。そこには道徳的な観点から奴隷の解放に力点をおいたアボリショニズムの傾向を受け継ぐグループもあり、彼らは上院議員のチャールズ・サムナー（Charles Sumner）などを指導者としていた。それに対し、新興産業資本による南部社会への進出と、そこにおける支配権の確立とを目的とし、その観点からプランターの打倒とその南部社会からの追放とを意図するグループもある。その代表者としてはやはり上院議員のロスコー・コンクリング（Roscoe Conkling）のごとき人をあげることができよう。

他方、南北戦争の終了とともに、南部社会を敗者としてではなく、かつての同胞として受け入れることがより早く南部の安定をもたらし、結局は産業資本の南部進出をより容易ならしめるという考えに立ち、南部社会における現状の維持をはかったいわゆる保守《コンサヴァティヴズ》派の人びとがいる。この考えを代表する人物としては、リンカンのもとで国務長官をつとめたウィリアム・シュウォード（William Henry Seward）をあげることができよう。リンカン自身もむしろその見解は保守派に近く、戦後の南部社会の問題については、現状維持の立場をとっていた。彼が一八六五年第二期大統領就任演説の末尾において「何人に対しても悪意を抱かず、すべての人に慈愛をもって」(With malice toward none, with charity for all.) と国民に訴えたことは、南部再建・再統合に対する彼の考え方を端的に示すものであったということができよう。連邦の維持こそが戦争の目的であった以上、脱退した南部が敗北した今日、その南部をできるだけ速やかに連邦に復帰せしめることが、この戦争目的を達成することになると彼は考えたわけである。したがって彼のもとで立案された南部復帰案は、きわめて寛大なものであった。

しかしその彼が南北戦争終了後まもなく暗殺され、アンドルー・ジョンソン (Andrew Johnson) 副大統領が大統領に昇格するや、リンカンの強力なリーダーシップのもとに統率されていた共和党、広く北部は、その内部対立をはっきりと表面化させるにいたる。しかも、戦争の終了は、南部という外敵に対する内部統一を北部が維持してゆく必要がなくなってしまったことを意味しており、この内部対立はその意味からも一層激化せざるをえなくなった。さらに新たに大統領に就任したジョンソンが、南部の出身者であったことは、共和党政権にもうひとつ大きな困難をもたらすこととなった。ジョンソンは南部の、いわゆる白人貧農《プア・ホワイト》の出身であり、典型的な立志伝中の人であった。そのような出身であることからも彼は本来プランターに対しては強く反発し、戦争中はむしろ急進派に属していた。しかし戦争の終了とともに、南部出身の彼は北部の南部干渉政策には反対の立場をとり、しかも白人貧農として彼らの潜在的競争者たりうる黒人奴隷の解放にも反発するものをもっていたのである。そうした南部白人貧農の立場から、ジョンソンはリンカンの政策をほぼ踏襲して南部の早急な復帰・再建を望むわけである。しかしジョンソンにはリンカンのもっていた調停者としての能力が欠けており、その結果は、共和党および北部に激しい内部対立を招くこととなる。

　そのような状況のもとで議会は開かれ、南部の再建策が討議されることになった。この議会で、北部にとっては皮肉なことに、奴隷解放によって黒人の全人口が代表選出の基礎人口として数えられるようになった結果、下院において南部出身議員の数がかえっていままでより増加することになった。このことは、もし北部の民主党と共和党の保守派とが彼ら南部民主党と連合するならば、急進派は戦争に勝利したにもかかわらず、一転して少数派の立場に転落する可能性のあることを示唆していた。かくして、急進派は議場から南部出身議員を締め出して、一五人から構成される南部の再建に関する上下両院合同委員会（Joint Committee of Fifteen）を設置して、独自に南部の再建策を講ずるにいたる。

　一八六六年に、いわゆる「市民権法」（Civil Rights Act）が急進派から提案された。この法案は黒人に、単に選挙権のみならず市民として白人と同等の権利を与えようとするものである。ジョンソンはこの法案に拒否権を発動したが、議会はこれを三分の二の多数で「のりこえ」、法案は成立をみた。また黒人に土地を与え、農耕の技術を教え、黒人の経済的自立を保障する機関として、戦時中の一八六五年に設置されていた「黒人解放局」（Freedmen's Bureau）が拡大強化されることになる。さらに一五人合同委員会を中心とする急進派は、黒人への市民権の付与および旧支配層の公職追放などの処置を、憲法の条文として恒久化することを求め、憲法修正第一四条を提案する。民主党および共和党保守派の強硬な反対にあって、若干の修正を経た上で同修正案は、一八六六年六月に上院で可決され、各州議会の承認をまつこととなった。一八六七年三月に制定された「再建法」（Reconstruction Act) は、南部諸州を軍政下におき、これを州に関係なく五つの軍管区に分け、各軍管区に軍政官として軍司令官をおき、その軍政下で開かれた特別議会が修正第一四条承認の賛否を決めることを定めていた。南部諸州が、この修正第一四条を承認したときに、はじめて連邦への復帰を認めることにしたわけである。アメリカ史上狭い意味では、一八六七年から七七年まで、つまり南部が軍政下におかれた時期を再建時代とよんでいる。

この時代南部は軍政下におかれ、しかも北部からは悪質ないわゆる「一旗あげ組《カーペット・バガーズ》」が殺到し、敗戦下の南部社会を気儘に搾取する状況が生じた。このため、しばしば再建の時代の南部は、占領・搾取・腐敗・混乱・無秩序・貧困といったイメイジで描かれることが多い。しかし他方、この再建の時代に奴隷から解放された黒人が、ともかく一応の市民権を得、政治参加を認められて、自覚的な白人とともに、南部の改革を試みたこともまた無視できない。たとえば、黒人人口の非常に多いサウス・カロライナ州においては、下院議員一二四名のうち、九四名が黒人であり議長も書記も守衛もみな黒人であったという。こうした黒人の参政権の拡大と並行して、いままで教育を受けることを拒否されていた黒人に対し、無月謝の学校教育制度が開かれることになり、黒人の学童数は急激にふえることとなった。また税制の改革も行なわれ、高額所得者に重い税制が敷かれることとなり、病院その他の公共の慈善施設の設置も各地で行なわれるようになった。

しかしその反面、いままで政治の実権がもっぱら少数のプランター層に把握されていたため、多くの新興政治家は政治の実務にうとく、その結果財政的にも行政的にも多くの困難と、そして紊乱とがもたらされたことも否定できない。こうした混乱状況を背景に、公職から追放されたかつての南部支配層は、ふたたび南部社会におけるヘゲモニーを回復しようと試みはじめる。これがいわゆる「回復」(Redemption) とよばれる現象である。具体的には黒人を政治参加からふたたび疎外することであり、その手段としてとられたのは、黒人の投票権行使の非合法的妨害であった。当時、かかる目的をもつＫＫＫ（Ku Klux Klan）のような秘密結社がいくつか作られた。これらの白人団体は教育のない黒人の迷信を利用し、神秘的な、怪異な方法で彼らを脅迫し、ときにはリンチを加え、また黒人と親しくする白人に圧力を加えるという暴力的手段によって、自らの目的の達成をはかった。その究極的なねらいは、白人と黒人とを人種的に明確に区別し、人種的な偏見を育成し、白人の人種的優越（white supremacy）を強調することにより、戦後南部に芽生えつつあった人種の異同を越えた階層的同一化の傾向に対し、ふたたび人種的同一化の契機を導入しようとする点にあったといえよう。このように南部内部において、黒人と白人との間に人種的な差別、白人同士の間における人種的な同一感の醸成がはかられるとともに、外部すなわち北部人《ヤンキー》に対する敵対感も意識的に涵養される。こうして南部という一つのセクションの一体性が、南部独自の利益が存在するという主張とあわせて強調されることになっていく。

一方、共和党の中においては、議会多数派の急進派と、大統領ジョンソンとの対立はますます深刻化していた。一八六八年大統領ジョンソンは、陸軍長官スタントン（Edwin M. Stanton）に退任を命じた事件から連邦議会の弾劾裁判にかけられるまでにいたった。上院における票決は、弾劾に必要な三分の二の三六票にたりないことわずか一票で否決されたが、以後連邦議会はジョンソンを全く無視し彼の大統領としてのリーダーシップは完全に失われる。

同年秋の選挙においては、共和党は当然ジョンソンを退け、南北戦争の輝ける将軍、北軍の救世主とまで称えられたグラント将軍を候補者に立てる。彼の将軍としての、また奴隷解放の戦士としての大衆的人気にもかかわらず、選挙は必ずしも共和党の一方的優位ではなかった。共和党は約三〇〇万票得たが、民主党候補のホレーショ・シーモア（Horatio Seymour）も二七〇万票得ており、その差わずか三〇万票であったことに注意しなければならない。この僅差の勝利には共和党急進派が、強硬に黒人に選挙権を与えることを推進したことが与って大きかったことが知られよう。この選挙の結果は、急進派が必ずしも全国的に安定した多数を形成してはいなかったことを示している。事実、急進派の手によって進められた再建下の南部は、必ずしも政情安定せず、その結果北部の産業資本にとって、南部は決して安定した市場とはなっていなかったのであった。かくして南部自体の中における旧支配層の失地回復の動きと、北部における南部の安定化の要請とが相まって、ここに急進派の政策は是正を強いられるにいたる。一八七六年の大統領選挙に際して、共和党のヘイズ（Rutherford B. Hayes）と、民主党のティルデン（Samuel J. Tilden）とが激しく拮抗し、一種の妥協として南部における軍政の廃止と、共和党のヘイズの当選とが取引きされることになる。一八七七年四月、北軍が南部より最終的に撤退するに及んで、南部はふたたび南部人の手にゆだねられ、南部は元のプランター、そして南部を北部と同じように工業化しようとする、いわゆる「新しい南部」をきずこうとする新興勢力の支配下に置かれる。

そして南部がふたたび南部自体の旧支配層の手に落ちるや、南部の社会構造はふたたび元に復し、従来の奴隷制こそ回復されはしなかったが、人種的な差別を法的に規定した差別制度《セグリゲイション・システム》が確立する。黒人は各州憲法の改正によって事実上投票権を剝奪され、その市民権を侵害されるにいたり、再建時代に一時行なわれた黒人の政治参加の道はふたたび閉ざされる。十九世紀の末には、黒人はほとんど全く政治過程から疎外され、黒人のうち登録者の占める割合は五パーセント以下になってしまった。また経済的にも奴隷の身分から解放されたとはいえ、結局は白人のプランターから土地・農具等を借りて作物をもって返却するという、いわゆる収穫分納小作人(Sharecropper)という小作農制度のもとに、実質的には南北戦争以前とあまり変りない状況におかれることになる。

南部は再建の時代の終了とともに、連邦に再統合されていくが、その連邦の中において南北戦争の敗北と占領の体験とを背景に、経済的にも精神的にも歪んだいわゆる遅れた地域として残されていくのである。黒人はふたたび差別の桎梏のもとにおかれ、その解放はさらに百年の歳月を経た「第二の再建期」における黒人市民権運動をまたなければならない。

(1)　南部プランターが民主党政権の中枢を掌握していたということは、必ずしも南部プランターが直接大統領職などにつくことを意味しない。否、それはむしろ民主党を少数者と同一化することになり、多数形成という政党の論理と矛盾する。したがって、民主党の大統領候補は、全国的な戦争の英雄や、西部出身者、また北部出身者(doughface とよばれた)が指名される。南部プランターは、たとえばカルフーンのごとく上院で実権を握っていた。そして、民主党が分裂した時、はじめてプランター出身者が大統領候補として登場するが、それはとりも直さずプランターの全国的少数者としての地位を絶望的に表面化させたものということができよう。

(2)　ここで当時のアメリカ政党政治の系譜につき、一言しておく必要があろう。前にふれたように、フェデラリスツは一八一六年の選挙を最後に大統領候補をたてず、実質的に解消し、共和派(Republicans)の一党支配になる。しかし、早くも一八二四年の選挙の時には共和派は内部分裂を起し、一八二八年の選挙ではJ・Q・アダムズ派は国民共和派(National Republicans)と称し、ジャクソン派は民主共和派(Democratic Republicans)と称した。後者は一八三二年の頃から民主党(Democratic Party)と称し、正式にはこれが今日の民主党の起源となる。他方、国民共和派は一八三二年の選挙に敗れて以来、ジャクソンを絶対君主になぞらえ、イギリスの反絶対君主の政党の名にちなんで、自らをホイッグ(Whig)と称するようになった。ホイッグは、一八五六年の選挙終了まで存続するが、その系譜はフェデラリスツ、国民共和派をつぐものであり、東北部、北西部を地盤とし、たとえばウェブスター、クレイなどをその代表的指導者としている。一八四〇年、四八年と二回人気ある戦勝将軍を大統領候補に指名して政権を掌握するが、その政策はフェデラリスツ、J・Q・アダムズ的であった。ちなみに、ペリーの日本派遣が決定するのはホイッグ政権下のことである。なお、本文でのべるごとく、反プランター勢力が次第に結集して、一八五六年共和党（Republican Party）が全国大会を開き、全国的政党として登場するが、正式にはこれが今日の共和党の起源となる。一八五六年の選挙は、民主党、ホイッグ党、共和党の三党を中心に戦われるが、この選挙後ホイッグ党は解消し、その多くは共和党に吸収される。

（3）この脱退（secession）は、南部の立場からいえば、アメリカ合衆国からの単なる事実上の脱退、非合法的反乱行為としての脱退ではなく、合法的な権利に基づく行為であった。つまり、南部指導者は合衆国憲法を諸州間の契約とみなし、契約当事者として各州は自由に合衆国から脱退する権利をもつものと解したのであった。したがって、南北戦争自体も、反乱（the War of the Rebellion）でないことはもちろん、内乱（Civil War）ではなく、諸州間の戦争（the War between the States）と呼ばれる。なお南北戦争にいたる過程で、南部は自己の立場を擁護するにあたって、憲法論を重要な支えとしていた。このことは、アメリカ革命において、アメリカ植民地が憲法論に訴えたことと類似しているが、アメリカ政治史における憲法論議の重要性を示すものといえる。

そもそも、一七八七年憲法によるアメリカ合衆国の国家形成が、連邦制という形で行なわれたことは、中央政府と各州政府との具体的な関係を、アメリカ史上重大なかつ微妙な政治的争点としてきた。そして、憲法解釈権をもつ裁判所をして、好むと好まざるとにかかわらず、現実には政治的機能を果さざるをえなくしてきた。歴史的には、憲法の拡大解釈により、中央政府（連邦政府）の権限は大幅に拡大されてきたが、それに対し、常に連邦政府の、つまり政権担当者の権力を、厳格解釈によって制限しようという動きがみられることに注目しなければならない。たとえば、かつてフェデラリスツ政権が外人法・治安法を強行した時、憲法論に基づいてその無効を主張したケンタッキー決議（Kentucky Resolution, 1798）、ヴァジニア決議（Virginia Resolution, 1799）、の先例をはじめとし、共和派の出港禁止法、一八一二年の戦争に反対したニューイングランド地方のハートフォード会議（Hartford Convention）の主張などがある。こうして、連邦制の論理に基づいて各州の権限を擁護し、連邦政府の権限を制限する主張を広く州権論（States' Rights Theory）とよんでいる。一八三二年の関税法に反対して、サウス・カロライナ州がその無効（nullification）を宣言したのもその顕著な一例である。この立場は、合衆国からの脱退も合法とする脱退理論にまで立ちいたる。南北戦争により、現実に無効理論も脱退理論も否定されたが、州権論はその後もしばしば、時に法律的に時に政治的に利用されている。一九三〇年代のニューディール立法の違憲判決の一つの理由はこの州権論であったし、一九五〇、六〇年代の人種差別撤廃に抵抗する南部は、その論拠の一つをこの州権論に求めている。

第六章　工業化と改革運動

一八六一年リンカンが大統領に就任してより、一九三三年ローズヴェルト (Franklin Delano Roosevelt) が就任するまで七〇余年の間、クリーヴランド (Grover Cleveland) とウィルソン (Woodrow Wilson) とを除いてすべて共和党の出身者がホワイト・ハウスの主となっていた。十九世紀前半が民主党政権の時代であったとするならば、十九世紀後半は共和党政権の時代だということができる。つまり、南北戦争を境として、農民を支持者とし土地利益の促進を目指していた民主党の政権から、産業資本を中心とし、それと密接な利益関係をもつ西部農民を支持者として、アメリカの急激な工業化をはかる共和党の政権に移行したわけである。アメリカはこの十九世紀後半、農業国から工業国へ転換し、一八九〇年代には世界一の工業国となる。その間アメリカ社会においては、いわゆる機会均等・自由競争の原理が信奉され、「成功の夢」が人々の間に流布された。

しかし一方こうした急速な工業化は、いくつかの矛盾を内にはらみ、十九世紀の末にはいわゆる企業の集中・独占化が進行し、農民・工場労働者の間に不満が重なり、農民の組織化、工場労働者の組織化が進行していった。一八九〇年代にいたって、フロンティアの消滅に象徴されるように、アメリカ社会は大きな転機に入り、労働と資本の対立、農村と都市との対立、古い移民と新しい移民との対立といったいろいろな面での対立が激化し、それはしばしば激しい暴力を伴った衝突として現われてくる。こうした危機状況に対して、人民党《ポピュリスト》などに集約されるような下からの改革の動き、あるいは米西戦争に具体化される海外への膨張の動き、さらにはいわゆる革新主義《プログレッシヴィズム》に示されるような上からの改革による体制維持の動きが現われ始める。

1　共和党政権と工業化

一八六一年、リンカンが大統領に就任したとき、当面の問題は南北対立の処理にほかならなかったが、長期的にいうならば、この共和党政権はいままでの南部プランターの支配に代って、アメリカを工業国として発展させていくことをその課題としていたといってよいであろう。ただし、その場合アメリカの工業化が、ヨーロッパのイギリスにおけるがごとく、脱農業化を意味したものではないことに留意しなければならない。すなわち、アメリカの工業化はアメリカの広大な国内の空間を背景に、国内市場に依拠して「自己完結的」に進められるわけであり、その意味でこの工業化は国内市場を構成する農民、西部の発展をもひとつの重要な課題としていたわけである。したがってこの十九世紀後半におけるアメリカの工業生産力の飛躍的増大は、同時に農業生産の顕著な増大と並行していた。

ところで、共和党政権が具体的にいかなる政策を展開していったかを検討するにあたって、いま一つ留意しなければならないことは、この十九世紀後半は、いわゆる自由放任主義《レッセフェール》の時代であったという点である。いいかえるならば、経済に対してその自由な活動を保障するために、経済活動の展開を抑制するような行為は行なわないという消極的な形での工業振興政策が、一面で重要な機能をもっていた。その点、リンカン以後十九世紀を通じて、史上いわゆる強力な大統領として名を残した大統領は一人もいないという事実は象徴的である。つまりこの時代は、大統領のリーダーシップを、それほど必要としない時代であったということができよう。(1) 政策決定の主要な機能は議会、ことに上院に把握されていて、上院はいわば拒否権《ヴィトー・パワー》をもってレッセフェールの原則を守らしめていたともいえる。ただし、レッセフェールの時代とはいうものの、いわば経済の発展を保障する枠、あるいは経済活動を促進する権力的な支えといった意味で、いくつかの基本的な積極政策がとられたことはいうまでもない。それらを概観するならば、おおむね次のごとくなる。

一つは十九世紀前半に外延的に拡大されたアメリカ大陸の広大な空間を、市場として内包的に統合するために必要な交通網の整備・発展、とくに鉄道に対する積極的な援助政策である。十九世紀前半の道路・運河・河川にかわり、いまや鉄道がアメリカの経済的統合の主要な機能を果し、一八六一年から一九〇〇年までの四〇年間に鉄道の延長距離は六倍以上に延びる。ことに重要なのは、一八六九年に最初の大陸横断鉄道が完成されたことであろう。太平洋側からは、セントラル・パシフィック鉄道、ミシシッピ河からはユニオン・パシフィック鉄道が工事を進め、ここにアメリカ大陸を横断する鉄道が完成したことは、大陸の内包化・統合化のシンボルの完成を意味したといえよう。しかし鉄道建設の事業はいうまでもなく、巨大な資本を必要とし、また私企業の事業としてはそのリスクも大きく、共和党政権はこれに積極的な援助を与えた。その一つが鉄道会社に対する公有地の無償払い下げであった。これにより鉄道の路線沿いの両側の広大な土地を無償で与えられた鉄道会社は、それを高額に売却して利潤を得るという不動産会社の役割をも果しえたわけである。このようにして鉄道に払い下げられた土地の総面積は、一億五〇〇〇万エーカーにも達し、それはイギリス本土よりも広い土地であったことからも、その払い下げの規模とそれによって鉄道会社の得た利潤の大きさをうかがい知ることができる。またこれと同時に政府は、敷設に伴う工事費に巨額な補助金を与えた。こうした鉄道に対する補助金、公有地の払い下げが多くの疑獄事件や政治的腐敗を生んだことはいうまでもない。そして鉄道がしばしば実質的に独占的事業として計画されたことから、鋼鉄のカーネギー (Andrew Carnegie)、石油のロックフェラー (John Davison Rockefeller) に先立って、スタンフォード (Leland Stanford)、ハリマン (Edward H. Harriman)、ハンティントン (Collis P. Huntington)、あるいはヴァンダビルト (Cornelius Vanderbilt) といった鉄道会社の社長・重役が百万長者《ミリオネア》として登場したのである。鉄道の発展は、東部の工業に広大な国内市場を与えるとともに、逆に西部の農業の発展を促し、西部の農業にも東部の市場を与え、その結果工業と農業との市場の相互補完関係の形成を強力に推進することになった。アメリカはしばしば「鉄道の子」と言われるが、これはまさに十九世紀後半のアメリカについてあてはまることである。

西部の農業は鉄道の開発により著しく発展したのであるが、それをより一層積極的に促進したのが自営農地法 (Homestead Act, 1862) の制定である。公有地の処分については、政府の収入確保のために大規模な単位で売却する当初の処分方法が農民の要求が高まるにつれ、現実に農耕するものの利益を鑑みて、次第に払下げの規模を小さくして処分されるようになってきたことは、先にのべた通りである。しかし、農民たち、あるいは西部へ移住して農業に従事することを希望する潜在的な農民たちは、公有地の無償の交付を強く求めていた。一八六二年にこの農民の要求が、共和党のリンカンの政府のもとではじめて実現されることになる。自営農地法により西部に移住後五年間、実際に耕作に従事して自らの農場を形成したものは、一六〇エーカーの土地を無償で与えられることになった。この六二年から九〇年までの間に、家族を含めて二〇〇万人の人間がこの自営農地法に従って西部に移ったと伝えられる。

しかし現実にこの自営農地法が、どれだけの機能を果したかということは、いくつかの留保をもってみなければならない。つまり、西部に移住し農民になったものの中には、この農地法によるよりも、たとえば、鉄道会社などから土地を買ったもののほうが、はるかに多かったことが指摘されている。また、公有地の処分面積についても、この農地法により農民に与えられたものよりも、鉄道会社に払い下げられたもののほうが大きかったこともまた事実である。この農地法は「大きな夢」を与えたけれども、与えた土地はそれほど大きくなかったといわれるゆえんである。しかし、アメリカはヨーロッパ社会と違った社会であり、機会の国であるというイメイジが、この農地法によってかなり定着したことは否定できないであろう。

こうして統合された充実しつつある広大な国内市場を、外国の工業、ことに先進資本主義国としてのイギリス工業から防衛する手段として、共和党政権は保護関税政策をとった。政権交代とともに共和党政府はいち早く保護関税政策を施行し、その後一八六九年には平均率は四七パーセントにも達し、さらに一八九〇年のマッキンレー関税法 (McKinley Tariff Act) で四九・五パーセントに、一八九七年にいたってはディングレー関税法 (Dingley Tariff Act) の制定によって五七パーセントの高額な保護関税制度がひかれるにいたった。これまでにもしばしばふれたように、アメリカ工業は、国内市場を背景として発展したものであり、この広大にして豊富な国内市場を確保するためには保護関税制度が必要であったのである。しかしアメリカが世界一、二の工業国になった後においても、その国内における独占価格を維持するために、高関税政策をとる。アメリカは他の国がこの国内市場を侵蝕することに対し、今日にいたるまできわめて敏感である。

さらに注目しなければならないのは、低廉な労働力の確保である。そのために共和党政権が行なった政策は、移民の奨励であった。西部の発展は東部にとって市場の拡大を意味していたが、それは同時に、東部の労働力の西部への流失をも意味するものであった。したがって急速に発展する工業化に見合う低廉な労働力は、外国からの移民によって確保されなければならなかったのである。一八六四年に移民局（Office of Commissioner of Immigration）が設置されたことは、共和党政権の移民奨励策を物語るものといえよう。また、先にふれた自営農地法などの事情は、ヨーロッパの国民に、アメリカ＝「機会の国」というイメージを与え、アメリカに移住を希望するものの数を増大せしめていた。一八六〇年代、七〇年代には南北戦争や一八七三年の恐慌の影響もあって、やや停滞気味であった移民も、一八八〇年代に入るとその数は急激に増加し、その一〇年間には毎年五〇万人前後のものがアメリカに渡る状況を呈した。

こういった移民の量的増大は、同時に質的な変化を伴っていたことに注意しなければならない。すなわち、いままではアメリカへの移民は主としてアングロサクソンを中心とする北欧系・西欧系によって行なわれていた。しかし十九世紀後半に至るや、北欧・西欧にかわり東欧・南欧からの移民が急激に増加する。つまりイタリア系、ポーランド・ロシア系、オーストリア・ハンガリー系などの移民がふえたわけである。そのことは、従来の移民が主としてプロテスタント系であったのに対して、この新しい移民《ニュー・イミグランツ》にはカトリック系、ユダヤ教系が多いことを意味している。しかも従来の移民は、入国後西部に移住し、そこで農民になることを望み、また現実に農民になるものが多かったが、いまや新しい移民は東部沿岸の大都市に住みつき、工場労働者、商店の店員など、いわゆる都市の大衆となっていくことが多かった。こうした宗教的・文化的・職業的な変化は、旧移民と新移民との間に大きな障害・摩擦をもたらすことになり、十九世紀末における、またそれ以後におけるアメリカの国民構成の中に占める人種《エスニック》の問題の比重を飛躍的に増大せしめることになったのである。つまり多様な人口の増加は、国民の中に多くの異質的な要素をもち込むことになり、アメリカ人としての統合、あるいは同一化の達成に、一つの大きな課題をもたらすことになる。

なお、直接的には南北戦争の戦時財政をまかなうことを目的としていたが、より長期的には資本の潤沢な供給の維持、および健全な通貨政策という観点から、一八六三年、国法銀行法（National Banking Act）が制定され、それにより国法銀行が復活したこともみのがすことができない。国債を担保にした銀行券が発行され、ここに健全通貨政策がとられるにいたった。そして従来より各州法によって発行されてきた銀行券は事実上除去されていくことになるわけである。また、金銀複本位制をたてまえとしてとっていたが、一八七三年以来銀貨の鋳造を中止、事実上の金本位制度をとった。ここに、銀の自由鋳造が十九世紀後半の大きな争点となってゆく。

以上のごとき政策の支えもあって、アメリカは十九世紀後半に急速に工業化し、鉄鋼業を基準にしていえば、一八六〇年には世界第四位の工業国であったものが、一八九〇年代には世界第一の工業国にまで発展することになる。一八六〇年から一八九〇年の三〇年間の間に、製造工業の総生産額はほぼ三倍に達する。こうした工業の隆盛は、企業の間における合同いわゆるコンビネーションの問題をもたらすことになる。企業の合同、巨大化の過程は、まず一八七〇年代に、七三年の恐慌の結果、株式会社組織による大規模な企業の形態が現われたことに始まる。さらに一八八〇年代になると、いわゆるトラストの形態が支配的になり、一八九〇年代には持株会社の形態が大々的に生まれてくるようになる。かくして鉄鋼・皮革・綿・鉄道・石油・砂糖などの各企業面で企業の合同化、すなわち独占化が進められていくことになる。その典型的な例としてしばしば指摘されるのは、ロックフェラーのもとにおけるスタンダード石油会社（Standard Oil Company）を中心とする独占であろう。また一九〇一年に成立するU・S・スチール会社（U.S. Steel Corporation）は、資本金一一億ドルを擁し、全アメリカ鉄鋼の七〇パーセントを支配し、その存在は金融資本モーガン（John Pierpont Morgan）の経済界における支配的な地位を端的に示すものであったといえよう。このような企業の合同化は、同時に個人間の富の所有に甚大な格差をもたらすこととなった。一八九三年において、アメリカの富の七割以上が全人口のうちの九パーセントにあたる少数者に独占されており、いわゆる百万長者が続出する。

またこのような急速な工業化は、全国的な都市化を促進し、アメリカの東部の沿岸の諸都市は急速に人口を増大し、また中西部のシカゴのごとき新しい大都会を生むことになった。しかもこの都市化は、都会における厚生福祉の施設の欠如のために、そのスラム化という現象を伴った。

こうした都市化と先にのべた新移民の大量の渡来とが、アメリカ政党史に特殊な政党下部組織としてのマシーン（Machine）の急速な発達を促進したこともみのがせない。未知の異国に渡来した大量の移民たちに対し、市民権獲得の手続、職探し、病人の世話といった個人的日常的利益を配分し、それと交換にその投票を大々的に集約することによって、市政・地方政治に巨大な影響をふるうマシーンの歴史は、決して新しいものではない。ニューヨーク市政における民主党系マシーン、タマニイ・ホール（Tammany Hall）の名はほとんどアメリカ政党史の歴史と共に始まっている。しかし、十九世紀後半移民の激増に伴い、移民集団の投票を資産にしたマシーンとそのボス政治は大きく発達し、アメリカ市政・地方政治腐敗の大きな要因となった。確かにマシーンと腐敗とは密接に結びつくが、一方このマシーンの存在は、新来の移民にとっては、非情な冷厳な競争社会にあって一種の社会保障、非人間的社会の人間化の機能をも果していたことも無視できないであろう。(2)

ここで目を転じて、この十九世紀後半のアメリカ社会を支配した時代精神、あるいは社会的性格を形成するものとして社会進化論（Social Darwinism）の存在に注目しておかなければならない。いかなる社会にあっても、その構成員の多くが信奉し、意識的であれ無意識的であれそれを自己の行動の基準とする価値体系の存在が、その社会の再生産過程を保障する一つの要因として必要であろう。アメリカ社会は、独立自営・機会均等・自由競争・成果をそうした価値体系としてもってきた。この勤労のエトスは、植民地時代にあっては神の栄光のためにする宗教的ピューリタニズムによって、さらにフランクリンに示されるような脱宗教化した世俗的ピューリタニズムによって、そして十八世紀末から十九世紀前半においてはジェファソン的な農本主義的勤労のエトスとして持続されてきた。十九世紀後半のいわゆる技術の時代、科学の時代に入ると、そのような伝統的な勤労のエトスが科学的な装いをもって主張されてくる。勤労に基づく成功は倫理的に正しいとみなされるのみならず、科学的にも正当化されてくる。生物進化論の「生存競争」「適者生存」の法則を人間社会にも適用せんとする社会進化論は、いうまでもなくイギリスのハーバート・スペンサー（Herbert Spencer）に由来しているが、それはイギリスにおいてよりも、アメリカにおいてより広く通俗化された形で流布された。それは、進化の思想という点で技術的・科学的・経済的進歩の時代風潮とも適合し、また一切の人為的改革を無意味とすることによって政治的保守の時代風潮とも適合したのである。それは、成功したものにとっては、自己の成功を正当化する論理として提供され、他方同時に下層のものにとっては、実力と努力次第で成功は可能であるという「成功物語」を科学的に裏づける論理として提供された。その意味で、社会進化論に裏づけられた勤労と成功のエトスは、社会の上層と下層との間を貫いて存在し、急激な工業化を支え促進し、それに伴う不安定要因を包むものとして機能しえた。

この社会進化論は、サムナー（William Graham Sumner）などを通して大学の教壇において、あるいは自分自身百万長者のカーネギーの『富の福音』（*The Gospel of Wealth*, 1889）などの出版物により流布され、あるいはしばしばコンウェル（Russell H. Conwell）のごとき牧師により説教を通して広く説かれていった。さらに、ホレイショ・アルジャー（Horatio Alger）の少年少女向きの多くの「成功物語」の形をもって流布された。しかし、十九世紀末社会進化論が、成功者を適者として本来区別されるべき存在として強調し、勤労より成功そのものを正当化する時、それは社会の同一化論理としてではなく、社会の差別の論理として機能し、アメリカ社会に亀裂をもたらす一因になってくる。

2　不満の組織化と改革運動

さて、アメリカの十九世紀後半の急激な経済成長は、農民・労働者を含めてアメリカ国民をある程度体制の受益者化せしめていった。農民や、労働者は社会進化論的風土を基に、精神的に体制と自己とをある程度同一化せしめていた。その反面、急激な工業化の衝撃はまた農民・労働者をしてしばしば犠牲者の立場に立たしめたことも否定できない。ことに一八七三年、一八八三年、一八九三年と一〇年ごとに襲ってくる恐慌の波は、まず農民・労働者に激しい経済的打撃を加え、彼らを恐慌の被害者として登場せしめることになる。

こうして、一方における企業の合同化、あるいは経済の全国化《ナショナリゼーション》の動向に対し、農民や労働者も次第に自らの陣営を組織化し、いわば圧力団体として自己の不満を政策決定機関へと伝え、自己に有利な政策決定を行なわしめようとする。さらに彼らは最初は地方的レベルにおいて、共和党・民主党の二大政党と別個にいわゆる第三党を形成し、政権そのものを掌握し、自己の不満の解消、自己の利益の実現をはかろうとする。つまり十九世紀後半は、一方における資本の集中、企業の合同と拮抗して、農民・労働者の組織化がこれまた急激に進展していく時代でもある。

まず農業についていうならば、先にもふれたように、アメリカの工業化は脱農業化を意味しなかった。アメリカ農業の生産高は、十九世紀後半に約三倍に増大する。また農民の絶対数も増加し、耕地面積も著しく拡大する。耕地面積は一八六〇年代には四億エーカーであったものが、一九〇〇年には八億エーカーへと、約二倍になっている。このことはトラクターあるいは収穫機などの機械化、経営の合理化によってもたらされた生産性の向上と相まって、アメリカ農業の市場を単にアメリカ国内のみではなく、海外にまで広く拡大せしめ、ここにアメリカ農業は国際市場に依存する近代的な産業へ発展していくのである。しかし、このような農業の資本主義化は同時に一面において経済恐慌の農業に与える衝撃が大きく、農業が景気に左右されやすくなったことを物語る。恐慌により農産物の価格の下落を招き、農産物の生産過剰を招くが、工業生産と違って、価格の調整力をもたない農民は、その消費物資たる工場生産品の価格と彼らが供給する農業生産物との間の、いわゆる鋏状価格差《シェーレ》に著しく悩まされることになる。

しかも共和党政権はレッセフェールの原則から、恐慌時のこうした農民の窮状に対する救済策を講じなかったので、農民自らがその対策を組織的に講ずる必要が生まれるにいたる。そのような組織運動として、最初にあげられるものは、グレインジャー・ムーヴメント（Granger movement）といわれるものであろう。グレインジ（Grange）は、元来は、広大な土地に散在する農民相互が、農業技術の交換提携などを目的として結成した全く非政治的な、むしろ一種の社交的な農民共済機関であった。南北戦争後、西部の農民の間に急激に拡がっていったグレインジは、一八七三年の恐慌の到来とともに政治化していく。この恐慌による農産物価格の下落に深刻な打撃を受けた農民は、ことに農業生産品を商品化するための交通運輸手段としての鉄道の運賃がいわば独占的な価格を維持していたことを非難し、鉄道に対する独占反対運動を強力に進めるようになる。そこでの農民の要求は鉄道運賃の規制および鉄道会社がしばしば同時に経営していた倉庫料の規制、さらには鉄道および倉庫業を州政府の管理の下におくことであった。農民の要求に応えて制定された鉄道運賃規制のための各州立法は、一八七七年、マン対イリノイ州事件（Munn v. Illinois）の連邦最高裁判所判決によって合憲性を認められた。しかし、鉄道運賃の規制は、州単位の立法によっては必ずしも効果を上げず、さらに全国的な規制が望まれるわけである。その点でもグレインジの運動は、限界に衝き当り、一八八〇年代から急激に後退していくことになる。

農民が従来より要求してきた政策のひとつに、インフレーション政策があった。これは伝統的に債務者の立場にある農民の立場を反映する要求であった。つまり、彼らはインフレが彼らの債務の履行を容易ならしめ、同時に農産物の価格を向上せしめることを期待したのである。この点は、独立戦争後の、各州における紙幣《ペイパー・マネー・パーティー》党の動きにもすでにうかがうことができるのであるが、南北戦争後、共和党政権が、戦時に発行した紙幣（Greenback）を回収し、デフレ政策をとったことから、農民は再び激しくインフレ政策を要求するにいたった。そうした背景のもとで、一八七六年の大統領選挙にはグリーンバック・パーティ（Greenback Party 緑背党と訳されることがある）と称する全国的な第三党が登場するにいたった。同党の主要な要求は、紙幣の増発によるインフレ政策であるが、さらに銀の鋳造もそのうちに含まれていた。同党は単に農民の要求だけではなく、そのほかに労働立法の促進、中国移民の排斥、累進所得税の制定など、十九世紀末期に問題となる多くの社会経済的な争点をかかげていたことにも注目すべきであろう。しかし、同党は、十分な地方組織をもたず、いきなり全国的政党として登場したため、やがて党勢は頭打ちとなり、その後衰退していく。

一八八〇年代に入り、衰微したグレインジに代り、農民の地方組織として、農民連盟（Farmers' Alliances）が登場してくる。この団体も元来は農民の間の交流・社交・自警を目的とする組織であったが、八三年の恐慌を契機に経済活動にも着手し、倉庫業・協同組合・保険業務などを農民自ら運営することによって中間搾取をなくそうとした。しかし、この方面の活動においては彼らは資金も少なく、経営も不馴れなため既存の企業に圧倒され、結局成功しなかった。とはいうものの、連盟は農民の鉄道会社や不動産業者等に対する不信感を背景とし、組織化は次第に成功してゆく。そして、インフレ政策、鉄道事業の公有化、農民に対し長期低利の貸付を行なう金融機関の設置などを要求としてかかげたこの運動は、南部においても急激な伸長を示し、既存の民主党の支配に対抗して、同じ民主党内部からではあるが、革新的な改革運動を展開、各州でしばしば知事を選出し、あるいは州議会を制覇するなどの成果をかちとることになる。しかし、いずれにしても経済の規模が今や全国化している段階においては、こうした単なる地方的な水準での不満の組織化・圧力団体の形成、あるいは政権の獲得にとどまっていたのでは、所期の目的を十全に達することが困難であったのは、グレインジ運動の場合と同様である。ここに農民の不満を全国的な次元で組織化する必要が生じ、その点は農民運動の指導者たちの間で次第に自覚されるにいたる。

　ところで工業化の進行は、必然的に工場労働者の絶対数を増していく。当時は、ヨーロッパから移住してきた移民労働者にとっては、アメリカにおける労働条件は相対的に良好であった。しかし、時に週六〇時間以上に及ぶ労働時間、そして非熟練工であるが故の低賃金、それに加えて恐慌による失業の危険などの諸事情は、労働条件の改善を求める労働者の組織化を促さずにはおかなかった。各種の労働組合はすでに南北戦争以前において、地方的な組織としては存在していた。また、地方政党としてはフィラデルフィア市に労働者党が結成されたことも、前に指摘した通りである。しかし、南北戦争後の市場経済の全国的次元での急速な発展・統合に伴って、労働者の組織も必然的に全国化する。こうした全国的な労働者の組織の最初のものとして、労働組合全国連盟（National Labor Union）が鉄鋳型工出身であるウィリアム・シルヴィス（William Sylvis）のもとに組織化される。この組織は、彼の指導のもとに八時間労働制、男女平等賃金制などの要求をかかげ、最盛時には三〇万人余の労働者の参加を数えた。しかし、この組織の結合は彼の個人的な指導力に負うところが大きかったために、一八六九年に彼が死亡してのち、急速に瓦解していった。

　この後をついだのが労働騎士団（Knights of Labor）と称する組織であった。この組織は狭義な工場労働者のみを対象とせず、およそ勤労者と呼ばれるすべての人びとを組織化することを目指していた。したがって、そこにおいては、熟練工・非熟練工の区別も、あるいは人種的な区別も組合員資格として問われることがなかった。騎士団は、八時間労働制や、鉄道や不動産会社によって不当に保有されている土地の適正配分などを主たる要求項目としてかかげ、活発な運動を展開する。ことに一八八五年、鉄道会社のストライキに加担し、それを成功させたことは、騎士団の労働者間における人気を一挙に高からしめ、最盛時の一八八六年には、それは約七〇万人の組合員を擁するにいたった。しかし、それはまた、あらゆる勤労者を打って一丸とする組織であっただけに、組合員内部の利益対立も避けることができず、その結果組織内部にたえず紛争があったことも事実である。

なかでも騎士団の非熟練労働者無差別主義に不満をもつ熟練労働者の動向は、労働運動内部に分裂をもたらし、熟練労働者たちは、彼らだけによる労働組合、いわゆる職能組合《クラフト・ユニオン》の連合体を、全国的な組織として結成しようと活動を開始した。その結果一八八一年(名称としては一八八六年)にはアメリカ労働総同盟 (American Federation of Labor, AFL) が、サミュエル・ゴンパース (Samuel Gompers) を中心に結成される。「総同盟」は、当初各地方の職能組合のゆるやかな連合体として組織されたものであり、職能的性格を強くもち、その意味で排他的であり、経済主義的な性格をもっていた。一九二九年の大恐慌以後形成された産業別労働組合会議 (Congress of Industrial Organizations, CIO) の誕生までは、このAFLがアメリカ労働運動の中心をなし、サミュエル・ゴンパースは、一九二四年、彼の死に至るまでAFLの会長としてアメリカ労働運動の中心にあって活動を続ける。AFLの会員の数は、一八九〇年にはほぼ二〇万に達するが、熟練工中心主義のゆえに、全体の労働者数の中に占めるその組織率は低く、一〇パーセントにとどまっていた。なお、このほかの労働者組織としては、たとえば、鉄道従業員の強力な組合が別個に存在し、活発な活動を展開していたことも指摘しておかなければならない。

この当時のアメリカにおけるマルクス主義の影響にふれるならば、アメリカにマルクス主義がもたらされたのは一八四八年以降、ドイツ系の移民や政治的亡命者によってである。一八七六年、社会主義労働党（Socialist-Labor Party）が結成され、マルクス主義の立場から社会主義運動を展開するが、その党員がほとんどドイツ系移民によって占められていたために、アメリカ社会の一般に浸透する力をもっていなかった。アメリカ社会に遍在する外来《エーリアン》のものに対する危惧が、同党の政党としてのイメイジを損っていたことは否定できない。ちなみに同党は一八九二年から大統領候補を立てるが、五万票以上の得票をえたことはない。

労働者の組織化とともに、労働条件の改善を求めるストライキが、一八七七年の大規模な鉄道ストライキを含めて、一八七〇年代より各地に続発した。ことに一八八六年五月一日の全国的なゼネストは、数日後にシカゴにおいて、いわゆるヘイマーケット事件（Haymarket Massacre）を起す原因となっただけに、アメリカの労働運動史上、画期的なストライキであったといえよう。同事件は、一八八六年五月四日、スト中の警察の暴力行為に対する抗議の屋外集会が行なわれていた時に起った。平穏に進行していたこの集会に対して解散を命じた警察官と労働者との小ぜりあいが起ったその瞬間、何ものかによって爆弾が投ぜられる。ヘイマーケット広場はたちまち修羅場と化し、結局一人の警官を含む数十人の死傷者が出た。この事件の結果、八人のアナキストが爆弾投下の容疑者として逮捕され、七人には死刑宣告が下され、しかもそのうち四人は直ちに処刑された。しかし事件の事実関係はどの被告についても証拠不十分であり、必ずしも明らかにされたわけではなく、のちに冤罪事件と考えられるにいたっている。この事件は企業の側によって、労働組合攻撃のための恰好の材料として大々的に利用された。

さて、以上のごとく農民や労働者の組織が、あるいは圧力団体として改革を迫り、あるいは第三党として政権の獲得を目指して活動するという現象と並行して、文筆家・知識人の筆になる改革の要請もまた活発化した。先にふれた社会進化論的言論と対立しつつ、十九世紀後半の社会矛盾を鋭く突く言説もまた広く世に訴えるようになったのである。たとえば、ジャーナリストでありかつ政治家でもあったヘンリー・ジョージ (Henry George) はそのような知識人の一人であり、彼の『進歩と貧困』(*Progress and Poverty*, 1879) は当時のベストセラーであった。この本は、十九世紀後半にアメリカ社会が発展していくかたわらで、非常な貧困が併存するという矛盾の根本原因として、土地の私有制をあげ、土地の値上りによる莫大な不労所得を批判し、土地だけに税金をかけるべきであるという、いわゆる単一課税運動 (Single Tax Movement) を提唱するものであった。これはきわめて単純な理論ではあったが、それだけに世間に広く受け入れられ、後に彼はニューヨーク市長に立候補して落選したものの、かなりの票を獲得することができた。しかもこの理論はアメリカのみならずヨーロッパ、特にイギリスで広く受け入れられ、イギリス労働党などにも影響を与えた。またそれよりやや遅れて出版された一種の社会主義ユートピア小説ともいうべきエドワード・ベラミー (Edward Bellamy) の『かえりみれば』(*Looking Backward: 2000–1887*, 1888) は、国家社会主義の形態における空想的な社会状況を紀元二〇〇〇年に設定し、それに照らして十九世紀末の独占の弊害を指摘したものであった。同書も広汎な読者を得、一〇年間に約四〇万部読まれたといわれる。さらに遅れて、ヘンリー・D・ロイド (Henry Demarest Lloyd) の手になる『福祉に反する富』(*Wealth against Commonwealth*, 1894) も当時の独占化に対する攻撃にほかならない。こうした小説あるいは論文の形をとったアメリカ社会の現実に対する攻撃は、それが外来思想の形をとらず、アメリカに固有《ネイティヴ》な思想の形をとって現われただけに、アメリカ国民に受け入れられやすかったわけである。この潮流は、さらに二十世紀初頭では、のちにのべるいわゆる暴露文学《マックレーカーズ》に受けつがれていくといってよい。

このような組織による、あるいは個人による既成の体制に対する批判・攻撃が活発化し、つまり不満《ディセント》が組織化されるにしたがい、一方、既成の体制側からは体制の維持のために、それらの不満《ディセント》を同意《コンセント》へと変えようとする動きが当然生じてこざるをえない。これを具体的にいうならば、既存の支配政党である共和党は、各地に発生してきた不満を解消するため、これらの不満にある程度譲歩・妥協する若干の改革的立法を行なった。その一つとして、政治の腐敗に対する批判と、それらの腐敗がかつては民主主義的改革の一環を為した猟官制《スポイルズ・システム》に原因しているという批判とに応えて、官吏任用制度を抜本から改革しようという動きがいち早く現われたことを指摘しなければならない。共和党自体の中に主流派に対する批判勢力として、一八七二年にはジャーナリストで労働運動の指導者であったH・グリーリー (Horace Greeley) を中心とする共和党自由派《リベラル・リパブリカンズ》が分離擡頭する。この年の大統領選挙で彼はグラントに挑戦して破れ失意のうちに世を去るが、官吏任用制度改革の要求は、都市の知識人、ミドルクラスの層の間に強く根づき、一八八三年、それはペンドルトン法 (Pendleton Act) において立法化されることになる。この法律の骨子である官職の資格任用制《メリット・システム》は最初はごく部分的に採用されたものであるが、次第に官職が複雑化・専門化するにつれて、より広い官職に適用され、十九世紀末までに五〇パーセント、一九三〇年代では七〇パーセントにのぼる公務員がこの制度に従って任用されることとなる。

共和党政府にとって官職任用制度にまつわる不満以上に問題であったのは、農民の鉄道会社に対する強い不満であり、彼らの鉄道運賃の規制の要求であった。しかし運賃規制については先にマン対イリノイ州事件で認められた州単位の立法も、一八八六年の最高裁判所の判決では、当該鉄道がいくつかの州にまたがっている場合、すなわち州際《インター・ステイト》鉄道である場合にはその規制権は州政府にはなく、したがってかかる規制を定めた州立法は違憲であるとされた。この結果農民は、全国的な次元での鉄道運賃の規制へとその要求を拡大せざるをえなくなった。これに対し、二大政党とも何らかの形で応ぜざるをえず、ついに一八八七年に州際通商法（Interstate Commerce Act）が成立し、連邦政府が鉄道会社等の監督に着手するにいたった。ただし、この法律によってつくられた州際通商委員会（Interstate Commerce Commission）には、鉄道会社の代表が加わったことなどから実質的な運賃規制効果はあげえなかった。この法律は連邦政府が全国的な次元で私企業の運営に関与した最初のケースとして歴史的な評価を受けている。

次に注目すべきは、独占に対する各方面の強い不満に対し、トラストの活動を制限する連邦立法、すなわちシャーマン反トラスト法（Sherman Anti-Trust Act）が一八九〇年に成立したことである。この立法は、連邦政府が十九世紀末の企業の合同、独占化の傾向に対する民衆の反感に対して、初めて有効に対処しようとしたという意味で画期的である。しかし、反面同法が下院において満場一致で採択されたことは、逆に、同法が実質的なトラスト規制効果をほとんどもっていないこと、またそのような俗にいうザル法を意図して制定されたことを物語るものであろう。事実、たとえば一八九五年のナイト会社事件の判決（U.S. v. E.C. Knight Co.）で、アメリカの製糖事業を独占していたアメリカ製糖会社のトラストに対してさえ、この反トラスト法が適用されえないとされた事情は同法の性格を端的に物語る。

3　危機状況とポピュリズム

一八九三年、シカゴ世界万国博覧会に際して開かれたアメリカ歴史学会の大会で、ウィスコンシン大学の若き歴史学者、フレデリック・ジャクソン・ターナーは、その報告の中で、一八九〇年の国勢調査の結果、フロンティア・ラインが消滅したことを指摘した。そして、その報告の最後を「いまやアメリカの発見以来四世紀、憲法の制定以来一〇〇年たった今日、フロンティアは消滅した。フロンティアの消滅とともにアメリカ史の第一期は終ったのである」と、少しく誇張した表現をもって結んでいる。

フロンティアという言葉はターナー自身もかなりあいまいに使っているが、このフロンティア・ライン（辺境線）の消滅は、必ずしも自由地《フリー・ランド》・公有地の消滅を意味したものではない。事実、公有地の払下げは、この一八九〇年以降にも大々的に行なわれるのであるが、そういうフロンティアを結んだフロンティア・ラインが消滅したことは、たしかにアメリカ史の転換を象徴する事件であったといえよう。アメリカ社会がヨーロッパ社会と異なるゆえんのものは、広大な土地空間の存在であることは、ジェファソンをはじめアメリカ人も、またヘーゲルをはじめヨーロッパ人もそれを意識していた。その土地空間が次第に狭められていくとともに、アメリカ社会の急激な発展の中にはらまれていたいろいろな対立矛盾が、表面化せざるをえなくなってゆく。

アメリカ社会が多種多様な人種・移民からなり、しかもその広大な空間に形成された連邦制のもとで、なお統一統合されてきたのは、そこにアメリカ人としてのなんらかの、同一性《アイデンティティ》が存在し、かつそれが意識されていたからである。たとえ神話的側面を多分にもつにせよ、「丸太小屋からホワイト・ハウスへ」という言葉に象徴されるごとく、社会的移動性《ソーシャル・モビリティー》が原理的に保障され、機会の均等と自由競争とに基づく成功の夢が約束されていると信じられていたところに、アメリカ社会の安定性があった。しかし、十九世紀末になると、独占化が進行し、富の配分における不均衡が顕著になってきた。しかも、非常に重要なことは、そうした富の偏在が、その富の所有者によって意識的に誇示されることになった点である。その点はかのソースタイン・ヴェブレン（Thorstein Bunde Veblen）が『有閑階級の理論』（*The Theory of the Leisure Class*, 1899）の中で、「人目に立つ消費」（conspicuous consumption）として指摘したところである。また一方におけるこのような富の誇示は、他方における持たざるものの自意識も強く刺戟することとなり、アメリカ社会構造における頂点と底辺との階層的亀裂が自覚されるにいたった。確かに、十九世紀最後の一八九〇年代は、アメリカ社会の亀裂が、企業と労働者の対立、農村と都市との対立、そして古い移民と新しい移民との対立などいくつかの形をとって劇的に展開される時代であった。[3]

まず、労使間の対立についていえば、それは度重なるストライキとそれをめぐる暴力沙汰とによって激化の一途をたどっていた。たとえば先にものべた一八八六年五月四日のヘイマーケット事件によって尖鋭化を示した労使対立は、一八九二年の、カーネギー鉄鋼会社のホームステッド工場でＡＦＬの指導による大規模なストライキが発生したことで、さらに一段と深刻な様相を呈する。このストライキは長期化し、これに対し会社がピンカートン探偵会社（Pinkerton Detective Agency）と称するストライキ破り専門の会社を動員したことから、労使対立は暴力的な衝突へとエスカレートしていたのである。

都市と農村との対立関係が激化した背景には、これまでアメリカ社会の主柱《バックボーン》たることを自ら任じ、また事実、アメリカ社会の多数を占めてきた農民が、いまや急激な工業化の発展の前に、相対的に少数化しつつあったことを考えなければならない。そして、農民的価値基準も、新しい工業化・都市化の波の前に次第に色あせたものとなり、農民は自分たちが十九世紀後半のアメリカ社会において次第に置き忘れられた存在となっていく不安を一般的にもっていた。それが具体的には前にのべたような鉄道会社あるいは銀行に対する不満として強く意識されたわけであった。

農村と都市との対立関係は、古い移民と新しい移民との関係と重なり合っていた。つまり農村地方には古い移民、すなわち北欧系・西欧系の移民が多く、彼らはまたその宗教においてプロテスタント系であった。それに対して都市の大衆は新しい移民、すなわち南欧系・東欧系の移民が多く、宗教はカトリック系が多かった。したがって、農村と都市との対立は、しばしば二つの異なった宗教あるいは広く文化の対立として意識されたわけである。古い移民にとって、新しい移民はアメリカ的価値体系にはなじみにくい存在、そういう意味でいわば外来者《エーリアン》にほかならず、しかも彼らに対して強力な競争者として登場してくる。一方新しい移民は、機会の国アメリカに来たものの、アメリカ社会に溶けこむことがむずかしく、古い移民から疎外されているとの感じをもっていた。

この危機状況に際して、民衆の間からの改革、いわば下からの改革の動きが起ってくる。先に指摘した農民による各種の運動は、圧力団体方式あるいは地方の第三党方式にとどまっていたのでは、結局十九世紀後半の全国的状況に対応しえないことを痛感しつつあった。そこで全国的第三党をつくろうという動きが、一八九〇年頃から起ってくる。一八九二年の大統領選挙を目標として、各地の種々の農民団体、労働騎士団、地方的政党などの結集による全国的第三党の結成がはかられ、ついにその年二月、セント・ルイスにおいてアメリカ人民党（People's Party of the United States of America）、略称してポピュリスツ（Populists）と呼ばれる政党が組織された。そして七月、人民党はネブラスカ州のオマハ（Omaha）で全国大会を開き、独自の大統領候補をたて、政綱をきめて二大政党に対し自らを「改革の政党」（a party of reform）として挑戦する。その政綱に含まれる主な政策をあげるならば、まず銀一に対して金一六の割合で銀貨を自由に鋳造することを許すべきであるとする、いわゆる自由銀《フリー・シルヴァー》の訴えがあり、それはいわば通貨膨張による一種のインフレ政策であり、農民の元来の要求であった。また、鉄道・通信等の交通通信機関の公営化・公有化、累進所得税方式の採用、郵便貯金制度、要するに農民に対する長期・低利の金融機関の設定、外国人による土地所有の禁止、当時は多くは州議会による間接選挙で選出されていた連邦上院議員の直接選挙制、さらに労働時間の短縮などを要求していた。

この運動の中心となったのは、元来、農民連盟《ファーマーズ・アライアンス》のリーダーで多才な、またアジテーターとしても有能なイグネイシャス・ドネリー（Ignatius Donnelly）であったが、彼はいまやアメリカが道徳的に絶対的危機状況にあることを強調し、人民党政綱の前文において、政治の腐敗から二つの大きな階級、百万長者と貧民とが生まれているという状勢分析に立って、改革が急務であることを訴える。人民党はその大統領候補としては、結局、グリーンバック・パーティの大統領候補にもなった南北戦争当時の連邦軍の将軍であるJ・B・ウィーヴァー（James B. Weaver）を立てた。これに対して既存の二大政党は、民主党が元大統領クリーヴランドを候補に立て、共和党も現大統領のハリソン（Benjamin Harrison）を立てる。この選挙の結果、ポピュリスツは約一〇〇万票得たが、それは全投票数の約八・五パーセントを占めるにとどまった。人民党にとってこの結果は、いきなり第三党として出てきた党が一〇〇万票得たことに注目するならば成功ともいえるが、また一面、全体の一割弱の票しか得られなかったことをみるならば失敗だったともいえよう。アメリカにおいては、その小選挙区制度、ことに大統領制度が全国的な小選挙区制度を意味するということもあり、第三党の出現は一般的にいって、きわめてむつかしいことも、ここに留意しておく必要がある。

人民党の性格にとって重要な意味をもつのは、その得票の内容、つまり投票を獲得した地方が第一に西部地方であったこと、逆にいえば東部ではきわめて劣勢であったことである。この点をみるかぎり人民党は労農提携をうたったにもかかわらず、結果的には西部の農民の政党として登場してきたことが示される。なおこの選挙において、大統領選挙史上はじめて登場したマルキシズム政党、社会主義労働党は二万一〇〇〇票を集めるにとどまった。

選挙の結果出現した民主党政権、クリーヴランド政権は、一応、共和党と異なった政党としてイメイジされるが、基本的政策においては結局、共和党と大差なかった。たとえば、政策上民主党が明確に共和党と立場を異にしたのは、関税の問題であったが、民主党は選挙前関税引下げを公約していたにもかかわらず、結果的に成立した税法は、共和党政権下に立法された高率な保護関税を基本的に改めるものではなかった。ただ一八九四年のウィルソン＝ゴーマン関税法（Wilson-Gorman Tariff Act）は関税引下げのほかに、富者に重い課税制度を定める所得税条項を含むものであり、改革の要求の一つの項目であった累進所得税制度にある程度応えるものであった。ただし一八九五年の連邦最高裁判所の判決（Pollock v. Farmers' Loan and Trust Co.）において、このウィルソン税法の当該の条項は、憲法第一条第二節第三項に違反するものとして、五対四の判決でもって違憲とされたのである。

銀の自由鋳造の要求は、農民の強い要求であったが、一八九三年の恐慌に直面して、クリーヴランドは、金本位制度のもとにおける健全財政を主張して、金準備の保持のために、銀の買入れを中止するという措置に出た。このことは農民に対して深い不満を与えることになる。この当時の社会不安を物語る一つの象徴的な事件として、一八九四年の「コクシーの軍隊」(Coxey's Army) のワシントンへの行進をあげることができる。この恐慌による失業者の救済のため、政府は年間五億ドルの公共事業を行なうべきであるという主張に立つオハイオのポピュリスト、コクシー (Jacob S. Coxey) が、その要求をかかげて失業者を糾合し全国からワシントンに向う運動を起したが、議事堂区域内へ入ると共にコクシー以下逮捕された。

また、労働者によるストライキも頻発する。なかでも一八九四年五月に起ったシカゴのプルマン寝台車会社のストライキ (Pullman Strike) は大規模なものであった。このストライキに対してアメリカ鉄道組合 (American Railway Union) は同情ストを計画し、そのリーダーであるユージン・V・デブス (Eugene V. Debs) の積極的な指導により、ストライキはシカゴを中心とし二四州に及ぶ大ストライキに発展した。そうした労働側の攻勢に対してクリーヴランド政権は、会社側の要求により連邦軍隊の派遣によるストライキの抑圧を策し、郵便物保護の口実でこれに介入する。また連邦裁判所は郵便と州際通商を妨げる組合員に対して、差止め命令《インジャンクション》を発し、デブスはこれにしたがわなかったために、法廷侮辱罪によって投獄され、ついにストライキも終熄させられた。

こうした状況の下で、クリーヴランド政権は農民・労働者の間で不人気となり、一八九四年の中間選挙では、人民党は一五〇万と得票数を伸ばし、九六年の大統領選挙を前に、無視できない政治勢力へと成長したのである。かくして、民主党の内部に、クリーヴランドを中心とした主流派、いわば東部派と、西部農民派——しばしば民主党銀支持派《シルヴァー・デモクラッツ》と呼ばれた反主流派との対立が生じた。一八九六年の選挙をめぐり、両派は党内のヘゲモニーを激しく争い、結局シカゴにおける全国大会においては、西部農民派が勝利を占め、大統領候補として、弱冠三六歳の西部出身のウィリアム・ジェニングス・ブライアン (William Jennings Bryan) を指名することになる。典型的な西部のコモンマンであるブライアンは、全国大会で、有名な「金の十字架演説」(Cross of Gold) とよばれる演説を行ない、金本位制を攻撃し、農民を重視すべきことを説いた。いまや民主党内において西部農民派が主流派になるにしたがい、東部派の一部は脱党して別個に国民民主党 (National Democratic Party) を組織する。

一方、共和党は、政策としては伝統的な高関税政策をうたい、金本位制度を確立するという政策をかかげ、保護関税論者ウィリアム・マッキンレー (William McKinley) を大統領候補とする。共和党の一部は、この東部的マッキンレーに反対し、脱党して、銀支持国民共和党 (National Silver Republicans) と名乗ってブライアンを推すことになる。

民主党の中の反主流派が主流派になり、その代表が大統領候補に指名されるということは、人民党にとって一つのディレンマを提供することになった。すなわち、西部派がヘゲモニーを得た民主党の政策の多くの部分が、人民党がかねてより唱えていた政策を踏襲するものであり、したがって農民の票の多数が民主党に流れることが予想されたからである。しかも他面、第三党としての人民党にとって、民主党への合流は既成の二大政党の一つに吸収併合されることを意味し、その組織としての消滅の危険性を意味していたのである。そこでとられた一種の妥協策が、人民党は組織として独自の存在を保つが、その大統領候補として民主党のブライアンを推すという方法である。ちなみに副大統領には、民主党の副大統領候補と別個の人物、南部のポピュリスト、トム・ワトソン（Thomas Watson）を推して、その組織の独自性を確保しようとする。

一八九六年の選挙は、アメリカ史上でもきわめて激しい選挙戦であった。共和党側は巨額な選挙資金を使用し、広汎な宣伝戦を行なうが、これに対してブライアンは、主として銀山の所有者から選挙資金を得、その美声を駆使して精力的に全国を遊説する。その結果、一般投票においてはマッキンレーが五一パーセント、ブライアンが四七パーセント、選挙人投票においてはマッキンレーが二七一票、ブライアンが一七六票をそれぞれ獲得し、共和党のマッキンレーが当選する。

この選挙は、しばしばアメリカ社会を水平的に横断する対立によってたたかわれたと指摘される。しかし、注目しなければならないのは、もしそうであれば、当然、多数を占める下層の支持を得て、ブライアンが当選するはずであるが、結果はその逆であった。この選挙結果は、しばしば選挙費用の差に還元され、共和党の選挙参謀である上院議員マーカス・ハナ（Marcus Alonzo Hanna）の巧みな宣伝と、巨額な資金との結果、共和党が勝利を占めたと指摘される。もちろん、それらがマッキンレーの当選に貢献したことはいうまでもない。しかし一方、ブライアンの言動それ自体の中に、いまや工業化・都市化したアメリカ社会、農民が相対的に少数化しつつあるアメリカ社会の中にあって、いわば時代錯誤的な、後向きの姿勢があったことも、また指摘されなければならないであろう。事実、その選挙の投票結果の分布からみても、東部工業都市においてブライアンはほとんど選挙民に訴えていないことに注目しなければならない。

人民党およびブライアンの運動を含めてポピュリズムと総称するならば、それは十九世紀末のアメリカ社会のもつ矛盾に対して鋭く挑戦したものであり、また、たしかに労農提携の上に改革を主張するものでもあった。しかし、結果においては、それは古きアメリカ社会、十九世紀前半のアメリカ社会の復活を願うという意味において、前向きであるというよりは、やはり後向きの改革の側面をもっていたということは、否定できないであろう。この運動の中には、今や工業化され都市化されたアメリカ社会に直面する古きアメリカ農本主義の焦燥とノスタルジアとがうかがわれる。そしてこのことは、生物進化論を公立学校で教えることを否定したファンダメンタリスト、ブライアンの晩年の悲劇の中に奇しくも象徴されているといえよう。

一八九六年の選挙において、再び政権を獲得した共和党の下に、一八九七年アメリカ史上最高率の関税、ディングレー関税法が制定され、一九〇〇年金本位制は確立する。他方ブライアンが敗北するとともに、ブライアンと事実上一体化した人民党の運動もまた挫折を迎えることになった。また一八九六年末頃から海外市場におけるアメリカ農産物に対する需要が増大し、景気も回復へ向いつつあったことと相まって、国内の不満および不安、そしてそれに基づく改革の要求は、ある程度は後退期に入ってくる。

(1) イギリスのブライスは、その古典的アメリカ論『アメリカン・コモンウェルス』の中で、特に一章を設け「何故偉大な人間は大統領に選ばれないのか」を論じ、第一の理由として、アメリカにおいては、経済界が有能な人間をひきつけることをあげている。James Bryce, *The American Commonwealth*, 1888, 1915 ed., Vol. I, Ch. 8, “Why Great Men Are Not Chosen Presidents.” この大統領の指導力の欠如は、人材の配分の問題というよりは、十九世紀後半の社会状況、政治の要請を反映したものといえよう。アメリカの政党研究家のシャットシュナイダーは、そのすぐれたアメリカ政党史の小論で次のごとく指摘している。「共和党がその最優勢時に達成した事は、議会によって制定された立法の観点からはかられるべきではなく、何がなされなかったかという観点からはかるべきである。つまり、共和党の成果は、西欧諸国の社会立法と一九三二年以前のアメリカのそれとの間のギャップによってはかられるべきであるといってよい。社会立法においてアメリカがおくれたということは、共和党がその〔経済放任主義という〕目的からいえば、強力かつ効果的な政治組織であったことを示すといえよう」。E. E. Schattschneider, "United States: The Functional Approach to Party Government," in Sigmund Neumann, ed., *Modern Political Parties: Approaches to Comparative Politics*, 1956, p. 198.

（2）マシーンは、アメリカ政治に対する外国人研究者によっても注目されてきた。たとえばオストロゴルスキー（Moisei Y. Ostrogorsky)、ブライス、ウェーバー（Max Weber）も、アメリカのマシーンの特殊性に注目してきた。アメリカにおいても、改革者も研究者もマシーンと政治的腐敗とをしばしば等置する。しかし、そうした政治的腐敗の面と共に、マシーンの社会的救済機関としての機能も見落してはならないであろう。そうでないと、マシーンの生命の長さは理解できない。マシーンは、非情な資本主義的競争社会を背景に普通選挙制の早期の成立と大量の移民の渡来という特殊アメリカ的状況の中において、把握されるべき社会制度といえよう。その点、政治学者でなく、社会学者マートンの所論は示唆的である。Robert K. Merton, *Social Theory and Social Structure*, 1949, pp. 71–81. 彼は、マシーンによる援助それ自体と共に、その援助の仕方《マナー》のもたらす機能を重視する。

（3）政治学者デ・グレイジアが、アメリカ史上「アキュート・アノミー」（価値体系の激しい動揺・分裂）の状態が出現したほぼ唯一の時代として、この十九世紀末に着目していることは興味深い。Sebastian de Grazia, *The Political Community: A Study of Anomie*, 1948, pp. 115–122. 同書は一九四八年に刊行されているが、一九七〇年代こそまさしく同書の主題の適用されるべき時代かもしれない。

第七章　海洋帝国と革新主義

十九世紀末のアメリカ社会の危機状況に対応する動きとして、すでにのべた下からの改革運動とともに、一つには海外への進出、つまり外延的拡大による体制安定化の動きがあった。いわば、もし陸のフロンティアが消滅したならば、新たなるフロンティアを海に求めようという動きである。つまりすでに十八世紀末に、ハミルトンによって構想された海洋帝国の建設が一世紀ののち、一八九八年の米西戦争を契機に現実化することになる。また二つには、下からの改革の要求が強くなり、その改革の要求が体制を基本的に変革することをおそれ、むしろ、いわば上から体制を改革することによって、それを基本的に維持し、安定化させていこうという動きがあった。一九〇一年はからずも、シオドア・ルーズヴェルト (Theodore Roosevelt) の大統領就任によって、この動きは具体化する。

前者も後者も十九世紀の終りから二十世紀の初めにかけて、どちらかといえば古い家柄の、社会的には中流の上に属する既存のエリート層から発想された点は注目してよい。つまり、彼らは十九世紀後半に急激に進出してきた、いわゆる新興成金が、長期的な見とおしなしに、アメリカ社会の支配者として行動することに、危惧を覚え、また他方において、新しい労働者の組織化が進み、新しい移民が増大していることにも不安を感じている人びとであった。彼らは、こうしたアメリカ社会を安定化していくためには、自らが政界に進出し、政権を掌握することによって、海外への進出と国内の改革を行なう責務があると考えたわけである。かくして、一八九〇年代から一九一〇年代にいたる約四半世紀は、海外への膨張いわゆる帝国主義と、国内の改革いわゆる革新主義との時代といわれる。

1　海洋帝国の構想と米西戦争

アメリカの大陸帝国から海洋帝国への展開そのものは十九世紀末になされるのであるが、海洋帝国の構想は早くから存在していた。A・ハミルトンが、すでに海洋帝国の構想をもっていたことは前に指摘したが、第六代大統領J・Q・アダムズの場合も、彼なりの海軍の整備計画と、通商帝国の構想とをもっていた。一八五〇年代に、アメリカ大陸におけるアラスカを除くアメリカ合衆国の版図はほぼ確定するが、その五三年、ペリー（Mathew Calbraith Perry）提督下のアメリカ艦隊が周知のごとく日本へ来航し、その閉ざされた門戸を開かせるにいたる。この頃すでに、アジアをアメリカ西部の延長としてとらえる観念が存在していたことも指摘されよう。世界史においては文明が西漸していく、つまりギリシャ、ローマに発した文明が、ヨーロッパ、アメリカ、そしてその東部から西部、そして最後にはアジアへと移っていくという文明西漸論があり、いわば、アメリカ内部における西漸運動（westward movement）が海を越えて展開していく場所としてのアジアというイメイジがあったわけである。こうした文明西漸説を背景に、早くから海洋帝国の構想を打ち出した一人は、リンカン大統領の下で国務長官を務めたウィリアム・シュウォードである。彼は一八五二年上院議員当時、太平洋がやがて国際政治の檜舞台になるであろうことを指摘し、アメリカが海洋帝国（Empire of the Sea）とならなければならないことを強調した。彼は国務長官時代の一八六七年、アラスカをロシアから七二〇万ドルで購入したが、この地を太平洋への道として重視したわけである。もっとも、当時は「シュウォードの冷蔵庫」と冷笑されていた。なお、同年ハワイ西方のミドウェイ島がアメリカ海軍によって占領され、アメリカ領とされている。

当時は、アメリカの工業の発展は、国内市場の開発によることを基本的前提とし、したがって海外市場、あるいは海外市場へいたる海運業に重点がおかれるよりは、国内市場、そして国内市場を開発・統合するものとしての鉄道に重点がおかれていたのである。海運業の発達の遅れは、アメリカの外国貿易が、ほとんど外国船に依存していたことにもうかがえよう。また海軍の整備も南北戦争後ないがしろにされていた。

しかし、やがてアメリカが世界有数の工業国となり、国内市場も充足してくるにつれ、海外市場の問題がクローズアップされてくる。ことに一八九〇年、機会の象徴としてのフロンティア・ラインが消滅したことは、国外へ機会を求める必要をアメリカ人に対し自覚せしめる契機となった。こういう状況で、海外への積極的進出、すなわち海洋帝国への構想があらためて多くの人びとによって唱えられてくる。その中でも最も典型的かつ影響力も大きかったのは、海軍大佐のアルフレッド・T・マハン（Alfred Thayer Mahan）による海洋帝国構想であろう。彼は、一八九〇年に著わした『海上権力の歴史に及ぼす影響』（*The Influence of Sea Power upon History, 1660–1783*）という一見きわめて学術的な著書をはじめ、一般向けの「海外に目を向ける合衆国」（"The United States Looking Outward," 1890）という論文など多くの著述により、広くアメリカ国民に海外への進出を訴えたのである。(1) マハン以外にも、政治家ではマハンの友人シオドア・ルーズヴェルト、また彼の仲間であるヘンリー・カボット・ロッジ (Henry Cabot Lodge)、アルバート・J・ベヴァリッジ (Albert J. Beveridge) 両上院議員などが、アメリカの海外進出を当然のこととして主張していた。こうした海外市場獲得の議論は、さらに当時流行していた社会進化論の影響を受け、優秀民族としてのアングロサクソンが世界各地の後進民族に対しキリスト教文明をもたらすべきであるという、素朴な人種主義の装いをとり、後のキップリング (Rudyard Kipling) 流の白人の義務論 (The whiteman's burden) を唱えるものも少なくなかった。たとえば牧師のJ・ストロング (Josiah Strong) などがその一人である。

この点、かつて大陸帝国の建設に用いられた「膨張の宿命《マニフェスト・デスティニー》」論が、十九世紀末にいたって海外への膨張、海洋帝国の建設を正当化する論理として拡大され援用されたということができよう。このようにして海洋帝国の構想、海外進出論は、一部のイデオローグによって強く主張されると共に、事実、一八八〇年代から海軍力の増強が行なわれ、八〇年代には初めて鋼鉄製の軍艦が建造され、新海軍 (New Navy) の建設が行なわれた。また商船隊の建設に政府が補助金を出して、その建造を奨励するというようなことも行なわれたが、一般的には当時のアメリカ国民は、資本家を含めて国内に目を向け、海外の問題にはそれほど大きな考慮を払わなかった。その意味で、伝統的な孤立主義の観念は、一つのエトスとしてアメリカ社会に深く定着していたといえよう。

ところが九〇年代も終ろうとする時、このような孤立主義の伝統を大きく動揺せしめ、アメリカの海外進出を決定的ならしめる事件が起った。それは一八九八年の米西戦争 (Spanish-American War) である。米西戦争そのものは、元来スペイン領であったキューバの問題に触発されて起ったものである。すなわち従来よりスペインの圧制下に苦しんでいるキューバの解放ということは、アメリカの国民的世論であり一八九六年の大統領選挙においても、民主・共和両党ともキューバの独立達成をうたっていた。さらに、この問題についていわゆる煽動的《イエロ》な大衆新聞《ー・ペーパーズ》が強硬論をあおっていた時、おりしも一八九八年二月、アメリカ戦艦メイン号（*Maine*）がキューバのハバナ港で爆発沈没する事件が起る。この事件を契機に共和党政権はスペインに対し強硬な立場をとり、一八九八年四月、アメリカ議会は正式に宣戦布告をする。この戦争の大義名分は、スペインの古き圧制からキューバを解放するというものであり、その意味でブライアンを含めたポピュリスツもこの戦争を支援していた。このいわゆる「小さな戦争」は、四ヵ月でアメリカの圧倒的な勝利に終る。しかしたまたまこのキューバを契機として起った事件が、じつはその目的においても結果においても、太平洋におけるアメリカの海外進出と強く結びついていたのである。

開戦とともに、当時香港にあったアメリカ艦隊が、スペイン領であったフィリッピン群島のマニラ港に向い、デューイ（George Dewey）提督のもとにスペイン艦隊を破り、マニラを占領する。それとともに、従前よりアメリカがその併合を目指していた太平洋上の独立国であるハワイを、フィリッピンへの海上輸送路の確保という理由にもとづき、一八九八年七月、議会の上下両院の合同決議によって併合する。そして戦争の終了後、パリの講和会議で、フィリッピン島をアメリカがスペインより二〇〇〇万ドルで買収し、これをアメリカ領とすることとなった。また同会議においては、キューバの独立も承認されるが、治安不安定の故に当分アメリカの軍事占領下にキューバを置くということになる。さらにプエルト・リコ島およびグァム島はスペインからアメリカへ割譲されることになった。

しかし、この会議で決定されたアメリカによるフィリッピンの領有は、戦争中スペインからの独立を期待してアメリカ軍と協同していたアギナルド（Emilio Aguinaldo）将軍麾下のフィリッピン人の強い反発を招き、反乱が惹き起され、アメリカ軍はスペインとの戦争にかけたよりも多大の人員および財政上の犠牲を払い、このフィリッピン内における反乱の鎮圧に向わなければならなかった。ちなみに、この反乱が鎮圧され、治安が安定するのは、ようやく一九〇二年にいたってである。

以上のフィリッピン群島領有にあたって注目すべきは、その領有がフィリッピン島それ自体の広大な空間の領有を意図したものでなかった点である。そのような意味でのフィリッピンの植民地化に対しては、むしろ当時アメリカ国内の世論は批判的でさえあった。その理由のひとつは、このフィリッピンの領有が、フィリッピン人をアメリカ人とすることによって、低廉な、しかもアジア人の労働力がアメリカに入ってくることに対する反発が、労働者側の中に根強くあったことである。またフィリッピンの砂糖業がアメリカの砂糖業と競争関係になることをおそれる実業家も少なくなかった。さらにアメリカ的体制は、本来アメリカ大陸内に限定されるべきであるという原則に立脚する立場からも、フィリッピンの領有はヨーロッパ的ないわゆる「帝国主義」の現われであるとして批判され、「反帝国主義運動」（Anti-Imperialist Movement）が起った。フィリッピンの領有においてまず意図されたものは、こうした空間の領有、いわんや異人種の支配ではなく、むしろマニラという航海路上の重要なる港の領有にほかならなかった。つまり、米西戦争を契機として、アメリカは太平洋上にハワイ・グァム・マニラと連なる基地を確保し、いわば「太平洋の橋」を完成し、通商路を確保することに成功したわけである。そしてこのことこそが、この戦争の一般には意識されなかった目的であり、また同時に、その結果でもあったということができよう。いうまでもなく、こうした航路と基地との確保が暗に目指したものは、広大な潜在的な市場たるアジア大陸への進出にほかならなかった。したがって当初この戦争に反対していた経済界も、フィリッピンの占領を契機として強くこの戦争を支持するにいたったことも注目に値する。

アメリカのキューバとの関係についても、この戦争は重要な意義をもっている。一九〇一年、いわゆるプラット修正条項 (Platt Amendment) によって、キューバ憲法には次のことが記載された。第一にキューバはアメリカ以外の国とその独立、領土を損うような条約を結ばないこと、第二に元利の保障のない公債を発行しないこと。さらに第三にキューバの独立をアメリカが保障すること、そしてそのためにアメリカはいつでもキューバの内政に干渉する権限があること、そのほかアメリカがキューバに根拠地をもつことなどの諸条項がそれであった。その結果、実質上キューバはアメリカの保護国とされ、一九三四年の同条項の廃棄までその状態はつづいた。

ところで「太平洋の橋」が完成したことは、中国市場への、あるいはひろくアジア市場への道が完成したことを意味していたが、中国に対する貿易上の関心は、決してこのときに初めて喚起されたものではない。独立当初においてすでに、中国との貿易がきわめて巨額な利潤を生み、このいわゆる広東貿易は、ボストンなどの東部ニューイングランドの海運業者の強い関心の的であったのである。しかし一八四〇年代、五〇年代をすぎる頃から、アメリカの東北部では、商業資本から産業資本への転化が行なわれ、アジアとの海運業も急激に衰えた。中国への経済的関心は、むしろ宣教師の伝道の地としての中国というイメージに置きかえられてゆく。また、他方、アメリカの大陸横断鉄道の建設のために、中国の移民が低廉な労働者として大量に迎えられるが、その工事が一応完成するや、むしろ中国移民は同化されない移民として排斥され、正式に一八八二年、中国移民は禁止されるわけである。

では十九世紀において、対中国貿易はアメリカの対外貿易中どれほどの割合を占めていたのであろうか。一言でいうならばそれは、現実にはきわめて低いものであった。一八九〇年代にいたっても、アメリカの総輸出高に占める対中国輸出の率は、五パーセントを越えることはなかった。このように十九世紀末においては、アメリカの対中国経済関係は決して緊密、不可欠のものではなかったとはいえ、しかし中国市場は潜在的な（当時の言葉でいえば）「三億の市場」としてアメリカ人の意識の中には植えつけられていたのである。一方、日清戦争後、中国はヨーロッパ列強による帝国主義的な分割を受けつつあった。ことに帝政ロシアがシベリア鉄道を完成しつつ、満州への進出を計画していたことは、アメリカの関心を惹かずにはおかなかった。満州はアメリカの木綿製品の輸出市場として、中国市場の中においてはアメリカが最大の関心をもつ地域であったからである。巨大な生産力をもちながらも、いままで国内市場の開発に専心してきた結果、海外市場の開拓においては諸列強に遅れをとっていた国としてのアメリカの立場は、中国市場が他の諸国によって分割されることに強く反対、同市場がアメリカを含めていかなる国に対しても、開かれたものであるべきであるというにあった。

そうした背景のもとに、一八九九年、国務長官ジョン・ヘイ（John Milton Hay）が、いわゆる門戸開放政策（Open Door Policy）を声明する。この政策は各国の中国における「勢力範囲」は認めつつも、いかなる場合も貿易の機会を均等にすべきことを内容としており、それは当初各国に回状の形で提案されたものである。外交上拘束力のない回状の形であったとはいえ、その原則に対し各国が条件つきとはいえ承認を与えたことにより、このヘイの政策はアメリカ外交の勝利として、アメリカ国内で高く評価された。しかし、中国における事態はその後悪化の一途をたどり、とくに一九〇〇年六月に勃発した義和団事件は、列強の中国分割に口実を与えることになり、中国分割の勢いは活発化するかにみえた。このときその年の七月にアメリカ政府は、再び各国に通牒を発し、中国全土における機会均等の原則を唱え、同時に中国の領土的行政的保全をうたう。かくして通商の機会均等と中国領土の保全(integrity of China)とを二本柱とする、いわゆる門戸開放政策がアメリカの対アジア政策の基幹となって、それ以後のアメリカの外交を規定していくことになる。

以上見てきたフィリッピンの領有と、門戸開放政策との結果、アメリカは太平洋地域において現実にその権力政治《パワー・ポリティックス》に巻き込まれることになる。以降、アメリカは太平洋国家として、アジアにおける勢力均衡《バランス・オヴ・パワー》の保持に深い関心をもち、アジアにおいていかなる国であれ大国が中国市場を独占的に支配することに対してはつねに抗議するという立場に立つことになる。

2 ニュー・ナショナリズムとニュー・フリーダム

一九〇一年九月、前年の選挙において再選されたマッキンレーが暗殺され、副大統領であったルーズヴェルトがアメリカ史上、最年少の大統領として就任する。このルーズヴェルトの二期、それに続くウィリアム・タフト(William Howard Taft)、そして一九一二年に当選した民主党のウッドロー・ウィルソンの第一期、この三代の大統領の施政を普通革新主義(Progressivism)の時代という。

これらの大統領について共通していえることは、いずれも家柄の古い上層ミドルクラスに属し、名門大学出身者であり、いままでの「丸太小屋からホワイト・ハウスへ」という大統領のタイプとは著しく異なっていた点であろう。ルーズヴェルトはハーヴァード大学、タフトはイェール大学、ウィルソンはプリンストン大学の卒業生であった。さらにルーズヴェルトは多くの著書をものしており、タフトも大統領退任後はイェール大学教授、最高裁判所首席判事として名声を得、ウィルソンはプリンストン大学の教授、総長を経ている。ことにルーズヴェルトとウィルソンは、ともに強いエリート意識をもち、大統領の地位を国民の委託を受けたリーダーの地位として捉え、自覚的にリーダーシップを発揮した大統領といえる。こうした指導者意識の背景には、十九世紀末期のアメリカ社会の危機状況に対して、新興成金の支配あるいは単に投票の獲得のみを目指すマシーンのボスによる政治によっては、アメリカ社会の亀裂をいやすことはできず、その体制の内部的解体は避け難いという強い危機意識があったといえよう。つまり革新主義とは結論的にいうならば、その根底においては、一連の改革的な政策を行なうことによって、体制の保守・安定化を図ろうとするものであったといえよう。そうした意味で、従来政治を忌避していた古い上層ミドルクラスが、いわば「貴族の義務《ノブレス・オブリージ》」ともいうべき意識のもとに政界に乗り出し、政治屋《ポリティシャン》としてではなく、政治家《ステイツマン》として政治を司ることを意識したわけである。

一九〇〇年の選挙の際に共和党はマッキンレーをふたたび指名したが、副大統領候補としてルーズヴェルトを指名した。それはルーズヴェルトがニューヨーク州知事として、進歩的な政治を行ない、名知事の名声を得ていたことにかんがみ、むしろ彼を副大統領という閑職につけることによって、いわば棚上げにすることを共和党のボスたちは考えていたのである。この意味ではからずも一九〇一年九月、マッキンレーが暗殺され、副大統領であるルーズヴェルトが大統領に昇任したことは、ボスたちにとって大きな誤算であったわけである。

この「進歩的」大統領も、必ずしも彼の年来の政策をなんの制約もなく実現できたわけではない。というのは、当時、立法部、ことに上院は共和党の大物・保守派（Old Guard）が支配しており、たとえばオルドリッチ（Nelson W. Aldrich）などが実権を握っていたからである。そこでむしろ、ルーズヴェルトは、立法の形態によってなし得ることよりも、行政首長としての権限においてなし得ることを実現する方向をとった。それとともに彼はその雄弁をもって――彼自身の言葉を使えば「議会を越えて」――直接国民一般に訴え、世論を動かすことによって自己の政策を実現しようと図ったわけである。彼がまず意図したことは、いわゆる「トラスト征伐」（trust busting）を唱えて、大企業をコントロールする姿勢を示すことである。一九〇二年十二月、ルーズヴェルト政権はヒル系統とハリマン系統との鉄道の合同を目指して組織された持株会社、北方証券会社（Northern Securities Company）に対し、同会社が反トラスト法違反であるとして、あえて起訴に踏切った。このことは従来、共和党と大企業との連携が、公然の事実として認められていただけに、財界を驚かせ、また国民一般に対しきわめて新鮮な共和党のイメイジを与えることとなった。なお、一九〇四年に、最高裁判所の判決によって、同会社は反トラスト法違反として解散を命ぜられる。

ただここで一つ注意しなければならないことは、ルーズヴェルトは「トラスト征伐」と称し、事実、トラストの起訴を行なったが、彼は企業の合同それ自体を否認していたわけではない。むしろ彼は、企業の合同化は社会進歩の一つの趨勢とみなしていた。ただ、そうした企業合同がいろいろ弊害を伴うことに対し、公共の立場から政府がそれを規制しなければならないという立場をとったわけである。実際、ルーズヴェルトの「トラスト征伐」の言明、および一連の企業合同に対する抑制措置にもかかわらず、企業の合同は進行し、彼の政権のもとで行なった合同に対する起訴件数は、のちの政権によって行なわれたものに比べて多くはない。

また、ルーズヴェルトは、いわゆるスクエアディール (square deal)、労働にも企業にも大衆にも「公正な扱い」をするということを唱えており、一九〇二年、ペンシルヴェニアの炭鉱で大ストライキが発生したときに、公共の利益の保護の名目のもとにこれに干渉して解決するにいたった。調停の名目の下に会社側の立場に立ってストライキの弾圧を行なうことが多かったこれまでの政府干渉に比べて、このルーズヴェルトのもとにおける干渉は、実際に企業と労働者の間の調停を図ったものであり、その解決が必ずしも労働者の十分満足するところでなかったにせよ、政府が労働者の立場をも考慮しているという公平のイメイジを確立した点で、きわめて大きな政治的効果をもたらしたものであった。

さらにルーズヴェルト政権は十九世紀後半のアメリカ経済の発展に従い、アメリカの豊富な天然資源が濫用されていくことを憂慮し、天然資源の保存政策 (conservation) の確立に乗り出していく。それは、フロンティアの消滅により、これまで無限に豊饒であると思われていたアメリカ大陸の自然が有限であることが判明した結果、その有限な資源を最大限有効に使用することが必要となったことを物語っていたといえる。この保存政策により、荒寥たるいわゆる砂漠地帯に対しても、灌漑と開拓の事業が着手される。

一九〇四年の選挙に際しては、以上のような彼の大統領としての実績の上に、共和党内における彼の指導的地位は確立し、圧勝をもって再選されるが、今や党内主流となったルーズヴェルトは、第二期には第一期と異なり、単に行政的手段のみならず議会における立法の形でもいくつかの改革を行なった。

その一つは、一八八七年に制定された州際通商法が実質的な機能を果していないところから、それを補強するものとして制定された一九〇六年のヘバン鉄道運賃規制法 (Hepburn Act) である。同法によって、州際通商委員会は命令によって適正な鉄道運賃を規定する権限を与えられたわけである。これ以外にも食用肉のトラストに対する監督の権限を連邦政府に与えた一九〇五年の食肉監督法の制定、また食料品と薬品の製造を監督する法の制定なども、私企業に対する公共の立場からする連邦政府の関与として注目すべき立法といえよう。

またこの頃、こうした連邦政府による改革のみならず、各州のレヴェルにおける改革が並行して進められていたことにも留意しなければならない。この州における改革についてとりわけ注目すべき点は、これらの改革が州議会に対する不信に裏打ちされており、いわば間接民主政に対して直接民主政的な要求を背景としていたことである。これら改革の代表的なリーダーとしては、ウィスコンシン州のロバート・ラフォレット (Robert Marion LaFollette)、カリフォルニア州のハイラム・ジョンソン (Hiram W. Johnson) などの名をあげることができるであろう。具体的には、党の候補者を決定するに当って、党員全体の直接投票によってきめるべきであるという直接予選《ダイレクト・プライマリー》の制度の採用である。この制度は、一九〇三年ウィスコンシンにおいてラフォレットの努力によって採用され、のちに各州に拡がり、一九一八年には四州を除くすべての州によって採用されることになる。のちには大統領選挙にまで及ぼし、大統領候補の指名に際して、この予備選挙制を使用する州法が、一九一〇年以来各州において採用されるにいたった。また直接立法の制度も多くの州において採用され、人民発案《イニシアティヴ》、あるいは人民投票《レファレンダム》による立法が、主として西部の諸州を中心に採用された。またリコール制すなわち人民の投票による公職者罷免の制度も採用された。これらの制度改革は、従来のボスによる政治支配に対抗し、政治参加の機会をグラスルーツの段階にまで大きく拡げる意図を内包していた。より一層の民主政治への期待は、まず政策決定の手段そのものをより広い民衆の手に納めようとする要求の形をとったということができるであろう。そしてそうした制度改革の結果、ある程度は州のレヴェルでの社会的立法も実現されていた。

以上のような政治的改革と並行して、記録文学の形で当時の政界の腐敗あるいは経済界の独占の弊害等を暴露するものが数多く現われたことを指摘しておきたい。その代表的なものとして、一九〇三年より雑誌『マックルアズ』(*McClure's* Magazine) に連載されたアイダ・ターベル (Ida M. Tarbell) 女史の『スタンダード・オイル会社の歴史』(*History of the Standard Oil Company*, 1904) をあげなければならない。ついでアプトン・シンクレア (Upton Sinclair)、あるいはリンカン・ステファンズ (Lincoln Steffens) らの著作をあげることができる。現状を赤裸々に描いた彼らの作品は、汚物をかき立てるもの、ひっかき回すものという意味から、マックレーキング (Muckraking) と称され、彼らはマックレーカーズ (Muckrakers) と呼ばれる。

ところで、一九〇八年の選挙を前にして、ルーズヴェルトは一応自己の目標を達成したものとして、政界からの引退を決意する。彼は、その約八年間の任期の間に大統領の指導性を確立し、共和党のイメイジを保守の政党から進歩・改革の政党へと転換せしめることに成功した。こうしたことから、彼はアメリカ社会の亀裂を癒して体制の安定化に成功したと考えた。ルーズヴェルトは、その後継者として陸軍長官でありかつ有能な法律家・行政家でもあるタフトを推す。タフトは、ルーズヴェルトの忠実な幕僚として、信頼するにたる政治家とみなされたわけである。これに対し民主党は三度ブライアンを立てるが、もはやこの時のブライアンには昔日の華々しい民衆政治家としてのイメイジはなく、選挙はルーズヴェルトの後光を背景にもつタフトの圧倒的勝利に終った。選挙に勝利した時のタフトは、大衆のイメイジからいうと、ルーズヴェルトの忠実な後継者とみなされていた。しかし共和党の内部にルーズヴェルトの任期の間も強固な保守派が存在し続けており、タフトはいわば共和党という組織の忠実なる執行者として、ルーズヴェルトの去ったのち、次第に共和党の保守派の見解を実行していくことになる。

ルーズヴェルトの後継者としてのタフトは、ある程度「トラスト征伐」を続行し、また州際通商法を鉄道のみならず電信電話などにも及ぼし、また憲法修正第一六条により連邦所得税の実施を可能にした。さらに彼の時代には憲法修正一七条により、上院議員の選出が一般民衆の投票による直接選挙制度によって行なわれることになる。タフトはこのように、確かに一面ではルーズヴェルト以来の「改革」をうけついだが、その反面において彼の施政が共和党の保守派の意向をある程度まで体していたことも否定できない。共和党内のオルドリッチなどに代表される保守《オールド・ガード》派と、ラフォレットなどに代表される革新《プログレッシヴ》派との激しい対立の渦中にあって、タフトはその立場を次第に保守派へと接近させていくわけである。

こうして共和党内において反主流となった革新派は、党内に別個の組織を形成することで、一九一二年の選挙に備えていこうとする。それがウィスコンシン州の知事を務めたのち、上院議員として活躍しているラフォレットを中心に組織された全国革新共和連盟（National Progressive Republican League）である。

かかる状況の下でアフリカ、ヨーロッパの旅行から帰国したルーズヴェルトは共和党の分裂をひどく憂える。ルーズヴェルトは、既成政党である共和党が大衆の間で革新のイメイジをもたれることこそ、体制の安定にとって必要であるとみなしていたわけであるが、それが今や保守派の支配するところになったことは、いわば彼のきずいた土台を無にしてしまうこととして、保守派を批判する。彼は各地で講演し、「新しい国民主義」（New Nationalism）を唱える。その内容は、先に刊行されていたハーバート・クローリー（Herbert David Croly）の

『アメリカ社会の理想』(*The Promise of American Life*, 1909)を通俗化したものともいえるが、要するに自由放任主義の是正、公共の福祉のための私企業の監督の必要を説いたものである。ルーズヴェルトは政界への復帰を意図し、自己のリーダーシップのもとで共和党をふたたび統一することを決意した。しかしこの問題は共和党の革新派に対して、一つの矛盾をもたらすことになる。つまり今まで指導者として仰いできたラフォレットを下してルーズヴェルトをふたたび迎えるかという問題である。紆余曲折を経たのち結局共和党の全国大会で保守派はタフトを推し、革新派はルーズヴェルトを推すが、投票の結果、保守派のタフトが共和党大統領候補に指名されることになった。ルーズヴェルトは共和党を離脱して別個に革新政党をつくることを意図し、ここに革新党(Progressive Party)が形成される。一九一二年八月シカゴの大会で採択された革新党の政綱には、直接予選、婦人参政権などをはじめとする、より広汎な民衆に政治参加への道を開く施策が約束され、また経済的には企業の合同に対する監督の励行、関税の改革、累進所得税制、銀行制度の改革、労働条件の改善などがうたわれていた。

一方、斬新な大統領候補を求めていた民主党は、結局プリンストン大学の総長を務めたあと、ニュー・ジャージー州知事としてその行政手腕と識見とを高く評価され、名声を博していたウィルソンを指名することとなった。彼はニュー・ジャージー州知事の二年間に、多くの改革を断行し、民主党のマシーン政治家を攻撃したことから、一般に革新的というイメイジを確立していたのである[2]。

一九一二年選挙を見るさい、二大政党および革新党以外に重要なのは社会党であろう。先にのべた社会主義労働党がマルクス主義政党であり、ドイツ系移民を主たる党員としていたのとは異なり、社会党(Socialist Party)は同じく社会主義政党ではあるが、アメリカ生れの指導者をもつ政党として、一九〇〇年の選挙以来候補者を立てて大統領選挙を戦ってきていた。その候補者は、一九〇〇年、一九〇四年、一九〇八年の選挙を通じて、プルマン・ストライキにおいてその指導力を高く買われていたユージン・デブスであった。そして一九一二年の選挙のときも、デブスは四たび大統領候補として社会党より立候補する。

かくて一九一二年の選挙は主に以上の四人の候補で争われるが、そのうちタフトを除けばいずれもが革新であることを標榜していたことは、注目してよい。この選挙戦の中心は、ルーズヴェルトとウィルソンとの闘いとなるが、ルーズヴェルトが先のニュー・ナショナリズムをかかげたのに対し、ウィルソンはニュー・フリーダムをかかげる。ニュー・フリーダムとは、アメリカ社会がかつてもっていたような機会均等・自由競争などの特徴をもはや失い変質しつつある状況に対し、ふたたびこれらの自由をとり戻そうという主張である。ルーズヴェルトのニュー・ナショナリズムが前世紀末以来の組織の巨大化自体は必然的な社会的趨勢として認めていたのに対し、ウィルソンのニュー・フリーダムは、そのような組織の巨大化それ自体を悪とする考え方を背後に据えていたといえよう。ルーズヴェルトのニュー・ナショナリズムの背景に、ハーバート・クローリーがあったごとく、ウィルソンのニュー・フリーダムの背景には、弁護士のルイス・デムビッツ・ブランダイス (Louis Dembitz Brandeis) がいたといわれる。この選挙の結果、ウィルソンは一般投票の過半数は獲得しえなかったものの、選挙人票では四三五票を得て、ルーズヴェルトの八八票、タフトの八票を大きく引離して当選する。ウィルソンの得票を分析してみるならばそれは、農村と南部とに重点があり、東部では彼は、むしろ共和党がルーズヴェルトとタフトに分裂したことから漁夫の利を得たと考えられる。なおこの選挙で注目すべきことは、社会党のデブスが票数にして約九〇万、全体の六パーセントを得ていたことであろう。民主党も革新党も革新を標榜していたときに、社会主義政党が六パーセントを得たことは、やはり注目すべきことといわなければならない。

ウィルソンがまず着手した政策は関税の引下げであった。かねてより強く要求されていながら、議会での反対の故に実現できなかった関税引下げを、ウィルソンはアンダーウッド関税法（Underwood Tariff Act, 1913）によって実現する。この立法により関税の引下げと合わせて所得に対する累進的課税も実現されることになった。次に彼が行なったのは、連邦準備法（Federal Reserve Act, 1913）の制定による、アメリカの通貨制度および銀行制度の改革であった。全国を一二銀行区に分けて、連邦準備券を発行せしめることを定めた同法は、通貨に伸縮性を与えることになり、アメリカの銀行制度の基本となった。第三は独占に対する規制問題で、従来の反トラスト法がザル法であったのに対して、ウィルソンはトラスト監督をより有効ならしめるためその改正を考え、一九一四年九月連邦取引委員会法（Federal Trade Commission Act）を制定せしめた。さらに同年にはクレイトン反トラスト法（Clayton Anti-Trust Act）を制定して、既存の独占禁止法を補強することになった。ことに既存の独占禁止法が労働者や農民の組織に適用されたことにかんがみて、クレイトン法はそのような適用をあらかじめ禁止するなど、労働者保護を明確にしていた。クレイトン法はさらに兼任重役制度の禁止なども規定し、従来のシャーマン反トラスト法にくらべると、トラスト規制の有効性は格段の進歩をみせたのである。ちなみに同法は、しばしば労働者のマグナ・カルタとまで称揚された。その他ウィルソンは、農民に対する長期低利の貸付けの道を開くために一九一六年の連邦農場貸付法（Federal Farm Loan Act）を制定し、また鉄道関係の労働者に対する八時間労働制を認めさせたアダムソン法（Adamson Act, 1916）なども制定した。かくしてウィルソンはその第一期の任期の間にかなりの改革的政策を、立法の形で実現することができたわけである。

ところでルーズヴェルト、タフト、ウィルソンの三人の大統領に共通していえることは先にもふれたように、彼らがともに自覚的な指導者——つまり大統領のリーダーシップを自覚的に発揮した大統領であった点であろう。しかしこのことは、じつは彼らの指導者としての自覚やエリート意識だけに還元される問題ではなく、このような大統領を必要とした社会状況によることを考慮しなければならない。十九世紀末期にいわゆる自由放任《レッセフェール》の時代が次第に幕を閉じ、それと共に国家機能の拡大が社会の各方面から強く要請されるにいたっていた。つまり立法国家より行政国家への転換が二十世紀初頭にみられ、それがこれらの革新主義の大統領の手によって現実化されていくといった方が、大統領個々のパーソナリティにその指導性の特質を還元してしまうよりはより客観的であろう。

ともあれ、一九一六年の選挙にはウィルソンは改革を実現した大統領としてきわめて人気が高く、共和党の立てた元ニューヨーク州知事、最高裁判所判事のヒューズ (Charles E. Hughes) を破って再選されることになる。その結果には彼の国内政策面でのこれまでの実績だけではなく、じつはすでに一九一四年ヨーロッパにおいて始まっていた第一次大戦に当面して、「彼がアメリカを参戦から救った」(“He kept us out of war”) という選挙のスローガンが強く作用していたことも否定できない。

ここでわれわれは、第一次大戦にいたる革新主義時代の対外政策に眼を転じなければならない。

3　革新主義と対外政策

先にのべたように、米西戦争によりアメリカは世界強国になり、国際政治に深く関与するようになった。革新主義は国内の改革を目指すものではあるが、積極的な対外政策を展開する点で米西戦争の結果を受け継ぐものでもあった。

その対外政策の展開において、ルーズヴェルトにはその「棍棒外交」(Big-Stick Diplomacy) に強調されるように、権力政治的発想が強く、タフトは「ドル外交」(Dollar Diplomacy) と称されるごとく、経済的利益の促進に重点をおき、ウィルソンには、人が「使命外交」(Missionary Diplomacy) と呼ぶがごとくイデオロギー的色彩が強かった。(3) このようにたまたま三人の革新主義大統領が対外政策の基本的要素である権力と経済的利益とイデオロギーとのそれぞれの側面を、それぞれ象徴的に示したとはいえ、三人の政権いずれも国際状況に強い関心をいだき、アメリカの国際的地位を強めんとした点では共通していた。その国際的関心の背景には、ルーズヴェルトにおいてもっとも顕著であったごとく体制の不安定を、外延的関心によってある程度安定化させるという意識もあったことは否めない。しかしいずれにせよ、今や世界一の工業国となったアメリカの国際的経済地位が、従来のごとき孤立主義を維持せしめることを困難ならしめてきたといえよう。

ルーズヴェルト政権は、対ラテン・アメリカ政策において、モンロー主義の拡大解釈、いわゆるルーズヴェルトのモンロー主義の「系論」(Roosevelt Corollary) といわれる立場を展開した。いいかえるならば、一八九五年のヴェネズエラに関する問題に際して時の国務長官オルニー（Richard Olney）の発したモンロー主義の拡大解釈を、さらに拡大し、アメリカが国際的警察機能を西半球においてもつものであることを主張したわけである。その具体的展開が、いわゆるカリビア政策（Caribbean Policy）といわれるものであり、カリブ海に存在するキューバ、ドミニカ共和国、ニカラグァ、ハイチなどの小国に対する実質的な保護国化政策となって現われる。ことに、その「棍棒外交」を最も顕著に果したのが、パナマ運河建設計画であろう。アメリカはかねて太平洋、大西洋を結ぶ運河の建設を希望していたが、イギリスとの間の交渉がまとまらず、その実現を見なかった。一九〇一年、イギリスが譲歩をなし、中米においてアメリカが単独で運河を建設することを認めるにいたった。ルーズヴェルトはこの運河の建設地帯としてコロンビア領パナマ地区を選び、コロンビア政府に対して六マイル幅の運河地帯の九九ヵ年の租借と、それに対する一時金一〇〇〇万ドルおよび年金二五万ドルの支払いを約束する条約を結ぼうとしたが、コロンビア上院はこれを拒んだのである。それを背景に、パナマ運河地帯の住民が、コロンビアよりの独立を決意し、一九〇三年十一月パナマ共和国の独立を宣言した時、アメリカ海兵隊が介入し、直ちにアメリカがこの独立を承認し、その直後パナマ共和国とアメリカとの条約締結によって、アメリカはパナマ運河地帯の永久租借権を得たのである。このいささか強引な運河建設政策は、アメリカ内外からの激しい非難を受けることになった。しかし、ここに大西洋と太平洋を結ぶことが可能になり、運河は一九〇四年着工、一九一四年完成する。

タフト政権のもとでも、カリビア政策は基本的には継承されていた。しかしその手段としては、海兵隊よりはむしろドルを使うことを主とした。海外投資をさかんならしめることが、タフトおよびその国務長官ノックス

(Philander C. Knox) の主たる関心事になる。

ウィルソンの時代になると、一見彼は小国に対する武力干渉に反対とみえたのではあるが、現実にはメキシコで革命が起ったとき、その政権が独裁軍事政権であるから承認できないとして、積極的な内政干渉を起し、アメリカ市民がたまたま殺害されたのを契機に軍隊を派遣することまで行なう。ウィルソンのウェルタ (Victoriano Huerta) 軍事政権の不承認は、事実上の政府を承認するという国際法上の慣行とは異なった、イデオロギーの立場から承認するかしないかを定めるという、アメリカ特有の承認理論の先駆といえよう。ウィルソン政権はその他にも、ハイチ、ニカラグァなどに対して、軍事的財政的干渉を行なう。かくして、革新主義諸政権によるカリビア政策が、ラテン・アメリカ諸国に対して「北方の巨人」アメリカによる内政干渉という現実と映像とを確立し、ことに海兵隊の活動が、ラテン・アメリカ諸国民の間に、アメリカに対する強い反感と不信とをもたらしたことは否定し得ない。

対アジア政策についていうならば、米西戦争によってアメリカは太平洋国家となり、アジアにおける勢力均衡の維持に関し重大な関心をいだくにいたったわけであるが、革新主義諸政権はいずれもその点においては基本的には変りなかった。ただし、そこでもルーズヴェルトの権力政治的発想、タフトの「ドル外交」、そしてウィルソンのイデオロギー政策といったものが、ニュアンスの違いとなって出ていることは、注目に値しよう。

ルーズヴェルトは米西戦争にあたり、ハワイ併合、フィリッピン領有を主張したのであるが、しかしフィリッピンの領有がアジアにおけるアメリカの前進基地を形成すると共に、また同時に戦略的に弱点を形成し、いわゆる「アキレス腱」となることも自覚する。それ故にこのフィリッピンの領有を確保するために、ある程度日本との妥協もやむを得ないことを認めていた。またアジアにおいて特定国が独占的な支配を行なうことを排するという勢力均衡の観点から、日露戦争（一九〇四—〇五年）においてロシアを抑制する対抗勢力としての日本を、財政的・道徳的に援助した。しかし同時にルーズヴェルトは、日露戦争の結果が日本の圧倒的勝利に終り、日本がロシアに代って中国に対して独占的な進出を行なうことを鋭く警戒した。以上の配慮のもとに、一方で戦争中に陸軍長官タフトを日本に派遣し、一九〇五年七月桂＝タフト覚書（Taft-Katsura Memorandum）を結ばせて、日本の韓国における宗主権を認めると共に、アメリカのフィリッピン領有をも確認させる。またポーツマス条約の斡旋をして、日露両国をしてそれぞれ均衡を保たしめつつ戦争を終了させることに成功した。さらに一九〇八年十一月には国務長官ルート（Elihu Root）をして高平大使との間に、高平＝ルート協定（Root-Takahira Agreement）を結ばせ、太平洋における現状維持と、中国における門戸開放主義とを確認せしめるわけである。

ところで日露戦争以後、日米関係は急速に悪化していく。アメリカはペリーによる開国以降、いわば日本の「近代化」を助けるものとしての自己像《セルフ・イメイジ》をいだき、また日本もアメリカに対し「近代化」の一つの範例として親近感をいだいていた。しかも両国の間に特に紛争の原因となる争点もなかったことから、一八五〇年代から一九〇〇年にいたる半世紀間の日米関係は、基本的には友好関係にあったといえる。ことに列強による中国分割が起るや、アメリカは日本が勢力均衡維持の一つの力として機能することを期待した。しかし日露戦争によって日本が勝利を占めると共に、両国の関係は大きく変らざるをえない。すなわち今やヨーロッパ諸国に代って、日本自体が中国に対して積極的な進出を行なうことが警戒されるにいたったわけである。

日露戦争に勝利をえて、著しく高揚した日本のナショナリズムは、アメリカを仮想敵国として、いわゆる八・八艦隊の建設に見られるような、強力な軍事力の養成に努力する。しかもその時、太平洋岸サンフランシスコ市において、日系移民の児童に対する差別教育問題が起り、日本人移民排斥の動きが顕著に見られたことは、日本のナショナリズムを激しく逆なでする。ここにおいて急激に日米間の感情は悪化し、しばしば日米戦争論が日米両国内において議論されるにいたった。この移民問題は、本来アメリカにとっては地方問題であり、連邦政府の直接管轄することではなかったが、ルーズヴェルトはカリフォルニア州の要人を招くなどして、日本の世論の鎮静に努めた。さらに一九〇七年におけるいわゆる紳士協定（Gentlemen's Agreement）によって、日本側が移民を自主的に規制するということで、暫定的な解決を見るわけである。ルーズヴェルトは、日本の急激な強国化に危惧を抱き、いわばそれに対するアメリカの武力誇示の意味を含めて、アメリカの艦隊をして世界一周（一九〇七年十二月—一九〇九年二月）、日本を訪問せしめるが、日本の当時の指導者は日露戦争直後アメリカと事を構える意図はもちろんなく、艦隊の日本訪問は友好裡に終了した。しかしこの訪問は、日本の八・八艦隊の建設と相まって、両国が太平洋においてそれぞれ軍事力を増強しつつ相対峙するものであることを象徴的に物語っていた。

タフト時代、基本的にはルーズヴェルト政権時代のアジア政策が継承されるが、南満州鉄道の中立化・国際化の主張によって、「ドル外交」が積極的に展開されるにいたる。この満州鉄道の国際化の試みは、日本およびロシアの反対にあって挫折するが、タフト政権はさらに中国に対する国際的な借款という形で経済的な進出を図っていく。

ウィルソンの政権になると、ウィルソンは中国における辛亥革命を歓迎し、中国が帝政から共和制に移行したものとし、ここにいわゆる「姉妹共和国」のイメイジが形成される。当時中国に多く派遣されていた宣教師の活動とも相まって、中国がアジアにおける共和国として成長するということが、米中の幻想的心理的な一体感を養成する。ウィルソンは少なくとも就任当初は、中国の主権を侵すものとして、中国に対する国際的借款団にアメリカが加わることに反対であった。もっとも、この借款問題については、のちにその態度を是正せざるをえなくなっていく。共和国となった中国の主権の維持、門戸開放は、ウィルソン政権の大きな課題となるわけであるが、第一次大戦が勃発し日本がいわゆる対中国二一ヵ条要求を出すにいたり、アメリカは一つの矛盾に逢着する。つまり、大戦勃発というヨーロッパの勢力均衡問題をかかえ、アジアに深入りする現実的な余裕がないという事実と、日本の二一ヵ条要求が明らかに中国の門戸開放を侵すものであるという事実との間の矛盾である。一九一五年五月、アメリカはブライアン国務長官の名のもとに、日本に対して二一ヵ条要求が中国の領土的政治的保全を損い、いわゆる門戸開放政策に反対するものであることを指摘して、これに抗議し、アメリカは日本と中国との間に定められた決定を認めないという、いわゆる不承認主義をここで表明するわけである。しかし他方、アメリカはヨーロッパの戦争に介入を余儀なくされ、連合国側の一員として日本と協力して戦わざるをえなくなる状況において、日本との間に一時的な暫定的な妥協を取り結んだ。それが一九一七年の十一月に結ばれた国務長官ランシング (Robert Lansing) と石井菊次郎特派大使との間のいわゆる石井゠ランシング協定 (Lansing-Ishii Agreement) である。一方で中国における門戸開放主義の原則を再確言しながら、他方で満州における日本の特殊利益を認めた同協定は、アメリカの当面する矛盾を示すと共に、ウィルソン外交の現実主義的側面を示すものといえよう。

(1) マハンは、海軍士官として艦上において活躍するよりは、海軍史家として海軍大学校の教官室において文筆をもって活躍することを、より好んだ。もっとも、*The Influence of Sea Power upon History, 1660–1783* (1890), *The Influence of Sea Power upon the French Revolution and Empire, 1793–1812* (1892) の二冊が中心をなす彼の数多い著述は、海戦史、戦術的な軍事史であると共に、より広く政治的・イデオロギー的な観点から書かれた所論も多い。知人にもT・ルーズヴェルトをはじめ共和党系の政治家の多いマハンは、軍事専門型よりは政治志向型の軍人であった。事実、彼は、その大海軍の建設、商船隊の増強、海軍基地の獲得、植民地の領有などの主張を通じ、十九世紀末のアメリカ膨張主義の最も雄弁な代弁者、イデオローグとしての役割を意識的にも結果的にも果している。彼の著述は海外においても広く読まれ、訳され、その影響力は世界的であったといってよい。ちなみに、わが国でもマハンの著作は多く訳出されている。日本海軍によって、上記二著が『海上権力史論』(水交社、明治二九年)、『仏国革命時代海上権力史論』(水交社、明治三三年)の題の下に邦訳され、海軍大学校の教材として使用されている。私の知りえた限りでも、このほか『ネルソン伝』(海軍教育本部、明治三九年)、『海軍戦略』(海軍軍令部、昭和七年)の訳本がある。なお、日本海軍においても、マハンを海軍大学校の教官として傭聘する具体的計画があったようである。島田謹二『アメリカにおける秋山真之』(朝日新聞社、一九六九年)参照。

(2) ウィルソンは、プリンストン大学卒業後、当時学術的な大学院教育で有名なジョンズ・ホプキンズ大学に移り、ドイツ流の実証史学の指導者として著名であったアダムズ教授 (Herbert Baxter Adams) の下で学ぶ。ちなみに、その同窓生には新渡戸稲造がいた。ウィルソンはドイツ流の史学にはなじまず、むしろバーク、バジョットなどのイギリス流の政治論に関心をもち、イギリスの議院内閣制、それに基づくイギリス首相の強力な指導力に強く惹かれていた。その観点から、ウィルソンはアメリカ流の三権分立制を検討し、ことに議会における委員会中心主義を批判『連邦議会政府論』(*Congressional Government*, 1885) というすぐれた政治学上の著述を刊行し、博士号を得る。大統領に就任したウィルソンは、この理想を活かし、自らをイギリス首相になぞらえて、ジェファソン以来廃止されていた議会で大統領自身が教書を読む慣行を復活させ、強力な指導力を発揮しようとし、また事実発揮する。しかし、その晩年は議会と国民から全く遊離した大統領として、ホワイト・ハウスの奥深く病床に横たわることになる。

(3) 「物やわらかに話し、大きな棍棒をもって行け、そうすれば遠くまで行ける、という西アフリカの格言を私はいつも大切にしている」T・ルーズヴェルト、一九〇〇年。「現政権の外交は通商という現代的観念に即応せんとするものである。」

その政策の特色は、弾丸に代えるにドルをもってするものといえよう」W・タフト、一九一二年。「ウィルソンも〔国務長官〕ブライアンも……世界におけるアメリカの使命《ミッション》という観念にとりつかれていた。彼らは、基本的に宣教師、伝道師であり、他国の平和と福祉についてその国の指導者よりも弁えているという自信をもっていた」Arthur S. Link, *Woodrow Wilson and the Progressive Era: 1910–1917*, 1954, p. 81.

第八章　第一次大戦と二〇年代

第一次大戦はアメリカ史の解釈において、従来それほど大きな位置を与えられてはいなかった。ヨーロッパ史において第一次大戦が占めた決定的な重要性に比すれば、アメリカ史においては第一次大戦はしばしばエピソードのごとく取り扱われてきた。事実第一次大戦そのもの、またそのアメリカ社会へ与えたインパクトよりも、第一次大戦への参加過程、そして第一次大戦後の戦後処理、ヴェルサイユ条約批准の失敗などの面が大きく取り扱われてきたといってよい。しかし、第一次大戦はアメリカ社会にとってやはり全体戦争・総力戦争であり、国内的にもアメリカ社会に与えたインパクトはきわめて大きかったし、ことに対外的にはアメリカの国際的地位を決定的に変えることになったことは、十分注意されてしかるべきであろう。

第一次大戦に続く二〇年代も、革新主義とニューディールとにはさまれたいわば谷間の時代として、あまり重要視されてこなかった。たしかにこの年代は「凡庸」の時代であり、政治的にも疑獄事件のごときものを別とすれば、耳目を聳動させるような事件、あるいは新しい政策の展開などをみなかった。しかし、そうした表面的な平静・平常の下でアメリカ社会は第一次大戦下の生産力拡大を背景として、大量生産・大量消費の時代、いわゆる大衆社会の時代、大衆民主政の時代へと決定的に移行していく。その点、二〇年代は現代アメリカ社会と称せられるものが定着した時代ということができよう。当然それはアメリカの政党政治の上にもインパクトを与え、政党の再編が広汎に行なわれる。二〇年代に、民主党が農村の政党から都市の政党へと変容をとげ、その後長くアメリカ政治において多数党の地位を占める前提をつくったことは注目されてよい。

1 第一次大戦とアメリカ

ニュー・フリーダムの旗印のもとに、ウィルソン政権が国内改革を実現しつつあったとき、一九一四年の夏、ヨーロッパにおいて第一次大戦が勃発する。ウィルソンは直ちにアメリカの中立宣言を行ない、事実中立の維持に努めた。アメリカ国民も、全体としては、これをヨーロッパの戦争として、中立を支持していた。

ところで、大戦勃発当時アメリカ経済は軽度の不況に見舞われていたが、大戦の勃発はやがてヨーロッパからの軍需をもたらし、これを契機としてアメリカ経済の景気は上昇する。ことに英仏側からの軍需は著しく増大し、戦局が長期化するにつれ英仏はアメリカに支払うべきドルに不足してくる。そこで英仏に対する軍需品の信用売りが問題となり、結局、アメリカの銀行が英仏など交戦国に資金を貸与し、その資金で交戦国がアメリカの軍需物資を購入することを認めることになった。その結果一九一七年参戦時に、アメリカは連合国側に対して二三億ドルの債権を、独墺側に対してはその一〇分の一たらずの債権をもつことになった。この債権の比率からしても、債権者としてのアメリカは連合国側により大きな担保をもつことになったといえよう。

しかし、アメリカ参戦のより基本的な背景としては、アメリカの対ヨーロッパ外交の伝統的な基本政略を考えなければならない。それは特定の一国がヨーロッパを制覇し、その上でアメリカ大陸に対して干渉してくる危険性を防ぐために、ヨーロッパ各国間の勢力の均衡を保たしめようとする政略である。この点、一八七一年以来新興ドイツ帝国がヨーロッパ大陸において次第に優勢となり、ヴィルヘルム二世（Wilhelm II）時代にはその「世界政策」の下にメキシコなどにまで関与する傾向を示していたことは、アメリカの警戒心をドイツに向ける原因となった。ドイツがヨーロッパ大陸において圧倒的に優勢となり、連合国が敗北するというような事態は、アメリカにとってその権力政治的発想からいってけっして望ましいことではなかったのである。

アメリカはかつて独立戦争で母国イギリスと敵対し、アメリカ人の心情にイギリスに対する反発が伝統的に存在していたことは否定できない。しかしまた同時に、アメリカ人の祖先にはイギリス人が多く、同じアングロサクソン民族としての一体感が存在し、この一体感は、アメリカが世界一の工業国となり、もはやイギリスに対して劣等感をいだく必要がなくなったこと、また社会進化論の影響もあってアングロサクソン民族優位論が一般に流布されたことなどにより、強まる傾向にあった。事実、中には英米同盟論などを説くものもあった。しかも、時の大統領ウィルソンは、イギリスの政治制度、政治の運営に対して深い敬意をいだき、個人的には心情的に親英的であった。

これらの理由からアメリカには、次第に連合国に対する同情の気運が強まるが、他方アメリカには独墺系の移民も少なくなく、そうした移民の独墺側に対する同情心がアメリカの態度決定に少なからぬ制約を与えていたことも否定できない。このような独墺系移民の存在にもかかわらず、アメリカの反独感情を強く刺戟した原因としては、ドイツ軍がベルギーの中立を蹂躙した事実、またそれに伴う英仏側の宣伝、ドイツの無制限潜水艦戦、ことに多くのアメリカ市民の生命を奪った一九一五年五月のドイツ潜水艦によるルシタニア号（*Lusitania*）撃沈などをあげることができよう。しかし、ウィルソンが「彼はアメリカを参戦から救った」というスローガンのもとで一九一六年に再選されたことは、逆にドイツをして、アメリカは当分参戦しないであろうとの誤算をさせることになった。アメリカの中立を当てにして短期決戦を意識したドイツが、無制限潜水艦戦を一九一七年二月再開したことによって、ついにアメリカは一九一七年四月参戦に踏み切る。以上のようなアメリカ参戦の背景をみる際に、議会における宣戦の布告の決議にあたり、上院では六票、下院では五〇票の反対票があり、その多くが中西部のドイツ系の移民の多い州の投票であったことは、注目されよう。また同時にそれらの反対票の多くが人種的民族的な観点だけでなく、腐敗したヨーロッパ列強の紛争にかかわることなく、アメリカ国内の改革に専心すべきであるという、孤立主義的な革新主義的発想に基づくものもあったことも注目してよい。

参戦と共にアメリカは、軍事的に経済的にさらには社会的・思想的に、総動員体制を急速に整える。平時は戦時に一八〇度きりかえられることになる。陸軍は二十世紀初頭に陸軍長官ルートの下で、ある程度の改革は行なわれていたものの、第一次大戦前の正規軍兵力は八万という小規模のものであった。しかし、参戦と共に選抜徴兵法が成立、四〇〇万余りの大軍を動員するにいたり、そのうち二〇八万はフランス戦線へ派遣されるにいたった。また海軍も十九世紀末徐々に近代化されつつあったが、一九一六年大建艦計画が成立、「世界一の海軍」(A Navy Second to None) の建設が目指されることとなった。参戦とともに軍需品その他の物資の補給、兵員の輸送を確保するために、「船による橋」の作戦がとられ、ドイツの潜水艦戦に対しいわゆる護衛船団方式が採用される。さらに軍需品の生産に大々的な努力が払われ、戦時産業局 (War Industries Board) が設立され、一九一八年三月改組強化されて、バーナード・バルーク (Bernard M. Baruch) がその局長としてアメリカ経済を国家統制のもとにおくことになる。単に狭い意味の軍需品だけではなく、食糧や燃料などの生産奨励や消費規制も積極的に行なわれる。そして、こうした生産品を能率的に輸送するため、鉄道も国家管理のもとに置かれる。このことは、自由放任主義をたてまえとするアメリカ経済史上、かつて例をみなかったところである。戦時景気のもとで生産は著しく拡大するが、その間労使間の調停についても、政府が積極的に関与した。また巨額の戦費を調達するために、きわめて累進性の高い所得税また法人税を課すると共に、巨額の公債を発行する。

経済的な統制と共に、ヨーロッパ戦争への介入という政策を、国民にいわば売るために、広汎な宣伝活動が行なわれるようになった。戦争遂行に際して人種的に不統一な国民を、人為的に統一し、その忠誠を調達・確保していく必要があったわけである。積極的には、一九一七年には国家広報委員会 (Committee on Public Information) と称する宣伝機関が設けられ、大々的な戦争への精神的動員が行なわれた。消極的には、この戦争遂行を妨害するものを排除するという意味で思想的な統制が敷かれることになる。一九一七年の防諜法 (Espionage Act)、その改正法たる一九一八年の治安法 (Sedition Act) がこれであり、その結果、たとえばユージン・デブスなど、多くの反戦活動家が投獄されるにいたった。いわば外におけるデモクラシーのための戦いは、その結果として内における思想統制を招来し、外に国際主義的介入は内に国家主義的抑圧をもたらした。

戦争遂行の努力と並行して、ウィルソン大統領はつとに戦後の平和構想を公にしていた。参戦前の一九一七年一月に「勝利なき平和」(Peace without Victory) を訴えて、この戦争がどちらか一方の側が勝者という立場に立つことなく終るべきことを示唆していた。参戦したのちの一九一八年一月に、ウィルソンは有名な「一四ヵ条」(Fourteen Points) を講和の条件として提唱し、そのもとにおける平和の回復を、アメリカ国民および交戦諸国に訴える。その一四ヵ条を要約すれば次のごとくなろう。一つは公開外交の提唱、つまり秘密外交の排斥である。二つは公海自由の原則であり、アメリカが年来主張してきたところである。三は通商障壁の撤廃であり、自由貿易を訴えている。これはウィルソンの年来の主張であるが、必ずしもアメリカの中に賛成が多いとは限らない。四が軍備縮小問題である。五が植民地人要求の公正な解決である。さらに、いわゆる民族自決主義に基づくいくつかの具体的提案があり、最後に規約による国際機構の樹立がある。この一四ヵ条は、ウィルソンの理想主義外交を代表するものと称せられることが多い。しかし、大戦によって変わったあるいは変わるべき国際政治上あるいは国際経済上のアメリカの地位を考えるとき、この構想は、世界一の生産力をもつアメリカの長期的利益にとっては、きわめて現実的な構想というべきであろう。

一九一八年十月、ドイツはウィルソンに対し、一四ヵ条の条件を土台にした講和交渉を申し入れ、十一月十一日休戦(Armistice)をみるにいたり、ここに第一次大戦は一応終了することになった。講和会議にあたっては、ウィルソン自らパリに渡り講和条約の交渉に当ることになる。しかし皮肉なことに、公開外交を謳ったにもかかわらず、いざ講和会議が始まると、いわゆる権謀術数に基づく秘密外交のうちに外交交渉は進められることになる。しかもアメリカ国内では、すでに一九一八年の中間選挙で上院において共和党が僅少の差とはいえ多数を占めるにいたり、ウィルソンの国内的指導力は弱まりつつあった。

一般的にいって、参戦と共にヨーロッパの紛争に積極的また熱狂的に介入したものの、いざ休戦となればヨーロッパの問題から急速に離脱したい心情がアメリカ国民に支配的であったといえよう。一九一九年六月、パリにおいて講和条約は調印され、ウィルソンはそれをもち帰って上院に対しその批准に対する同意を求めることになるが、戦争の終了と共に国内の統一は今や政党間の権力闘争により分裂しつつあった。ウィルソンの精力的な国民への訴えにもかかわらず、紆余曲折を経たのち、条約に対する上院の同意はついにこれを得ることができず、ウィルソンのもとでつくられた国際連盟にアメリカ自体は参加しないという結果を招くことになる。ウィルソン自身はその任期終了の間近、ホワイト・ハウスの奥深く病床の身にあって、国民からまったく遊離した存在となってしまう。

かくしてヴェルサイユ条約はアメリカによって批准されず、アメリカはふたたび孤立主義の伝統に戻ったかのごとく見えた。また第一次大戦はデモクラシーのための戦争とされて、大いに国民の戦時意識の昂揚が企てられたが、戦争終了と共に訪れたのはむしろ幻滅であり、多くの知識人たちはやがて「失われた世代」として、この第一次大戦参戦を批判することになる。軍隊も急速に復員が完了し、ふたたび小規模の陸軍に縮小する。経済上の諸統制も戦争終了と共に早急に解除され、ふたたび自由放任《レッセフェール》の原則が謳歌されることになる。その限りにおいて、第一次大戦はたしかに一つのエピソードにしかすぎなかったかのごとき感があった。

しかし、どれだけ国民に意識されたかは別として、この大戦のアメリカ社会に与えたインパクトはきわめて大きいことも認めなければならない。国内的には、革新主義が試みつつも十分果し得なかった私企業の活動に対する国家の介入・統制が、戦争遂行の故に現実に行なわれることになった。国家と企業との、さらには労働との三者が、一応戦時の例外的現象としてであれ、相互に協力・癒着したことは、アメリカ史上きわめて重要な事象というべく、後のニューディール体制、第二次大戦の戦時経済、そして戦後経済の在り方を示唆するものといえよう。それと関連して、小規模な軍隊しかもたなかったアメリカが、二〇〇万を越える軍隊を海外に派遣し、大戦の帰趨に重大な役割を果したことは、戦後の急速な復員による軍隊の縮小にもかかわらず、アメリカが潜在的な軍事大国であること、しかもその軍事力はヨーロッパの均衡を左右しうる程であることを証明したものとして、これまた大きな意味をもったものといわなければならない。(1) ヨーロッパとの関係についてさらにいえば、アメリカは戦前まで債務国であったのが、戦争を通じて債権国に変り、その巨大な経済力が連合国の戦時経済を支えたこともあって、戦後ヨーロッパに対して強力な発言力をもつことになる。その点、戦後のいわゆる孤立主義的心情の復帰にもかかわらず、第一次大戦はアメリカが国際政治に恒久的に介入する転機をなしたといってよい。

この国際政治への恒久的な介入は、アメリカ社会内部へ異常な緊張を与えざるをえない。人種的な多様性を人為的に統合するため、第一次大戦がアメリカにナショナリズムの昂揚を招いたことはすでにふれたが、一九一七年のロシア革命の結果、社会主義国家が実現したことは、アメリカ社会に強いインパクトを与えずにはおかなかった。それは単に資本主義対社会主義というイデオロギー上の対立を激化したというだけではない。一九一九年の第三インタナショナル(コミンテルン)の形成、アメリカ共産党の誕生は、アメリカの国内的・体制的統一性を外から内から脅かす国際組織の出現として受けとめられたのである。生物学的・自然的な統合を有しないアメリカ社会にとって、人為的・信条的な統合は本来不可欠であるが、それだけに外来的・国際的信条、また外来的・国際的組織についてはきわめて警戒的である。内に異質的な移民が大量に流入し、外にアメリカが世界大に進出してゆく状況の下での、社会主義国家の出現、その国際組織そしてその国内組織とみなされるものの出現は、アメリカ社会の統合にとっての脅威、危機として受けとめられ、過剰な反発と警戒とを生んだ。司法長官パーマー(Alexander Mitchell Palmer)の下での苛烈な「赤狩り」、社会党下院議員バーガー(Victor Louis Berger)の逮捕と議席拒否、ニューヨーク州議会における社会党議員五名の追放、アナーキストのサッコ (Nicola Sacco) およびヴァンゼッティ (Bartolomeo Vanzetti) に対する殺人罪の故をもってする逮捕と処刑（一九二七年）は、この脅威の幻想と排外による統合の現実とを物語っている。南北戦争後南部社会に登場したKKKにならって、一九一五年KKKが南部に再組織され、二〇年代に南部のみならず西部、北部にも広く勢力をのばし、単に黒人に対する差別のみならず、広くネイティヴィズム(アメリカ生れ第一主義)と排外主義とを鼓吹し、新移民、社会主義、共産主義、そしてカトリック、国際連盟を排撃する時、それはまさしく人種であれ、思想であれ、組織であれ、外来的なもの、国際的なものに対するアメリカ社会の偏執病的な恐怖感を示したものといえよう。

2　「平常への復帰」と大衆社会化

一九二〇年の大統領選挙を迎え、民主党出身現大統領ウィルソンの不人気を背景に、共和党の勝利はほぼ確実であった。この勝利確実な選挙をめぐって共和党内において候補者が乱立し、激しい対立と取引きののち、オハイオ州選出の上院議員ウォレン・ハーディング (Warren Gamaliel Harding) が候補に指名される。この平凡なしかしいかにも大統領といった堂々とした風采のハーディングは、「平常への復帰」(Back to Normalcy) をスローガンに掲げ、戦時から平時への復帰、そしてより大きな文脈でいえば革新主義・改革からいわば保守への復帰を訴えた。他方民主党からは、オハイオ州知事であったジェイムズ・コックス (James Middleton Cox) が立ち、ウィルソンの路線を継承する。ちなみに、その副大統領候補としてはニューヨーク州出身、海軍次官補フランクリン・デラノ・ローズヴェルトが指名された。なお社会党のデブスは、獄中にあったが、ふたたび立候補する。

選挙の中心争点の一つは、国際連盟加入問題であったが、民主党はウィルソンの強い要請(solemn referendum)により、このすでに失われた大義を掲げた。しかし、共和党の掲げた「平常への復帰」のスローガンは、戦争と改革とに厭いた人心により広く訴えた。結果は予期された通り共和党の圧勝に終り、民主党は辛うじて南部の基盤を死守しえたにとどまる。ところでこの選挙で注目すべきことは、棄権が多かったことであり、投票率は五一パーセントにすぎなかった。その理由として、一つには憲法修正第一九条により全国的な婦人参政権が実現されたのちの最初の選挙であったことが指摘される。しかし、ハーディングとコックス、つまり共和党と民主党との間の相違がほとんどなく、明確な政策の違いを立てて争う選挙ではなかったことも、政治的な無関心の原因となったことは否定できない。

一九二一年より、ハーディング、そして彼の死後副大統領から昇格したクーリッジ(Calvin Coolidge)、そしてその再任、さらにフーヴァー(Herbert Clark Hoover)と、共和党の大統領が三代続く。ハーディングはその政権下の疑獄事件のゆえに有名であり、彼の死亡原因も不明といわれ、しばしば史上最低の大統領という評価を受けている。しかしその閣僚には、国務長官にヒューズ、あるいは商務長官にフーヴァー、財務長官にメロン(Andrew William Mellon)といった、それぞれの立場において有能な閣僚を擁していたことも認めなければならない。

二九年の大恐慌が到来するまでは、二〇年代は一般に好況の時代といわれる。その繁栄を支えていた一般状況としては次のような点が指摘されよう。一つは技術革新《イノヴェーション》に基づく新しい産業、いわゆるニュー・インダストリーズの登場である。そのような産業として電気工業・自動車産業・化学工業・映画産業などが脚光を浴び、それがさらに関連産業に影響を与えた。また、新興産業の発展と共に合理化が行なわれ、いわゆる機械化が進行する。自動車工業における流れ作業による大量生産方式の採用に象徴されるように、大規模な生産様式がとられてくる。大量生産と対応して当然問題となるのは市場の確保であるが、対外市場の拡大のために、大戦で疲弊したヨーロッパ経済に対し、これに貸付けを行なうことによってその購買力を回復せしめ、その上でアメリカ製品を売却するという方法もとられた。他面、ウィルソン政権の下で一時下げられた関税は、国内の独占価格保持、国内市場確保のために、ふたたび、一九二一年、一九二二年、高率の関税（Fordney-McCumber Tariff）へと引上げられる。農産物についても、海外商品と競争関係にあるものについては保護関税政策がとられる。またイデオロギーとしては自由放任主義、個人主義が強く唱えられる一方、商務長官フーヴァーのもとで、過当競争を防ぐべきであるとして企業の連合組織の形成が積極的に推進され、さらに製品の規格化・統一化が行なわれる。つまりこのようにして二〇年代には、政府と企業との連携が進められ、連邦政府は「大企業」と提携しつつ次第に「大きな政府」へ発展していったといえよう。

ところで共和党政権による工業の重視・保護の政策は、結果的に農民を犠牲者としたことにも注目しなければならない。農業は第一次大戦に際し軍需や輸出が増大したこともあって、著しく生産を増大したが、戦争終了と共に需要は停滞し生産過剰となる。しかも農業の機械化に伴う生産力の増大は、ふたたびここに工業製品との間のいわゆる鋏状価格差を拡大していく。これに対して農民は自己の不満を圧力団体の形で、具体的には農民局

連盟 (Farm Bureau Federation) の形成によって組織化し、自己の利益の実現を要求していく。しかし、農産物価格の下落を背景に、抵当に入っていた土地を手離す農民が増大し、一九三〇年までには全体の農地の四二パーセントが小作農地化していった。農民の不満はやがて政治面においても一九二〇年の農民労働者党 (Farmer-Labor Party) の形成、一九二二年の革新主義政治行動会議 (Conference for Progressive Political Action, CPPA) 形成によって表面化するにいたる。

なお労働者の組織にふれておくならば、十九世紀末にできた熟練工中心の職能組合であるＡＦＬが、アメリカ労働運動の中心になっていたことはすでに指摘した通りである。しかし、ＡＦＬの性格はきわめて排他的であり、そのメンバーも一九二一年には約四〇〇万であったのが、二九年には約三〇〇万というふうに、逆に減少を示した。このような性格をもつＡＦＬが労働運動の中心にあったことから二〇年代は労働運動全体は一般には停滞期にあった。裁判所はしばしばストライキに対して差止め命令を出し、また会社も御用組合をつくるという状況であった。

一九二四年の大統領選挙の当時、共和党は東部の工業都市を基盤とする政党であったが、その内部には、中西部の農民を中心とする反主流派的なラフォレットなどの革新派のグループがあった。一九二〇年代の農業恐慌を背景に、西部の農民層を支持者としてラフォレットは先に触れたごとく革新主義政治行動会議を組織し、やがて一九二四年、共和党より離脱する。その政策綱領には、鉄道・電信などの運輸通信手段の公有といった農民層の年来の要求に加えて、裁判所の差止め命令に対する反対、農民・労働者の団結、税金の軽減などを訴え、社会党、ＡＦＬもこれに協力する。いまや連邦の政治経済において少数派と化した農民を中心に、各種の不満が、ラフォレットをシンボルとして集約的に結集されていたといってよいであろう。

一九二四年の選挙において共和党は、前年に副大統領から大統領に昇格したクーリッジをそのまま指名する。他方民主党はこの選挙に当ってその内部矛盾を大きく露呈する。本来、民主党は伝統的には南部そして西部の農民層を地盤とする農民の政党であった。しかし同時に民主党は東北部などの大都市の新移民層を支持者とする都市大衆の政党という側面をももっていた。この相反する二つの側面が、従来は南部の優位のもとに統合されてきていたわけである。しかし十九世紀末から新移民の急激な増加を背景に、いまや東北部のマシーンおよびそのボスの発言権が次第に増大するにいたった。一九二四年の選挙を迎えて、民主党のいわば主流派、農民派は、ウィルソンの女婿であるマッカドゥー（William Gibbs McAdoo）を立て、これに対し東北部の都市派は、ニューヨーク州知事のアル・スミス（Alfred Emanuel Smith）を立てて激しく争った。アル・スミスはアイルランド系移民の子孫としてニューヨーク市のスラム街に生まれ、政治の世界を一歩一歩踏み上ってニューヨーク州知事にまでなった人物であり、いわば都市大衆の象徴的存在であった。全国大会では実に一〇三回の投票ののちに、結局ダークホースであったシカゴの銀行家ジョン・デイヴィス（John W. Davis）が指名されることになった。かくして、この選挙においては共和党、民主党の両党は、本質においてそれほど違いのない候補を立てたということができよう。選挙の結果は、クーリッジの圧勝に終る。ただ注目すべきは、社会党、ＡＦＬの支持を受けて、革新党のラフォレットが四八二万票を得、選挙人票をウィスコンシン州の一三票獲得し健闘したことであろう。これ以後もはや絶対的にも相対的にも少数化した農民は、全国的政党組織によってではなく、むしろ特殊利益の主張という圧力団体形成で自己の利益の実現を図っていくことになる。つまり、今後アメリカの政党政治の上で決定的な発言権を得ていくのは都市大衆なのである。このことはアメリカ人口の配分において、一九二〇年に、ついにアメリカ史上はじめて都市《アーバン》の人口が、農村《ルーラル》の人口を凌駕したことに端的に象徴される。すなわち一九二〇年の国勢調査においては、都市の人口比が五一・二パーセントになった。

　都市大衆の増大は、いうなれば低廉な労働力の増大を意味した。従来アメリカは労働力が不足しており、常に低廉な労働力を確保する目的から移民奨励を国策としてきたが、移民が増大するにつれ、ここに移民の排斥運動も激しさを加えてきた。その場合に、まず排斥の基準となったのはアメリカ国民として同一化できるかできないかという観点であった。このような観点からまず排斥の対象となったのは中国移民である。中国人移民排斥法はすでに一八八二年に立法化された。その次には日本人移民が排斥の対象とされ、一九〇七、八年には、紳士協定の形で日本側がある程度移民を自主規制していく。これらのアジア系移民の他にも、ラテン系、東欧系、ユダヤ系等のヨーロッパからの、いわゆる新移民の急増を契機として次第にそうした新移民の排斥を求める声はアメリカ社会に強くなった。移民排斥運動の背景にはいうまでもなく人種主義《レイシズム》があるが、労働力過剰の状況において、賃金の相対的な高さを保つために、低廉な移民労働力を排斥する動きが労働者の間でも強かった。ことに二〇年代は好況にもかかわらず、合理化の促進の下に労働力が過剰になっていたのである。

　こうした背景の下に、一九二一年に臨時の法律として移民制限法が成立して、移民の絶対量を年間三六万弱に押え、二四年には恒久的立法として絶対量一五万の移民制限法（National Origins Act）が制定された。その制限の方法について注目すべきことは、とりあえず一八九〇年のアメリカの人口の、元の国籍《ナショナル・オリジン》の人口数を基準として各国籍ごとにそれぞれその二パーセントずつを割当てることにした点である。一八九〇年という時点を選んだことは北欧系・西欧系にとって有利であり、いわゆる新移民である東欧系・南欧系などにとってはきわめて不利なものであった。後に一九二〇年を基準年とすることになる。のみならず日本人移民は、この移民法によって帰化し得ない外国人として、永久に排除されることになった。一八九〇年のフロンティア・ラインの消滅が、無限の空間としてのアメリカのイメイジの終焉を象徴したごとく、この移民法はアメリカすなわち機会の国というイメイジの終焉を象徴していたといえる。その意味で一九二四年の同法はやはりアメリカ史上一つの画期的な立法といえるであろう。現にこれ以後移民は一九二五年には三〇万、一九三四年には不況も手伝ってわずかに三万くらいにまで減少する。もっとも戦後、一九六五年移民法が改正され全体量は約三〇万に制限されているが、国籍割当が廃止されたので状況がやや変ってきたことは留意しておかなければならない。

二〇年代の都市化現象は、単に都市の人口が増大したというだけではなく、アメリカ社会全体がその機能においても都市化されていくことをも含んでいる。つまり大量生産方式が多くの産業で採用され、規格化された同一製品が広告を媒介としてアメリカ全国に広く売られ、それが大量消費されていく。しかもこの時代はいわゆるマス・コミュニケーションの発達した時代であり、東部ニューヨーク州においても西部ミネソタ州においても、同じような商品と情報との消費を通じて生活と意識との画一化が進行していく。そうした意味で二〇年代は生産に対し消費が強調される時代であり、いわゆる消費者文化という現象が次第に出てくる。そのことは立身出世の道における理想像についても、かつての生産の英雄とは異なり、たとえば映画のスター、スポーツの選手などの消費型の英雄が大きくクローズアップされてくることにもうかがわれる。

こうした時代的な社会変化は、選挙民の投票傾向にも一つの顕著な変化をもたらしていったといえよう。かつては機会《オポチュニティー》の拡大を訴えることが一つの伝統であった政党は、いまや都市大衆の要求に対応して機会よりも生活の保障《セキュリティー》をその政策の中心に据えるようになる。その点、広い意味の社会福祉的な立法の必要性が投票獲得の上でも認識される。ただし、それが伝統的なレッセフェールの原則と連邦制度との観点から、そうした社会福祉立法は二〇年代においては、全国的な次元で立法化されるよりは州の次元で、ことに大都市の多い州で立法化されることが多かった。たとえばニューヨーク州においては、アル・スミス知事のもとでかなりの社会立法が行なわれていたことは留意してよい。二〇年代においては、多くの職業が高度に専門化されるにつれて、それぞれの職種の特殊な利益の保護促進を主張する圧力団体の活動が活発化していく。たとえば先にふれたようなAFLやアメリカ農民局連盟は、労働者や農民の一般的利益を追求するというよりは、熟練工の特殊利益《ジョブ・インタレスツ》や一定程度裕福な農民の利益を追求するようになる。さらにアメリカ医師会、アメリカ法曹協会、あるいは在郷軍人会などの特殊利益が、それぞれ自己の利益を主張する。

二〇年代は、たてまえの上での自由放任にもかかわらず、現実には国家機能が拡大され、国民の日常生活にまで政治が及ぶことになるが、具体的な政策と国民の日常的利益との関係はきわめて複雑であり、何が自分の利益であり、何が自己の利益を実現する政策であるかは、個々の国民にとって必ずしも自明ではなくなってくる。その結果、次第に投票者の間における政治的無関心が助長され、棄権者が増大する。以上のような状況の下で、選挙戦は具体的な政策によって展開されるというよりは、むしろ候補者のパーソナリティー、あるいはイメイジなどによって、投票者との間の情緒的な同一性を強調する形で戦われるようになる。

一九二八年の選挙は、まさにそうした背景のもとに行なわれた。この選挙において共和党からは、二一年に商務長官に就任して以来有能な行政官として名声を博したハーバート・フーヴァーが出馬することになる。彼はアイオア州出身、苦学力行してスタンフォード大学を卒業後技師などを経験し、第一次大戦のときにはヨーロッパに対する食糧援助、食糧生産管理などの重責を果し名声を博した。技師・実業家・行政官として成功した彼は、いわば二〇年代の一面を象徴する存在でもあった。これに対して民主党は、この選挙の候補者に第一回の投票でニューヨーク州知事アル・スミスを指名することになる。ということは、とりもなおさずもはや二八年には民主党内においても都市大衆の発言権が圧倒的に強く、同党はこの時期にすでに農村の政党から都市の政党へと変容しつつあったことを有力に物語るものといえよう。

選挙の結果は当初の予想通り、フーヴァーが圧倒的勝利を占めた。当時は好況であり、ほとんど共和党がいわば好況時の政党として勝利することを疑うものはいなかった。むしろここで興味をひくのはスミスが敗北した事実それ自体よりも、その敗北のうちに窺うことのできる民主党の変貌の予兆であろう。ということは、ひとつにはこの選挙で民主党は南部の数州でも破れ、「団結せる南部《ソリッド・サウス》」を基盤とする民主党というイメイジが大きくゆさぶられ、やがて将来における南部の民主党一党制の崩壊が示唆されたことである。ふたつには、これと逆に、民主党にとって積極的な成果として、北部のマサチューセッツ、ロード・アイランドのごとき工業化の進んでいる州で勝利を占め、しかもその他の北部の州では敗北したものの、いくつかの大都市で勝ったことである。このことは、民主党が将来大都市で強力な地盤を築き上げる可能性を示唆したものであり、移民の子、都会の子のアル・スミスがその意味でも民主党の質的転換を象徴する存在であったということができよう。

二八年の選挙は、政策それ自体はほとんど争点とはならなかった。ただ民主党が禁酒法の廃止(ウエット)、共和党が禁酒法の維持(ドライ)をスローガンとしたことから、禁酒法は鋭い対立的争点を形成したかにみえる。(2) しかしこれもまた、それ自体が具体的争点であったと共に、いわば二つの文化《カルチャー》、すなわち農村社会的文化と新しい大都市文化との対立を示すものであり、農村の古いプロテスタント的倫理と新しい都市大衆を地盤にした多数化の論理との交錯する争点であったということができよう。この時点では古い倫理を担う共和党が勝利を占めたが、二八年の選挙はやがて多数化の論理、すなわち都市大衆を基盤とする民主党が勝利を占めるときがくることを示唆していた。

二〇年代のアメリカの対外政策についていえば、二〇年代はしばしば孤立主義に復帰した時代といわれる。たしかに第一次大戦後ウィルソンの構想、とくに国際連盟への加入をアメリカが拒否したことにより、国際政治の舞台から離脱《ウイズドローアル》したということが一般的にはいえよう。しかしその軍事力、ことに経済力の上にひとたび確立されたアメリカの国際政治上における発言権は、もとより第一次大戦の終了と共に無に帰するものではなかった。むしろアメリカ社会の表面を覆った孤立主義的な心理にもかかわらず、現実には二〇年代にアメリカはヨーロッパにおいてもアジアにおいても、国際政治に深く介入していくのである。ヨーロッパについていえば、その介入は戦債および賠償金の問題と深く関連していた。先にふれたごとく、アメリカは戦後にはヨーロッパ諸国に対して債権国となる。ヨーロッパの連合諸国に対しアメリカが持つ戦債は、約一二〇億ドルに及んでいた。しかもアメリカ国民にとって、戦後のナショナリズムのもとでは戦債を棒引きすることは考えられず、ヨーロッパに対して執拗にその戦債の弁済を迫っていたのである。しかし疲弊をきわめたヨーロッパにはその債務の弁済能力はなく、連合諸国はドイツからの賠償金を戦債支払いに当てようとした。かくして、アメリカ政府はドイツの賠償問題を検討し賠償金額の減額を図ると共に、ドイツに資金を融通し、ドイツ経済の復興を援助し、それによって連合国への賠償金の支払いを容易ならしめ、さらにその賠償金によりアメリカに対する連合諸国の戦債を支払わせるという方法をとることになった。具体的にはドーズ (Charles G. Dawes) 委員会、さらにはヤング (Owen D. Young) 委員会の立案などがそのような政府の施策を示している。アメリカは国際連盟そのものに加入はしなかったが、その構築に手をかしたヴェルサイユ体制の維持に積極的な役割を果したのである。

なお、注目すべき一つの外交上の成果として、いわゆる不戦条約、すなわちアメリカ国務長官ケロッグ (Frank B. Kellogg) とフランス外相ブリアン (Aristide Briand) との努力で締結された一九二八年の多国間条約をあげなければならない。この不戦条約は戦争を防止することにはほとんど実質的効果をもたない条約であったとはいえ、アメリカが国際政治に広く関心を抱き、他国との協力を惜しまないことを表明したものとして注目すべき条約であろう。ただし、他面アメリカが常設国際司法裁判所への参加について留保条件をつけていたことは、やはりその独自の国益の実現に拘束を課されることを恐れていたことを物語るものとして注目したい。

対アジア政策・対太平洋方面の政策においては、アメリカの政策の基本はいうまでもなく中国の門戸開放の維持にあった。ヨーロッパ大戦の勃発と共に、日本はいわばその間隙を縫って中国大陸への進出を計画し、いわゆる二一ヵ条問題を惹き起した。アメリカが基本的には二一ヵ条に対し不承認の態度をとりつつも、大戦遂行という当面の第一義的な目的のために連合国としての日本との協力を重視し、石井゠ランシング協定によりこれと暫定的な妥協に達したことは、先にふれたごとくである。この協定において、アメリカは地理的近接性の故に日本の中国に対する特殊な地位を認めはしたものの、戦後アメリカはふたたびその門戸開放の原則を強く貫こうとする。それと同時に、建艦競争などにみられる日本との間の対立が尖鋭化するのを防止するための妥協策も検討される。時あたかも大戦終了と共に始まった日米共同のシベリア出兵および、それに続く日本の撤兵延期政策などのいきさつは、アメリカに日本に対する不信感を植えつけることになり、こうした日米間のアジア大陸、太平洋をめぐる対立をある程度妥協、調停する計画が立案されることになる。その結果一九二一年十一月、アメリカの提唱によりいわゆるワシントン会議（Washington Conference）が開かれ、海軍軍縮の実現と共にアジアにおける諸問題の解決が図られることになる。この会議において、一つには海軍軍備制限条約が五大国間で締結され、主力艦、航空母艦などの軍備の制限が約束された。また第二に太平洋の防備に関しても現状維持を約束し、同時に太平洋の平和を確保するために、日英米仏間に四ヵ国条約が成立し、日英同盟がこれにより廃棄されることになった。さらに注目すべきは、中国に関する九ヵ国条約が成立し、いわゆる門戸開放主義がはじめて多国間条約によって公式に認められることになったことである。これにより各国は、中国の主権の維持および通商産業上の機会均等の原則を維持することを約束することになったわけである。同時にこの条約により石井＝ランシング協定は廃止された。これらの条約は一方において、第一次大戦を契機に経済的にも発展した日本の一等国意識を刺戟し、その軍部内に強硬論を擡頭せしめることになるが、当時の状況においては、日本とアメリカとの対立を調停・緩和したものとして、歴史的に評価されてしかるべきものがあろう。この条約によりアメリカは中国の門戸開放政策を原則的に各国に承認せしめ、以後日本の中国進出に対する抑制策として、九ヵ国条約が常に援用されることになる。

ラテン・アメリカとの関係においては、不戦条約の締結に際して、アメリカ上院においてモンロー主義はこの不戦条約の適用外にあるという留保をつけたことにも示されるように、アメリカはここでも西半球を自国の特殊利益の支配する地域として意識していたといえよう。しかし具体的にはアメリカの対ラテン・アメリカ政策は、武力の行使よりは投資その他の財政的経済的手段によりこの地の中小国を管理する方向に進んでいった。そのことはキューバをはじめパナマ、ドミニカ共和国、ハイチ、ニカラグァなどの国々に対する関係において顕著にみられるところである。しかし一部では海兵隊の派遣などによる直接的な武力交渉も行なわれる。ただ、対ラテン・アメリカ政策は、以後少なくともその基本的方針においては、やがてパン・アメリカニズムを媒介として、いわゆる善隣政策の方向へと転換していくことにならざるを得ない。

3　恐慌の到来と三二年の選挙

フーヴァーは一九二八年の選挙に際して貧困がアメリカから消えさる日が遠くないであろうと宣言して、共和党大統領候補の指名を受諾した。二〇年代の未曾有の繁栄のもとでアメリカ民衆一般も、この言葉をある程度真実を物語るものとして受け取ったといえよう。しかしこの二〇年代の繁栄のかげには、先に指摘したごとく長年に及ぶ農業恐慌が伏在していたのである。しかも政府の農産物買上げによる農産物の価格安定を企図したマクネリー＝ホーゲン法案（McNary-Haugen Bill）は、二七年、二八年の二度にわたり時の大統領クーリッジの手によって拒否されていた。フーヴァーは、就任直後、この農業救済の問題をとりあげて、一九二九年六月に農産物市場法（Agricultural Marketing Act）を成立させて農産物の価格安定を企てる。しかしこの微温的な措置は、農産物の価格安定に貢献することのないままに、アメリカ農業は大恐慌時代へと入ることになる。

しかもフーヴァー政権下、一九三〇年六月にホーリー＝スムート関税法（Hawley-Smoot Tariff Act）が成立し、税率がふたたび引上げられて、国内の工業製品価格の保護策が講じられるにいたった。この措置は結果においてアメリカの工業の対外輸出市場を狭めることになり、アメリカの経済学者は連署してこれに反対を声明し、大統領に拒否を勧めたのである。その豊かな生産力の結果大量に生産されたアメリカ商品は、もはや限られた国内市場だけでは消費され得ず国外にも市場を求めなければならなかったが、アメリカのとった高関税政策は、結局他国の高関税政策を誘発し、結果的にアメリカ商品の輸出市場の狭隘化を招くことになる。

一九二九年十月二十四日、ニューヨークのウォール街を襲った株式恐慌は、たちまちにして全国に及び繁栄の夢を一挙に破ることになった。この十月に始まる恐慌は、数年間に及ぶ世界大恐慌の直接のきっかけとなり、これ以後アメリカの輸出貿易は振わず、物価は暴落し、国民所得も半減し、多くの企業が破産するにいたった。失業者数は一九三二年には一三〇〇万という巨大な数字にのぼり、潜在的労働人口の四分の一が失業するという深刻な状況となった。また失業を免れたものの賃金水準も恐慌前より約六〇パーセントに下げられるという現象が出現し、アメリカの国民経済は大きく動揺することになる。

フーヴァーおよび共和党政権は不況が一時的なものであることを強調し、景気がその街角まできていると訴えて経済の回復、安定をはかったが、不況はその深刻さにおいて歴史上比をみないものとなり、ますます広汎に及ぶにいたった。この不況の原因としては、いくつかの理由が挙げられる。一つには、これまで繰り返しのべたごとく、二〇年代の繁栄のもとでも農業に関する限りは慢性的不況にあり、国内市場における農民の購買力がきわめて限定されていた。また第二に、二〇年代は機械化・合理化の時代であり、生産性の急速な向上をみたが、他方そのことは同時に、二〇年代後半にはアメリカ経済が構造的な失業者を擁していたことを物語る。また第三に繁栄が事実であったにせよ、その所得の格差が著しく、労働者の賃金水準は相対的に低かった。したがって生産力と消費力との不均衡は、繁栄にもかかわらず次第に激しくなっていた。第四に海外市場についていうならば、前にのべたごとくヨーロッパは負債者の立場にあったため購買力が小さく、しかも高率関税のためにアメリカ製品の輸入量は制限されていた。つまり総じてヨーロッパはアメリカ商品を購買する経済的能力をもたず、アメリカの海外市場はその生産力に比して著しく狭隘であったわけである。二〇年代の好況の裏には、こうしたいわば潜在的な不況の原因が内在しており、それが二九年十月の株式恐慌をきっかけに顕在化したといえよう。

この恐慌到来に対し、フーヴァー政権は、当初アメリカ経済の自動調整力に期待をかけていた。しかし結果的には、恐慌はますます深刻化し、フーヴァー政権の無策は世論の厳しい批判を浴びることになる。都市の町はずれにできた掘立て小屋はしばしばフーヴァー村と呼ばれて、フーヴァー政権への怨嗟の象徴となった。しかしフーヴァー政権も全くの無為無策であったわけではなく、たとえば先の農産物市場法を活用して農産物価格の下落の防止を策し、また企業体に対しては現在の賃金を維持するよう説得した。さらに失業対策は地方政府・州政府の任であることを強調し、州政府に対して連邦政府が失業救済のために援助することを約束した。また復興金融公庫（Reconstruction Finance Corporation, RFC）を設立して金融資本を中心とする大企業に連邦政府が融資し、その復興の援助にのり出した。このRFCの設立に集約されるフーヴァー政権の恐慌対策の基本方針は、大企業を建て直せばその効果が直ちに小企業にも及び、やがて全面的な復興の原動力となるというたてまえに基づいていた。しかし、このアメリカの経済の自動的調整力による回復という発想は、この大恐慌に対処するには有効ではなく、アメリカ社会は次第に焦慮と怨嗟を深めていくことになる。土地を失ったものは、それをいわば暴力的に競売で買い戻す動きを示し、また第一次大戦の復員兵士たちは、三二年初夏恩給をまとめて早急に払うことを要求していわゆるボーナス行進 (Bonus March) を首都ワシントンに向けて開始する。そうした恐慌の深刻化とそれに伴う社会の不安定化の昂進とは、三二年の選挙を迎えて与党共和党にとっては当然不利な、逆に民主党にとっては有利な状況をもたらした。

この選挙において共和党はフーヴァーをふたたび指名する。一方民主党は先のアル・スミスを退けて、アル・スミスの後を襲ってニューヨーク州知事となっていたフランクリン・デラノ・ローズヴェルトを指名することになった。ローズヴェルトは、ニューヨークの名門出身であり、典型的なエリートであり、その点貧しい移民の子であったアル・スミスとは対照的な人間であった。しかも彼は、ニューヨーク州知事としてその恐慌対策においてもかなりの実績を残しており、進歩的な新しい政治家としてのイメイジを抱かれていたのである。大統領選挙に立候補した彼は、大学教授などのいわゆるブレイン・トラストに政策の立案に当らせる一方で、ヴェテランのいわゆるマシーン・ポリティシャンを掌握して投票獲得に当らせていた。彼のブレインとしてはコロンビア大学のレイモンド・モーリー (Raymond Moley) やレクスフォード・タグウェル (Rexford Tugwell)、あるいはハーヴァード大学のフェリックス・フランクフルター (Felix Frankfurter) などが著名である。またマシーン・ポリティシャンとしてはジェイムズ・ファーリー (James A. Farley) が大きな役割を果した。ローズヴェルトは指名を受けるやただちにシカゴの全国党大会に飛び、そこで有名なニューディール、新規まき直しを約束する。ブレインの間では経済の復興策として第一に国内第一主義、第二に経済に対する政府の積極的介入、第三にいわゆるウィルソン＝ブランダイス的な考え方の廃止、いいかえるならば企業の集中を経済復興の道具として使うといったいくつかの基本方針はできていたが、政綱に関する限り民主党も共和党とそれほど内容的な相違はなかった。しかし人々はそのニューディールなるものの内容がなんであれ、そこにフーヴァーに象徴される共和党政権の無力とは異なり、なにか新しい可能性を期待したわけである。

選挙の結果は予想されたとおり民主党の大勝に終った。ローズヴェルトは一般投票の五七パーセント強を獲得し、選挙人票では四七二票を獲得し、フーヴァーはこれに対して五九票を獲得するにとどまった。この結果は、民主党が二〇年代の漸次の変貌を通じて、いまや共和党に代り新しく全国的な多数政党となったことを示していた。

ここで注意しなければならないのは、従来アメリカ史上危機状況にあっては第三党が進出するのが通常であったのであるが、この二九年の株式暴落に始まる大恐慌に際しては、アメリカ経済ひいてはアメリカ社会全般が深刻な危機に直面していたにもかかわらず、第三党の進出はほとんどみることができなかったことである。社会党・共産党も若干その票を伸ばしたものの、画期的な成果を挙げるにはいたらなかった。一九一二年、一九二四年選挙の際のような既存の政党からの分裂による第三党も、ここではみられなかった。これはもとより第三党それ自体の弱体、その内部矛盾によることもあろうが、より主要な理由としては、民主党がすでに一九二八年アル・スミスの時代に、持たざる都市の大衆の政党というイメイジを確立し、それを引きついでローズヴェルトがニューディールという漠然としてではあれ、なにか期待を抱かせるスローガンを掲げたことが考えられる。民主党はその意味で二八年の選挙におけるアル・スミスの登場によって、図らずも二九年の恐慌以降の状況に対する準備を整えていたということができよう(3)。

ローズヴェルトは三二年十一月当選するが、憲法の規定に従って三月まではいわば待機の姿勢をとらざるをえない。去り行く共和党政権と新しく登場する民主党政権との間に、数ヵ月の空白期間が続くことになる。

(1) 戦後陸軍は急速に復員するのに対し、海軍は兵員数は減少するが、艦艇を廃棄するわけではなく、むしろ従前よりの建艦計画は中止されることなく続行される。したがって、大戦の終了にもかかわらず、海軍はますます増強されることになる。元来一九一六年の大建艦計画も第一次大戦遂行を目的とするというよりは、第一次大戦を契機として、マハン流の海上権力掌握を目的とする建艦計画であった。一九一四年パナマ運河は開通し、一九一九年戦艦の一部を大西洋から太平洋へ回航、太平洋艦隊を編制、アメリカ海軍は名実共に両洋海軍(Two Ocean Navy)となる。事実、大戦終了と共に、日英米三国の間での海軍増強競争は拍車をかけられ、やがて軍備縮小条約の必要を痛感せしめるにいたる。

(2) 二〇年代はしばしば禁酒の時代と呼ばれる。一九一九年一月憲法修正第一八条が発効、ヴォルステッド法(Volstead Act)の制定により一九二〇年一月より全国的に厳格な禁酒(〇・五パーセント以上のアルコール含有飲料の製造・販売の禁止)が実施された。禁酒運動は、一八四〇年代に人道主義的改革運動の一環として起り、早くより北部諸州で禁酒法が実施された。しかし南北戦争後、禁酒運動は弱まり、酒造業、酒場が隆盛をきわめ、しばしば政治的腐敗と結びつき、プロテスタント教会を中心とする禁酒運動がふたたび盛んになり、一八九五年には反酒場連盟(Anti-Saloon League)が成立、圧力団体として強力な運動を展開、革新主義の政治浄化運動の一翼として活動した。その結果、多くの州やカウンティにおいて、その程度の差こそあれ、禁酒は実現され、一九一七年末には一九州が禁酒法を実施していた。反酒場連盟は、さらに全国的次元での統一的禁酒を望み、憲法修正運動を起すが、個人の嗜好を連邦政府が規制できることに、州権主義のたてまえからの反対も強かった。ところが、第一次大戦の勃発、参戦はナショナリズムの昂揚をもたらし、経済の国家統制と並んで道徳の国家統制を可能ならしめ、修正第一八条は二州を除く賛成を得て成立したのである。ところがコンフォミティの一つの表現として成立した禁酒法は、またアメリカ社会の内包する亀裂を表現するものとして、二〇年代を通じて争点となった。その点、同じ民主党にあってブライアンが熱心な禁酒派であり、アル・スミスが禁酒反対派であることは象徴的である。工業州、大都市、新移民の多い地方では、この「高貴なる実験」(the noble experiment)は、実行し難いのみならず、酒類の密造・密輸(bootlegging)を収入源とする犯罪組織の発展を助長することとなる。一九三二年民主党は、第一八条廃止を唱え、一九三三年十二月修正第二一条で第一八条は廃止、「高貴なる実験」は終った。ただし、その後も州の次元で、あるいは地方政治の次元で禁酒が実施されているところは少なくない。

(3)　一九三二年の大統領選挙で、民主、共和両党についで多数票を獲得するのは社会党のノーマン・トマス(Norman Thomas)で八八万票強、その次が共産党のフォスター(William Z. Foster)で約一〇万三〇〇〇票である。その他の群小第三党の得票数を加えても、第三党の得票は一般投票総数の四パーセントにもみたない。一九〇〇年の選挙に登場以来、社会党はその勢力をデブスのリーダーシップの下で拡大し、一九一二年には全投票数の六パーセント近くの票を獲得するが、本来社会党はそのイデオロギーにおいてもその組織においても、雑多な要素の融合物であったといってよい。第一次大戦はアメリカの社会主義運動を大きくゆさぶり、一方でデブスをはじめとする反戦論者の党員は逮捕・投獄され、党の活動は困難となり、他方逆に党内から積極的に戦争参加を唱えるものも出てきた。何れにせよ、戦時下の精神総動員体制、戦後のコンフォミズムは社会主義運動に不利な状況をもたらす。しかも、ロシア革命、ボルシェヴィキ政権の成立は、社会党に深刻な影響を与え、左右は激しく対立、一九一九年八月のシカゴ大会で、ついに社会党は分裂、左派は脱党して共産党を組織し、社会党内の急進分子は共産党に走るか、社会党の指導部から追放され、社会党は右派の組織となった。党員の構成も労働者中心から知識人中心になってゆく。二〇年代の「繁栄」の下にあって、社会党の勢力はさらに衰退し、一九二六年には社会党の父ともいうべきデブスも死去する。一九二九年の恐慌は社会党にとって再興の機会とはなったが、党首ノーマン・トマスの下での活動にもかかわらず、もはや広く大衆に訴える力を失っていた。ちなみに、トマスはプリンストン大学、ユニオン神学大学卒業のインテリで、ニューヨーク市ハーレム地区の牧師をつとめ、一九一二年には革新党を支持している。なお、哲学者のデューイ(John Dewey)、神学者のニーバー(Reinhold Niebuhr)なども社会党を支持した。一九三三年以降、ローズヴェルトのニューディール政策の展開は、社会党の勢力拡大を阻み、一九三六年一八万七〇〇〇、一九四〇年一〇万とその得票数はますます減少してゆく。

第九章　ニューディールと第二次大戦

一九三三年三月、ローズヴェルトは政権の座につき以後アメリカ史上空前絶後の三選のみならず四選まで果し、一九四五年四月死去するまで、実に十二年余の長きにわたり、アメリカ政治の最高責任者として、その任務を遂行することになる。その内政面におけるニューディールは、アメリカ経済を大きく修正して、経済の復興を促進せしめた意味で一方で高く評価されつつ、しかし同時に他方いわゆる忍びよる社会主義《クリーピング・ソーシャリズム》として批判にさらされた。またその対外政策も、第二次大戦を遂行して連合国側の勝利に導き、ドイツのナチスをはじめファシズム勢力を倒壊せしめ、いわゆる民主主義のための戦いを勝ちぬいたという点で高く評価されると共に、他方その対ソ宥和政策がのちに反対派の攻撃の的とされる。さらに最近にいたっては、そのニューディールも対外政策も、新左翼の修正主義的解釈によって批判されている。そういう意味でローズヴェルト政権の政策は、その内政にしろ外交にしろいまだ現在の政治の観点からあるいは擁護され、あるいは批判されることが多い。ここではローズヴェルト政権の政策が、いまだに現在的な意味を持ち続けていることを意識しつつ、長いアメリカ史の文脈の中でその意味を探ってみたい。

1　ニューディール政策の展開

ニューディールには一貫した理論があるわけではない。それはむしろ、そのときそのときの必要に応じて生まれた政策の集合にほかならない。しかし基本的には経済の復興（Recovery）、忘れられた人々の救済（Relief）、そしてさらに改革（Reform）、この三つがローズヴェルトのニューディール政策の基本をなしたといわれる。そのようにニューディールを特徴づけるにしても、三五年の夏頃までのいわゆる第一期ニューディールと、その後のローズヴェルトの政策とは重点の置き所がかなり違っていることもまた認めなければならない。ブレイン・トラストにしても、第一期には中心にはモーリーがいたのに対し、第二期にはより若い世代のブレインが主要な役割を担って登場してくる。

ローズヴェルトが大統領に就任したのは三月四日であったが、その時金融恐慌は極度に悪化し、各地で預金の引出しが行なわれ銀行閉鎖が起り、アメリカ経済はほとんど絶望的な麻痺状態にあったといってよい。彼はその就任演説で、恐るべきことはただ一つ恐れそれ自体であるという訴えをなして、直ちに一連の政策にとりかかる。それから百日間の間に彼は強力なリーダーシップを発揮して、緊急的な立法を次々にうち出し、絶望的な状況に直面して憂慮を深めていた議会も、このローズヴェルト政権の斬新な諸政策に承認を与えていく。まず救済と復興が緊急の必要性となる。コロンビア大学教授モーリーを中心とするブレイン・トラストは(1)、経済恐慌が基本的には国内的原因に発していると考え、国内対策に恐慌対策の主眼を置き、経済に対する政府の強力な干渉によってこれを復興しようとする。その点でなお一層注目すべきことは、この政権が、企業合同の趨勢に対しそれ自体を悪とみなさず、むしろこれを合理化の方途として積極的に活用する方針をとっていたことである。具体的な政策としては、まず一定期間全国の銀行を閉鎖し、その中で健全なものだけを政府の権限で再開させるという、緊急金融法（Emergency Banking Relief Act）を制定する。これはかなりドラスティックな対策ではあったが、銀行の公有などの方策は含んでいなかった。しかし金融機関に対する信用は大幅に回復されるにいたった。次に失業救済については、連邦緊急救済法（Federal Emergency Relief Act）を制定し、ハリー・ホプキンズ（Harry L. Hopkins）をその執行の責任者に任命して、連邦政府が直接失業救済に着手することになった。さらに大恐慌の直接原因は投機的な証券取引に端を発する株式恐慌にあったことにも鑑み、三三年五月の証券法（Federal Securities Act）に続き翌年には、株式取引所に対する政府の取締りを更に厳重にする証券取引所法（Securities Exchange Act）が制定され、これに基づき証券取引委員会（Securities Exchange Commission）が設立された。

しかし、より長期的な経済再興政策としてとられ、ニューディールの中心をなすのは全国産業復興法（National Industrial Recovery Act, NIRA）の制定であろう。その基本は大別すれば三つに分けられる。一つは企業自体の復興《リカヴァリー》を目的とする、生産制限と価格規制との実現である。そのために政府は積極的に企業の合同を図り、そうした公認された企業の合同に対しては反トラスト法の適用を免除せしめることになった。そしてヒュー・ジョンソン（Hugh S. Johnson）が、ＮＩＲＡの諸政策を管轄する全国産業復興局（National Recovery Administration, NRA）の長官となって、高物価政策をとることになる。これらはまさに企業に対する救済手段にほかならなかった。ＮＩＲＡの第二の柱は労働者の救済であった。この目的のためにＮＩＲＡは労働者の団結権を認め、賃金の下落を防ぐ一面で、労働者の団体交渉権を保障する全国労働委員会（National Labor Board）を設けて、労働関係の調整に当らしめた。そして第三の柱は広く失業救済および経済の復興を目的とする公共事業の促進である。これは一九三五年夏以降には事業促進局（Works Progress Administration, WPA）により推進されるが、それまではとりあえずＮＩＲＡに基づき発足した公共事業局（Public Works Administration, PWA）がこの業務を担当する。ＰＷＡの責任者には内務長官のハロルド・イッキーズ（Harold L. Ickes）が任命され、彼の下でいわゆる公共事業による「誘い水政策」（pump-priming）が実施される。以上のような内容をもつ全国産業復興法は、資本も労働者も失業者をも同時に救済の対象としたものであり、その点ニューディールの中心をなしていたといえる。

ところで二〇年代以後、常に慢性的不況に悩まされていた農業に対するローズヴェルト政権の対策はどのようなものであったろうか。まず一九三三年にその救済策として農業調整法（Agricultural Adjustment Act）が制定されたことをあげなければならない。同法に基づき設立された農業調整局（Agricultural Adjustment Administration, AAA）の責任者には農務長官のヘンリー・ウォレス（Henry A. Wallace）が任命された。農業調整法も、生産過剰に対して生産制限が必要であるという認識のもとに、農産物の生産を制限し、それに対して政府の保障金を与えて、価格の安定化を図ろうとした立法である。またその他に農民に対する低利長期の金融による農業復興策も実行された。

さらにしばしばニューディールの象徴のごとくいわれているテネシー河流域公社法（Tennessee Valley Authority〔TVA〕Act）は、私企業の電力より安い電力を国営事業により開発するという目的を、失業対策および地域的な総合開発と結びつけた点で注目される。しかしその他のいくつかの地方にも適用されるはずであったこの種の国営事業計画は、企業側の激しい反対にあい、例外的にTVAのみが実施されたにとどまってしまった。

こうした一連の政府の経済介入による高物価政策の実際的な効果はどうであったろうか。三三年のローズヴェルト就任当初、どん底にあったアメリカ経済はその後次第に上昇に向い、一九二九年を一〇〇とするならば、三二年に六三であったものが三五年には七五にまで回復するにいたった。農産物価格と工業生産物価格との格差も縮小し、全体に若干なりとも景気の回復傾向がみえたことも事実である。したがって労働者も企業も農民も、ニューディールに対してはある程度その受益者として支持を与えていた。しかし実際には、こうしたある程度の景気回復、絶望的状態からの一応の脱出にもかかわらず、基本的にはこの時期にアメリカ経済が復興したとはいえない。恐慌以前の状態にアメリカ経済が復帰する見通しも、この時点ではいまだ暗かったのである。そういう意味で、いわば危機状況がある程度克服されると共に、逆に危機状況が平常化するという現象が起ってきたわけである。そうした状況は、今まで全面的にニューディールを支持していた各層の間からのニューディールに対する批判、不満を湧出せしめる結果となった。ことに最初にニューディールに対して批判が出てくるのは、企業側からであった。大不況がアメリカ経済の自律的メカニズムによって回復できないことを知った企業は、政府権力にその介入を求め、経済外的条件によってある程度の回復を期待したのであった。しかし政府の援助は同時に政府による経済に対する統制をも意味していたのであり、ある程度の景気回復が期待通り果されると共に、この統制は企業側にとって一つの桎梏となってくる。この時点で、企業からニューディールに対する批判が起ってくる。たとえば一九三四年八月にはデュポンなどを中心に、アメリカ自由連盟（American Liberty League）が反ニューディール勢力として形成されることになる。

しかもそうした状況を背景に、ニューディールにとってより手強い批判勢力として司法部が登場してくる。危機状況にあってはニューディールのドラスティックな諸立法をいわば静観していた最高裁判所も、一応危機状況が克服されるや、ニューディール諸立法に対しそれがアメリカ憲法の解釈上違憲であるという態度を、鮮明に出すことになった。そのニューディール批判の根幹は第一に、それが行政部に対して立法部が余りに大幅な権限委任を行なったことにより、三権分立制の基本を逸脱したという点である。第二は、連邦政府が州政府以下の地方政府の権限を侵蝕して、憲法上委託されうる権限以上の行為を行ない、アメリカ憲法のもうひとつの基本である連邦制度を逸脱したという点にある。そうした憲法理論を背景に、一九三五年五月、ニューディールの基幹である全国産業復興法が違憲の判決を受け、ついで一九三六年一月、もう一つの柱である農業調整法が違憲とされた。こうしてニューディールの二大主柱が最高裁判所によって違憲とされるにいたり、政府は大きな痛手を受けるわけである。

ニューディールに対する攻撃は、こうした企業あるいは司法部側からだけではなく、労働者側からも起ってきた。ニューディールは当初企業と労働との均衡を目的とし、産業復興法をうち出したわけであるが、物価と賃金との格差が大であるところに労働者の不満が存在していた。こうして各地で賃上げのストライキが起る。ことに三四年七月のサンフランシスコ市を中心としたゼネストは、規模が大きくかつ激しいものであった。ジョンソン指揮下の産業復興局は、労働者よりも企業の利益擁護に熱心であるとの批判を受けていた。

なおここで注目すべきことは、従来アメリカの労働運動の中心は、熟練工の職能組合であるＡＦＬであったが、大量生産時代に入ると、この職能別組合制度に対し労働者の中から激しい反発が起るにいたったことである。その結果、AFLの中に産業別労働組合結成の動きが出てきた。炭鉱労働者組合の委員長ジョン・L・ルイス（John Lewellyn Lewis）の指導のもとに産業別労働組合会議（Congress of Industrial Organizations, CIO）が結成されるにいたった。CIOは最初、一九三五年十一月AFL内のいわば反主流的組織、産業別労働組合委員会（Committee for Industrial Organization）として結成されたが、一九三八年に正式にAFLより分離し、組合員は急激に伸び、三〇〇万を数えるにいたった。またCIOの擡頭とともに、シドニー・ヒルマン（Sidney Hillman）のようなアメリカの労働運動の新しいリーダーが登場し、労働組合は政治の面でも積極的な役割を果しはじめるにいたった。労働組合がニューディールのいくつかの側面には批判的であろうとも、ローズヴェルトの政権下で組合の組織化が進行したことは事実であり、その意味で基本的には労組はローズヴェルト政権の強力な支持者とならざるをえなかった。

さて、ニューディールがある程度の経済の復興を果し、いわゆる忘れられた人々の救済を部分的に実現したことは事実であるにせよ、結局復興も救済も完全なものであるとはいえなかったことから、注目すべき現象が生まれてくる。それは、ニューディールにもかかわらず根深く存続する大衆の不安と焦慮とを背景に、ほとんど実現不能な急進的な救済策を掲げて大衆に訴えるデマゴーグ的な政治運動家が出てきたことである。中でもとりわけ注目すべきは、南部ルイジアナ州のヒューイ・ロング（Huey Pierce Long）の存在であろう。彼はルイジアナ州の州知事また同州選出の上院議員として全国政治の舞台に登場してくるが、伝統的なポピュリストの背景をもちつつ、この恐慌の状況に対して貧しい農民のみならず都市の大衆にも強い影響を与えるにいたった。彼は高率の財産税をかけてそれを各家庭に分配することによって景気を復興し、貧富の差をなくせという、「富の再分配」(Share-Our-Wealth) 運動を掲げ、広汎な層にアッピールする。彼の存在は一九三六年の大統領選挙にとって一つの大きな意味をもつであろうことが予想されていた。しかしロングはその前年ルイジアナで暗殺され、その望みを断たれる。ロングの他には中西部を本拠としつつラジオで広く全国民に訴えていた社会正義全国同盟(National Union for Social Justice) の指導者チャールズ・E・コグリン神父 (Charles E. Coughlin) の動きも注目しなければならない。彼の空想的・抽象的なニューディール批判も現状に強い不満をもつ人心に強く訴えたのである。さらにカリフォルニア州の医師タウンゼント (Francis Townsend) 博士の「養老年金計画」も無視できない影響力をもった。全国六〇歳以上の老人に月額二〇〇ドルずつ与えて消費させ、そのことによって経済の復興を図れという彼の案は、全国の老齢者に強くアッピールしたのである。これらの急進的な、しかし強く大衆に訴える運動の擡頭は、三六年の選挙を前にして、投票獲得という観点からも無視できない存在であった。

かくして第一次ニューディール政策は、ある程度その成果を達成しつつも、裁判所・企業・労働者そして大衆運動からの批判を受けるにいたり、ローズヴェルトとしてはここでさらに一連の積極的な政策をとることを考慮することになる。

2　第二次ニューディールとローズヴェルト連合の形成

かくしてローズヴェルトは一方で大資本を激しく批判しつつ、他方でデマゴーグの万能薬的政策に代る政策を展開することによって、挫折しかかったニューディールを建直し、広汎な大衆の支持を得る必要があった。まず当面の問題として、違憲とされた産業復興法に替る立法が必要であった。そこで制定されたのが全国労働関係法(National Labor Relations Act) あるいはワグナー法 (Wagner Act) とよばれる法律である。この法律により労働者の団結権は強化され、ローズヴェルトは労働者をニューディールの支持者として確保する。三八年の公正労働基準法 (Fair Labor Standards Act) は、この労働関係の調整をさらに積極的に進め、未組織の多数労働者に対する最低労働賃金と最高労働時間とを定めることになった。また公共事業局を助けるものとして先にのべた事業促進局(WPA)が設立され、広汎な失業者に対し大々的な失業救済の公共事業が行なわれることになった。これは単に筋肉労働の失業者だけではなく、いわゆるホワイトカラーあるいは教師・音楽家などのインテリ階層にまで及ぶ失業対策であった。その制定一年後には、三四〇万の人がこの計画の受益者となったといわれる。なお青年に対する訓練と失業救済とを兼ね、かつ天然資源の保存をも目的とし、第一次ニューディールによって設立された民間資源保存団 (Civilian Conservation Corps, CCC) とならんで一九三五年全国青年庁 (National Youth Administration, NYA) が設立され、NYAは不況のため学校へ行けなくなったものにアルバイトを提供して学業を続けさせるなど、青年の救済に当った。

しかしなによりも第二次ニューディール政策の中心となるものは、一九三五年八月に制定された社会保障法(Social Security Act) であろう。ローズヴェルト政権の労働長官パーキンス女史 (Frances Perkins) のもとの慎重な調査に基づいて立法された同法は、養老年金による生活保障や、失業保険、身体障害者などに対する生活扶助などを含めた広汎なものであり、その実施のため社会保障委員会 (Social Security Board) が設けられた。

こうしてアメリカの連邦政府が全国的なレヴェルで社会保障制度に着手したことは、その規模いかんにかかわらず、伝統的ないわゆる州権理論あるいは社会進化論の発想からすればまさに画期的なことであり、州知事でもなく州政府でもなく、全国的な政府が直接にその市民の生活を保障するということは、アメリカ史において、国家機能の大きな転換として、注目すべきことと言わなければならない。

このような社会保障政策の費用を捻出するために、またロング流の「富の再分配論」に対する一つのポーズもあって、ローズヴェルトは税制の改革に着手し、高率の累進所得税や法人税が制定されるにいたった。このことは彼のブレイン・トラストの中においても激しい議論を生み、モーリーのごときはこれを契機にローズヴェルト政権を去り、のちに至って激しいローズヴェルト批判派へと転ずる。

第二次ニューディールあるいはローズヴェルト政権の左旋回を背景とし、三六年の選挙が迎えられることになった。三六年の選挙はその選挙戦の激しさでアメリカ史上でも有名であるが、ニューディールをめぐって共和党を中心とし、アメリカ自由連盟などが反ニューディールの旗印を掲げて激しい選挙戦を展開した。共和党はカンザス州知事アルフレッド・M・ランドン（Alfred M. Landon）を同党大統領候補に指名する。彼は、三四年の中間選挙のときに共和党が惨敗したにもかかわらず、カンザス州知事に当選し、しかもその任期中に州レヴェルにおいて恐慌を克服した知事として名声を博していたわけである。これに対して民主党は当然ローズヴェルトを再指名して争うことになる。この選挙は明白にニューディールという争点を中心にした選挙であるが、大企業を背景に多くの新聞は反ニューディールの論調を展開していた。この選挙でさらに注目すべき点は、ルイジアナのヒューイ・ロングなどが反ニューディールの旗印のもとに第三党をつくり出していたことである。前にのべたようにヒューイ・ロング自身は暗殺されるが、彼の後継者として中西部のポピュリズムの伝統を引き継ぐウィリアム・レムケ (William Lemke) が候補となり、連合党 (Union Party) を結成し、先にあげた各種の万能薬を掲げた急進的グループが一致して同党に結集することになる。しかしもはやヒューイ・ロングを失っていたこと、またローズヴェルト政権が左旋回してより広汎な大衆をその政策の受益者としてとりこんでしまっていたことから、三六年の選挙においては、連合党はそれほど大きな存在とはならなかった。その外に左翼政党として社会党が三たびノーマン・トマスを立て、共産党はアール・ブラウダー (Earl Browder) を立てる。同年の選挙では州レベルでいくつかの革新的な地方政党ができる。たとえばニューヨークの地方政党として、アメリカ労働党 (American Labor Party) ができるが、同党は大統領選ではローズヴェルトを推した。また中西部における農民労働者党 (Farmer Labor Party)、革新党 (Progressive Party) のごときも、いずれも大統領候補としてはローズヴェルトを推していた。AFL、CIOなどの労働組合もローズヴェルトを推し、ことにCIOはヒルマンの指導下労働者無党派同盟 (Labor's Nonpartisan League) をつくって、積極的に選挙戦にコミットしていく。

選挙戦は、ローズヴェルトが一般投票で約六一パーセント、選挙人投票では五二三票を獲得し、ランドンが選挙人投票でわずかに八票得るにとどまるという結果となりローズヴェルトの圧倒的勝利に終る。ちなみに連合党は八九万、社会党は一八万七〇〇〇、共産党は八万を得票したが、これらを全部合せても三パーセントに満たなかったということは、ローズヴェルトのもとで民主党が大多数の不満票をほぼ完全に吸収したことを意味していたといってよい。従来共和党支持であった黒人も、ニューディールの受益者としてこの選挙を契機に民主党の支持者になった。労働者・小農・失業者・移民・黒人、こうした低額所得者層はほぼ一致してローズヴェルトに投票し、ここにいわゆるローズヴェルト連合(Roosevelt Coalition)が形成されるわけである。そしてこの連合を、東部のリベラル知識人層などが強く支持していた。

ローズヴェルトは第二次就任演説で、国民の三分の一がいまだに衣食住において事欠いているということを訴え、さらに積極的にニューディール政策を推進することを約す。たとえば三七年八月に成立したワグナー・スティーガル全国住宅建設法(Wagner-Steagall National Housing Act)は、貧民窟を排除して低収入家族に公共住宅を提供する計画を含んでいた。また三八年二月には農業調整法を改正し、新農業調整法を制定する。さらに事業促進局も、事業企画局(Works Projects Administration)と改称され、大々的な公共支出を行なうことになる。このようにローズヴェルトは三六年の選挙戦における圧倒的勝利を背景に、さらにニューディール政策の促進を期するわけであるが、しかしはからずもこの勝利ののちには、ローズヴェルトのリーダーシップの挫折が待ちかまえていた。

第一次ニューディールの産業復興法、農業調整法が最高裁判所で違憲判決を受けたことはすでにのべたが、その他のニューディール立法が最高裁判所でどのような判決を受けるかは注目されていたところである。そこでローズヴェルトはそのニューディール政策を維持推進していくために最高裁判所の改革を行ない、いわばニューディールに友好的な判事を送り込むことを計画する。当時裁判所の改革は議会においても問題となっており、最高裁判所の議会立法違憲審査権に対する抑制策がいろいろ検討されていた。しかしローズヴェルトはこれを、制度の問題としてではなく判事の入替えすなわち人事の問題として捉え、いわゆる「裁判所の入替え案」(Court packing)を提案する。この案は判事の老齢化による能率の低下を名目として七〇歳以上の判事の引退の道を開くと共に、七〇歳以上の判事が退職しない場合には、それと同数の判事を一五名の限界内で任命することができるようにしたものである。しかしこの案は、一つには高齢な判事のプライドを露骨に傷つけるものであり、さらにその立案に当って議会の領袖とほとんど相談することなく、秘密裡に運んだこともあって、その発表と共に議会や新聞から激しい反対を受けるにいたった。ローズヴェルトは直ちに彼一流の方法、すなわちいわゆる炉辺談話によって一般大衆に支持を訴えるが、しかし憲法と最高裁判所という、いわばアメリカ政治制度における唯一の「尊厳的部分」ともいうべきものに対するローズヴェルトの正面からの攻撃は、アメリカの一般大衆の間にむしろ反発を生むことになる。かくしてこの政治的な裁判所改革案は、結局議会において民主党にさえ反対され葬り去られる結果となり、ローズヴェルトは手痛い敗北を喫する。ただし実質的には最高裁判所の老齢な判事が辞職したことから、ニューディール派の判事がローズヴェルトにより任命され、次第に最高裁判所はいわゆる「ローズヴェルト・コート」と呼ばれるリベラルな裁判所に変っていく。彼に任命されたリベラルな判事の中にはヒューゴー・ブラック (Hugo LaFayette Black)、フランクフルター、ウィリアム・ダグラス (William O. Douglas) などがいる。最高裁判所の方も、そのニューディール立法に対する態度を改め、ワグナー法をはじめとするいくつかのニューディール立法を合憲とする判決をくだした。ここに実質的には行政部と司法部の対立は解消し、その後裁判所はいわゆる裁判所の自己規制の理論をもって、政治的な判断をくだすことをさし控えるようになる。

ところで最高裁判所改革問題は、図らずも行政部と立法部との対立をも暴露するにいたった。この問題をめぐって、同じ政党に属していながらローズヴェルトは民主党の議員を統御することができず、いわば行政部の民主党と立法部の民主党との亀裂が示されるにいたった。ここにおいてか、ローズヴェルトは民主党を自己のより強い統制のもとにおこうとし、反ニューディール派の民主党議員を三八年の中間選挙において、議会より排除《パージ》することを計画する。しかしこれも彼に反対の民主党員が党大会で指名を獲得し、かつ本選挙でも当選したことによりローズヴェルト側の失敗に終る。この問題は元来地方政党の連合政党であるというアメリカの政党の基本的な性格にかかわるものであり、その基本的性格にあえて全国的な統一強化という形で挑戦したローズヴェルトが敗北したといえよう[2]。

三七年頃からふたたび景気が後退したことも、またローズヴェルト政権にとって大きな痛手であった。景気の回復をみたところで、政府が公共費支出をある程度さし控える政策をとったことから、直ちに景気は後退し失業者も増大した。ここにおいて、単に一時的な「誘い水」にすぎなかった公共支出がアメリカ経済の循環過程を確保するために、恒常化され、構造化しなければならないと考えられるにいたる。

ところでこの第二次ニューディールは、前にもふれたごとく復興《リカヴァリー》の面よりも次第により構造的な改革《リフォーム》の面が強調され、少なくとも理論においては、資本の論理よりも広く福祉の論理が優先するようになる。独占の進行を調査し、経済権力の集中化を抑制するために、立法部と行政部との合同の大規模な調査委員会、臨時全国経済調査委員会(Temporary National Economic Committee, TNEC)、が一九三八年六月に設けられたこともそのことを示す。ただし公共支出の対象は、ヨーロッパにおける国際政治状況の悪化に伴い、以後次第に社会保障《ソーシャル・セキュリティー》よりは国家安全保障《ナショナル・セキュリティー》へとその重点を移行していく。一九三八年五月には海軍拡張計画が成立、一〇億ドルをこえる支出が認められた。体制はここにおいて次第に準戦時経済体制へと移行していったということができるであろう。

大戦が勃発する三九年までをかりにニューディールの時代とみた場合に、ニューディールがはたしてアメリカ経済の復興に成功したかどうかは、少なくとも経済の次元に関する限りは疑問とせざるをえない。生産指数をとっても、この期間内に一九二九年以前の状態に戻ることはできなかった。また失業者の数もアメリカ経済が戦時経済へ移行するまでは、完全雇用の実現をみることはなかった。そういう意味で、戦時経済なくして、はたしてニューディール経済のもとで経済の回復が行なわれえたかということは、疑問視されなければならない。また事実恒久的な公共支出が、伝統的に私企業を優先するアメリカ社会にあって、軍事費以外の形で実現され得たかどうかということも未解決の問題として残されたといってよいだろう。しかしニューディールが、こうした経済的な面においてはともすれば否定的なあるいは未解決の評価を受けなければならないとしても、それが政治的な面では危機状況にあったアメリカの社会体制の保持に大きく役立ったことは疑いえない。前にもふれたように、アメリカ市民の追求する価値の中に、二〇年代を境として安全《セキュリティー》に対する要求が次第に強く出てきた。ことに人々の不安《インセキュリティー》が物質的にも心理的にも極点に達した二九年の恐慌以後はそうであった。これに対してニューディールは、国家機能をより広汎かつより緻密にすることにより大衆を国家権力の受益者へと化し、人々に少なくとも心理的な安定感を提供したということがいえるであろう。大衆の間に生じたローズヴェルト個人との人間的な一体感もさることながら、ニューディールはいわばアメリカ社会体制そのものに対する不信をある程度解消し、アメリカ社会体制の保持に貢献したわけである。逆にいえばそれは、人々をしてあらためてアメリカ社会の一員であるという帰属感を持たせることに成功したということができるであろう。この帰属感はさらに第二次大戦への参戦により一層強化されてゆく。その意味ではニューディールは、その革新的政策にもかかわらずまさに保守的

において目的としたところもそこにあったということができるであろう。

な機能を果すことに成功したといえる。またおそらくニューディールにより、ローズヴェルト政権がその根底に

3　ローズヴェルト政権の対外政策

ローズヴェルト政権は、その恐慌対策をもっぱら国内問題という観点から考え、当初国際的にはむしろ非協力の態度をとっていた。その点、アジアにおける日本の大陸進出、ヨーロッパにおけるナチスの擡頭という国際環境の悪化にもかかわらず、必ずしも対外積極策をとろうとするものではなかった。しかし、その反面において、十九世紀末以来の世界的規模における門戸開放政策の基本的路線の継承として、また当面の恐慌克服策の一環として、海外市場の開発も当然考慮されなければならなかった。

その一つは、ラテン・アメリカに対するものである。ローズヴェルトは就任演説でいわゆる善隣外交政策（Good Neighbor Policy）を唱え、ラテン・アメリカ諸国に対して非干渉主義の立場をとることを明らかにした。事実一九三四年にはキューバに対するかつてのプラット修正条項を廃止し、干渉権を放棄し、またハイチ、ニカラグァからの撤兵も行なう。ことに一九三三年末以降数次の汎アメリカ会議を開催、アメリカ大陸全体の連帯強化の方針に転換していく。現に、アメリカのラテン・アメリカへの輸出額、資本投下も急速にのびてゆく。ただこの方針転換も、基本的には南北アメリカ大陸の一体性を前提とする点では、モンロー主義の基調を逸脱するものではなかった。また共和党政権下の高率保護関税政策についても、ローズヴェルト政権は海外市場拡大のために

徐々に方向転換する。国務長官コーデル・ハル（Cordell Hull）は、南部出身の自由貿易論者として、各国との間に相互関税引下げを内容とする互恵通商協定を結ぶことを主張し、一九三四年六月議会もこれを認め、現行関税率の五〇パーセントまでを限度として関税を引下げる権限を大統領に与えることになった。これは従来の高率保護関税政策よりの一つの転換ではあったが、関税問題は常に国内の特殊利益を背景としていたために、必ずしも全面的に自由貿易主義がとられることにはならない。さらにローズヴェルト政権は広い意味での対外市場開発とも関連して、ソヴェト連邦を承認する。ソ連承認については、アメリカ特有の不承認主義の観点から、共和党政権のもとではついにその実現をみなかったのであるが、恐慌を経験しない市場としてソ連は注目され、これを一九三三年十一月実現することになった。なおこのソ連の承認は、同時に満州事変以降中国大陸に進出をはかる日本に対する抑制力としての役割を、ソ連に期待するものであったことも注目してよい。

外交政策をめぐる三〇年代初期のアメリカ世論の大勢は、基本的にはヨーロッパの紛争に巻込まれずに、アメリカの経済危機の克服に専心するというところにあった。そのことは、一九三四年ナイ上院議員（Gerald P. Nye）を委員長とする特別委員会が上院に設立され、第一次大戦へのアメリカの参戦が、いわゆる「死の商人」の画策によるものであることが指摘され、改めて中立の原則がうたわれたことにも窺われよう。一九三五年イタリアがエチオピアに侵略を開始するや、八月には交戦国に武器の輸送を禁止する中立法（Neutrality Act）が成立するが、以後中立法はさらに厳しくなり、スペインの内戦にも適用されていく。

しかし、ヨーロッパにおけるナチ政権の成立およびその勢力の拡大と、アジアにおける満州事変を契機とする日本の大陸進出とは、アメリカ国内に将来を危惧する声を惹き起していた。日本の中国本土に対する武力進出、いわゆる日華事変の開始は、アメリカの世論を刺戟した。これに対しローズヴェルトは、一九三七年十月、シカゴで有名な「隔離演説」(Quarantine Speech) を行ない、国際的無秩序の恐怖を除くために、侵略国を隔離すべきことを示唆し、強硬な態度を示した。もっともこの演説はアメリカ国内においてはきわめて不人気なものであり、その内容がなんらかの具体的な政策に結晶するようなことはなかった。しかし一九三四年末、ワシントン海軍軍縮条約に対する日本の廃棄通告により日米の間に建艦競争が始まりつつあったことを背景に、一九三八年アメリカ議会は大建艦計画 (Vinson Plan) を承認することになった。他方ナチス・ドイツの隣接諸国への進出は、ついにポーランド侵入となり、一九三九年九月、第二次大戦が勃発する。アジアにおける日本、ヨーロッパにおけるナチス・ドイツという二大勢力の進出は、ここにそれぞれの地域における勢力均衡を大きく覆した。この事態に直面したアメリカにおいては、一方で戦争への介入を避けようという中立主義の声が強まると共に、他方両地域における勢力均衡を回復するために、ドイツおよび日本を押えようという、二つの矛盾した世論がいわば並行して主張されるにいたる。そしてローズヴェルト政権は、いわばこの矛盾した二つの世論を均衡させつつ、参戦への外交政策を模索していくことになる。

アメリカの外交政策は、先にのべてきたように、意識すると意識せざるとにかかわらず、伝統的にはヨーロッパおよびアジアにおいて超大国の出現を阻むことにその主眼を置いてきた。つまりヨーロッパにおいて超大国が出現することは、直接に西半球への脅威を意味し、アジアにおいて超大国が出現することは中国の門戸開放が脅かされ、中国市場を独占的に支配されることになることを意味したからである。したがってドイツが強大化するに及び、体制的・文化的・心情的共感も相まって、アメリカは基本的には英仏を援助してドイツを倒すことを対ヨーロッパ政策の目的とする。かくしてローズヴェルト政権は中立の維持を宣言しつつも、実質的には中立法の改正により、イギリスに有利な状勢を創出することに努める。そのような政策としては、まず武器禁輸条項を撤廃し、現金払いと買い手が自国船で輸送することを条件とする武器輸出を認めた一九三九年十一月の中立法改正があげられよう。この改正によってアメリカは実質的には連合国の援助を開始する。さらに一九四〇年九月には、ローズヴェルトはイギリスとの間に行政協定を結び、西半球の英領諸基地と交換に駆逐艦五〇隻を提供する。また、この間米州諸国間に共同防衛体制の樹立が計画され、一九三八年のリマにおける汎米会議、三九年のパナマ会議、そして四〇年のハバナ会議で共同防衛を協定することとなった。

なお一九四〇年に大統領選挙が行なわれるが、民主党は川の途中で馬を乗りかえるな、とうたって、非常事態を理由にローズヴェルトを三たび候補に指名する。共和党はこれに対し有能な実業家のウィルキー(Wendell L. Willkie)を指名する。国民はフランスの降伏という危機状況に直面し、未知数のウィルキーよりは、過去において八年間の実績をもつローズヴェルトの政治指導により大きな信頼と支持をおき、結局ローズヴェルトはアメリカ史上はじめて三選される。この選挙戦においてローズヴェルトはアメリカは参戦しないこと、アメリカの息子をヨーロッパ戦線に送らないことを約束する。

三選をなしとげたローズヴェルトは一九四〇年末にはアメリカは「民主主義諸国の兵器廠」であることを宣言し、同時に国内体制を次第に戦時体制に移行し選抜徴兵制度を敷くにいたる。一九四一年一月「四つの自由」を唱え、自由と専制との対決として、この戦争にイデオロギー的・道義的色彩を加えていった。さらに一九四一年三月には武器貸与法(Lend Lease Act)を制定し、積極的に主としてイギリスに対する軍事援助を行なうことになる。かくして、アメリカはヨーロッパ戦争への参加の度合い《コミットメント》を次第に強め、アメリカは事実上連合国側の一員として経済的に戦争に参加し、問題はいつ軍事的に参戦するかになった。

アジアにおいてもアメリカは一種の矛盾に逢着していた。つまり、その矛盾とは日本の中国進出を抑制することの必要性を感じつつも、他方でヨーロッパにおけるドイツの強大化に対する抑制の必要の方が、アメリカにとってより直接的な重要性をもっていたことである。中国はアメリカからの経済的・軍事的援助を受けるが、同時に日本もくず鉄・石油などの物資をアメリカから輸入していた。ドイツを主要な敵とみなすアメリカとしては、日本との敵対関係に多くのエネルギーをさくことについては慎重でなければならなかったわけである。しかし日本が一九四〇年九月ドイツと同盟関係を結び、日独伊の枢軸関係が確立するに及んで、アメリカの対日政策は硬化せざるを得ず、日本の仏印進駐でアメリカは日本に対するくず鉄の禁輸を行なうなど、日米関係は悪化の一途をたどってゆく。日米交渉も、日本の中国からの撤兵、三国同盟の空文化などをめぐって、その対立はとけず、一九四一年十二月八日、日本軍による真珠湾攻撃によって日米は開戦、ここにアメリカは正式に第二次大戦に参戦する。[3] 中立か参戦かの分裂した世論は一挙に統一され、アメリカ国民の世論は結集して戦争遂行にあたることになる。日本の真珠湾攻撃によって参戦したが故に、国民感情としては日本が第一の敵国とみなされるが、しかし戦略的にはアメリカは終始ドイツを第一の敵とみなし、まずドイツをたたくことを基本的な戦略としていた。大西洋・ヨーロッパが主戦場となり、ことに陸戦に関する限り、太平洋・アジアは第二の戦場として戦われた。

先にふれたように第二次大戦にさいしては、アメリカは参戦前よりすでに戦時体制をととのえつつあった。平時における最初の選抜徴兵制の下で、一九四〇年十月には一六四〇万の壮丁の登録がなされ、四一年八月には召集兵九〇万の兵役期間の延期が認められていた。一九四〇年六月には、外人登録法(スミス法)が制定されたが、同法は外国人の登録取締りをはかると共に、広くアメリカ市民一般の破壊活動取締りを目的とする平時における治安維持法である。また同年十二月生産管理局(Office of Production Management)が設立され、「民主主義の兵器廠」を促進する役割をになっていた。

しかし、参戦と共に全面的な総動員体制が確立し、四二年一月戦時生産局(War Production Board)が設立され、上記生産管理局の機能を吸収拡大し、軍需生産の促進、広汎な生産統制がはかられるにいたった。また四月には戦時人員動員局(War Manpower Commission)を設立、人的資源の統轄的な動員管理が行なわれる。なお人的資源欠乏の中に、四二年二月の行政命令で日系アメリカ人約一一万はその忠誠をうたがわれ、太平洋沿岸の居住地から大陸内部に転地収容(relocation)されるにいたった。後に日系二世は二世部隊を組織して、ヨーロッパ戦線で文字通りその血をもってアメリカへの忠誠を証しなければならなかったことは周知のごとくである。さらに、物価賃金の統制、労働関係の調整、ことに軍需産業におけるストライキの規制、稀少軍需資源の確保、軍需生産における能率確保のための人種差別廃止策、鉄道の国家管理、内外の情報活動の統一などがすすめられていく。そして、一九四二年八月より、原子爆弾製造の「マンハッタン地区計画」が極秘裡に立案遂行されていった。ちなみに、挙国体制を確立するために、ローズヴェルトはすでに四〇年六月陸軍長官には前国務長官のスティムソン(Henry Lewis Stimson)、海軍長官にはノックス(Frank Knox)と共和党系の大物を戦争遂行の責任者に任命しており、原子爆弾製造はスティムソンの管轄の下におかれていた。

戦争の進展と共にローズヴェルトはいわゆる無条件降伏《アンコンディショナル・サレンダー》の原則を強くうち出すにいたった。元来、アメリカは戦争に入ることによって平時体制と戦時体制とを截然と区別し、戦争と共にいっさいは軍事的な配慮のもとに考慮されることになる。その点ヨーロッパが戦時と平時とをそれほど区別せず、いわば戦時を平時の継続として捉え、その意味でより権力政治《パワー・ポリティックス》的であるのに対し、アメリカの場合には、戦時においてはまさに軍事的な観点が全面的に肯定される。ローズヴェルトが無条件降伏の原則を採用した背景には、このようなアメリカ独特の戦争観が存在していたことは注目すべきであろう。

戦争遂行のための戦略的な配慮は、また同時に戦後の構想にも影響せざるを得なかった。共同作戦の計画および同時に戦後の構想の策定を目的とし、連合国側はしばしば重要な巨頭会談を行なう。四三年一月の米英カサブランカ会議、同年十一月のカイロ会議、さらにテヘラン会議、そして一九四五年二月のヤルタ会議、最終的にはポツダム会議などによって戦後構想は着々と進められていた。ローズヴェルトの基本的な構想は国際連盟に替る国際連合を結成すると共に、そこにおいて連合国側の大国が指導権を握ることであった。その際、ローズヴェルトは戦後においてソヴェトとも協調していけることを一つの前提としており、ヤルタ会議におけるソ連に対する譲歩としてのちに批判される態度も、ローズヴェルトのそうした前提に基づくものとして理解されよう。

ヤルタ会議を終えたのち、ローズヴェルトは第二次大戦の終了を見ずして突如病死し、副大統領トルーマン(Harry S. Truman)がローズヴェルトの後継者として大統領に就任した。一月後ドイツは降伏し、さらにソ連の参戦、八月アメリカの原子爆弾の投下を契機に、日本はポツダム宣言を受諾しここに第二次大戦は終了することになる。

外に第二次大戦は、いわば第一次大戦においてすでにある程度準備されていた「アメリカの平和《パクス・アメリカーナ》」を確定的なものにし、アメリカは戦後世界において経済的・軍事的に文字通り超大国としての発言権を行使する。内に第二次大戦は、長期にわたる総動員体制の結果、アメリカ国民に強いナショナリズムの風潮をもたらし、しかも戦時経済は完全雇用を確立せしめた。その結果ニューディール体制はそのイデオロギー的な新鮮味を喪失し、ニューディールおよび第二次大戦を通じて拡大された巨大な国家機能が後に残されていくこととなる。

(1)　ローズヴェルトは大統領選挙戦に立候補すると共に、前述のごとく学者を政策顧問として活用した。中でも著名なのは、モーリーをはじめ、タグウェル、バーレ (Adolf A. Berle, Jr.) の三人のコロンビア大学の教授たちで、彼らはしばしば「ブレイン・トラスト」(Brain Trust) とよばれ、政策の立案に、選挙演説の起草に活躍した。ローズヴェルトはまた他方では、投票獲得のためにはヴェテランの職業政治家ファーリーなどにも多くを依存している。彼が使ったブレイン・トラストたちの間でも必ずしも意見の統一があったわけではない。水と油ともいうべき存在を、時に応じて巧みに使いわけ、使いこなすところに、ローズヴェルトの指導力の一つの特色があったといってよい。ちなみにモーリーもファーリーも、のちにはローズヴェルトより離反し、その批判者となっている。なお、ブレイン・トラストの名はローズヴェルト政権と結びついて起り、記憶されているが、より本質的には、広く国家機能、行政権力の拡大に伴う構造的な現象とみなすべきであろう。つまり、国家機能の拡大に伴う大統領職の多忙化に伴い、大統領個人と一心同体となり、その頭脳、手足として活動する分身的存在が必要とされる。ローズヴェルトは、内に経済大恐慌、外に第二次大戦に直面し、自己の分身を自由に創造し、かつ取りかえていったが、そうした分身の必要性はローズヴェルト個人と共に終るわけではない。一九三九年、ホワイト・ハウス・スタッフが設立され、ある程度制度化されるが、ことにアイゼンハワーの時代により広汎に制度化された。ケネディ大統領もブレインを大幅に使ったことで有名であるが、ウォーターゲイト事件は、大統領職に構造的に必要とされる分身制を、大統領個人が個人的権力欲のために使用した悲劇といえよう。

(2)　ローズヴェルトと議会民主党との対立は、はからずもアメリカ政党の複雑な性格を明らかにすることになった。連邦制と三権分立制というアメリカ政治機構と見合って、アメリカ政党の構造も本来権力分散的である。それは、地方分権的というより地方政党の連合組織にすぎず、シャットシュナイダーのいうように全国政党《ナショナル・パーティ》は大統領選挙の時を除いては架空の存在（ghost party）といってもよい。いわゆる二大政党制とは、選挙にさいしての投票獲得機構として、つまり官職獲得のために存在する組織であって、政策決定組織としては存在しないといってよい。政策決定にさいしては、つまり議会内における投票行動様式についていえば、政党は団結した行動をせず、政党をこえての投票、いわゆる交叉投票（cross-voting）が多かれ少なかれ行なわれる。その意味では、アメリカの政党は無党《ノン・パーティザン》制ともいえ、超党派《バイパーティザン》であるともいえる。地方的利害、あるいは特定の利益に従って投票するという点では、多党制であるともいえよう。こういう政党の絆によらない交叉投票ができるということも、観点をかえれば二大政党がイデオロギー的に、体制政党としては同質であることによるものといえ、その意味ではアメリカの政党制はあるいは一党《ワン・パーティザン》制ともいえるかもしれない。何れにせよ、議院政党（Congressional Party）がこのように規律を欠く故に、大統領はかりに与党として多数党を議会に保有していても、自己の政策に対し多数の同意を保持しうるという保証はないのである。ここに、議院内閣制下のイギリスや日本の首相と異なったアメリカの大統領の議会操縦の苦心がいる。一九三二年の選挙以来今日まで四〇年以上に及び、わずか四年間を除いて民主党が常に議会において多数を占めてきたが、歴代の民主党大統領は常に、与党としての議会民主党との対立、取引きに煩わされてきたといってよい。

(3)　日本軍の真珠湾攻撃後、ローズヴェルト大統領の戦争教書に基づき、連邦議会は十二月八日、日米間に戦争状態の存在することを、上院は八三対〇、下院は三八八対一の票によって決議した。この反対票一票は、モンタナ州のランキン女史（Jeannette Rankin）によるもので、同女史はクエーカー教徒の良心的反戦論者として、文字通り涙ながらに、アメリカ史に残る一票を投じたのである。ちなみに、同議員は一九一七年の第一次大戦参戦の時にも反対票を投じ、また後のヴェトナム戦争にも反対の表明をする。なお、日本軍の真珠湾攻撃によってアメリカが第二次大戦に参戦した事実は、しばしば日本人をして日米関係について錯覚させる原因ともなっている。つまり、日本にとっては第二次大戦は第一義的に日米戦争を意味したが、アメリカにとっては第二次大戦は、第一義的には米独戦争であり、第二義的に米日戦争であった事実が忘れられがちであり、日米関係の日本の対外関係においてもつ比重が、そのままアメリカの対外関係においてもあてはまると思う錯覚である。これは、少々誇張していえば、ペリーの日本来航以来今日にいたるまで、日本人が日米関係について抱きがちな錯覚でもある。

第一〇章　冷戦と福祉国家

すでにふれてきたごとく、一般にアメリカ史は同時代史的性格をもっているが、ことに戦後史の場合は時間的にも文字通り同時代史的性格が強い。未公開の資料が多いことにもよるが、戦後史の解釈はきわめて多岐的であり、その執筆者の政治的立場によってしばしば解釈がかなり左右されることも否定できないであろう。戦後アメリカ外交史については「修正主義《リヴィジョニズム》」解釈の出ていることは周知のごとくであるが、ケネディ政権に代表される「リベラル・エスタブリッシュメント」に対する態度によって、戦後史の書き方もかなりニュアンスを異にする。今、アメリカ史の一部として一九七〇年代までを含めることはかなり無理があることを十分承知の上で、あえて戦後三〇年間の「事実」の素描を試みてみた。

戦後三〇年のアメリカ史は、アメリカが超大国として、軍事的のみならず、経済的にも文化的にも世界政治に大きく発言権を行使し、国の内外においてその権力が著しく肥大化した時代であった。しかし、まさに「力のおごり」が生じた時、その力は外に内に限界につきあたり、威信と自信とを喪失し、アメリカ社会は混沌とした様相を示した。人種紛争・ヴェトナム戦争、アメリカは現象的にだけではなく内面的にも、アメリカ史二〇〇年における深い試錬をいかに克服するかの課題に当面しているというべきであろう。

1　冷戦とフェアディール

原子爆弾投下によって、アメリカは第二次大戦の早期終戦をもたらすことができた。その原子爆弾投下が第二次大戦の早期終戦のみを目的とするものであったか、あるいは戦後の国際政治対策つまり対ソ戦略を目的としたものであったかは別としても、この圧倒的破壊力をもつ核兵器の開発によって、アメリカはみずからの安全保障に不安感を抱くようになる。核兵器の秘密をいつまでもアメリカが独占できない以上、今までアメリカが享受してきた自然の安全保障（free security）の喪失は時間の問題であったからである。かくして、第二次大戦の終結は、同時により破局的な第三次大戦の恐怖を潜在せしめつつ迎えられることになる。

しかし、終戦は国民一般にとっては「平常への復帰」として迎えられた。国民は長期の総動員体制よりの解放を、特に戦地の兵士とその家族は急速な復員を求めた。外地の兵士の間には早急の復員を求める暴動すら起った。アメリカ政府もこの国民の要望に応えて、急速かつ大規模な復員を遂行せざるをえず、終戦時陸軍八二六万の大軍は、翌四六年夏には一五〇万に、さらに四八年には五五万にまで縮小された。また、戦時の経済統制も緩和され、戦時生産局は四五年十月には解散、物資の切符制も砂糖を除けば解除されてゆく。

しかし、戦争遂行という大義とローズヴェルトという強力なリーダーシップの下で保持されてきた国内統合は、戦争終了と共に弛緩し、ローズヴェルトの急死という「事故による大統領」トルーマンは、各種の利害の強い自己主張に直面して困難な道を歩まざるをえない。しかも、戦時経済によってはじめて達成された完全雇用は戦時需要の消失にもかかわらず維持されうるかという不安が起り、人々は不況と失業との再来を危惧したのである。企業は物価統制の撤廃を要求し、労働組合も賃金値上げを要求してストライキが続発するにいたった。トルーマン政権は物価統制の継続を望んだが、「平常への復帰」の下に規制は崩れ、物価は上昇、インフレ対策に腐心せざるをえなくなる。恐慌の再来を防ぐために完全雇用法案が提出され、四六年の雇用法 (Employment Act) の成立を見た。同法は妥協的なものであるが、連邦政府が雇用に全般的な責任をもつにいたったことは、やはり注目すべきであろう。また同法の下で、大統領の経済諮問委員会が設置され、長期的な分析と計画をたてることになった。

ローズヴェルトの急死と戦争の終了とは、長い野党時代を送ってきた共和党にとって、多数党へと転化すべきよい機会であった。事実、一九四六年の中間選挙では、共和党は一六年ぶりに上下両院で多数を占めるにいたる。勝ちに乗じた共和党は、ニューディール政策の修正にのり出し、四七年六月にはタフト゠ハートレイ労使関係法 (Taft-Hartley Act) を、トルーマン大統領の拒否権行使をのりこえて成立せしめ、ワグナー法(全国労働関係法)を修正した。

ところで、この間に戦後の国際政治状況は悪化し、米ソの対立は次第に鮮明化していく。一方で第一次大戦後の対ソ干渉戦の苦い体験に鑑み、ソ連は東欧を自己の勢力圏におこうとし、他方でイギリスを中心とする連合国側はソ連のヨーロッパ進出をおそれてバルカン地方の確保をはかり、戦時中からソ連(スターリン)とイギリス(チャーチル)との対立は潜行し、これをアメリカ(ローズヴェルト)が調整していくという面をもっていた。そこではイギリスの伝統的な勢力均衡論とアメリカの集団安全保障論、具体的には三大国協調による国連方式が対立していたといってよい。

戦後チャーチルは、四六年三月、アメリカで「鉄のカーテン」論を唱えアメリカの世論に対ソ警戒を説いたが、トルーマンも次第に対ソ強硬論にかたむくと共に、対ソ和解論を説く商務長官ヘンリー・ウォレス（前農務長官）と対立し、ついに四六年九月彼を罷免するにいたった。そして、戦後財政的に疲弊著しいイギリスはギリシャ・トルコの援助を打切らざるをえず、その肩代りをアメリカが行なうことになる。アメリカは平時において、軍事的経済的にヨーロッパの勢力均衡にコミットすることになるわけであるが、それへの支持を国民に訴えたのが、一九四七年三月の「トルーマン・ドクトリン」にほかならない。そのさい、トルーマンは、ギリシャ・トルコ援助を、より広い体制の問題、すなわち二つの生活様式、自由主義体制か全体主義体制（実質的には共産主義体制）か、という形で問題を訴えた。復員気分に浸っている国民を再動員してゆくにあたっては、単にパワー・ポリティックスだけではなく、イデオロギー・ポリティックスに訴えざるをえなかったといえよう。しかし、このことは戦後の国際政治を単に米ソの二超大国の対立という面だけではなく、自由主義対共産主義というイデオロギー的対立の面で把えることになり、いわゆる冷戦外交として、アメリカの対外関係を硬直化せしめることになる。かくして、アメリカは、四七年五月、ギリシャ・トルコ援助法を正式に成立せしめ、戦後ヨーロッパ政治に具体的に再コミットしてゆく。

さらに、同年六月、国務長官マーシャル（George C. Marshall）は、ハーヴァード大学で演説を行ない、もしヨーロッパ諸国が協力して復興計画を示すならば、アメリカはこれに応じて大規模な長期的な援助計画を行なう用意のある旨を述べ、いわゆるマーシャル・プランを示唆する。これにヨーロッパ諸国も応じ、やがてソ連、東欧諸国を除く諸国によってヨーロッパ経済協力機構（OEEC）が形成された。一九四八年二月、チェコスロヴァキアにおける共産主義政権樹立の衝撃もあり、四八年四月アメリカ議会は対外援助法を可決、経済協力局（ECA）を樹立、爾来三年間に約一二〇億ドルの援助を行ない、ヨーロッパの経済復興につとめる。このマーシャル・プランは一方でアメリカの輸出市場を拡大すると共に、ヨーロッパの経済復興による対ソ障壁の形成の役割をもはたすことになる。

内外のこうした緊迫の下に、一九四八年の大統領選挙は迎えられる。四八年七月、民主党はトルーマンを再指名するが、民主党政権ははやくも内部動揺を示していた。すなわち、一方では南部保守派がトルーマン政権の黒人市民権保障政策に反発し、脱党して、別個に州権党（States' Rights Party）を形成、サウス・カロライナ州知事サーモンド（J. Strom Thurmond）を大統領候補に指名する。他方、トルーマン政権の対ソ強硬策に反発した民主党左派のグループは、先にふれたウォレスを中心に進歩党（Progressive Party）を組織し、ウォレスを候補に立てた。かくして、民主党から左右両翼は分離し、民主党の勝利の機会はますます失われた感があった。政権の座につく可能性に恵まれた共和党は、有能なニューヨーク州知事として名声の高いデューイ（Thomas Dewey）を再び候補に指名し、世論調査もデューイの勝利を予想していた。しかし、選挙の結果はトルーマンの勝利に終った。この「奇蹟」の原因が何であれ、基本的には、ニューディール以来の、否アル・スミス以来の民主党多数の構造は崩れなかったのである。言葉をかえていえば、「持たざる者」の政党としての民主党のイメイジ、ニューディール、第二次大戦下の大衆の民主党政権受益者化は、投票者をして共和党による「変化」よりも、民主党の下における「継続」を求めしめたといえよう。

さて、勝利を獲ちえたトルーマンは、その就任演説でフェアディール（Fair Deal）政策の実現を約束した。つまり、ニューディール政策を受けつぎ拡大することを目指し、積極的に国内対策にとりくもうとする。事実、最低賃金の値上げ、公共住宅の増大、農産物価格の安定、社会保障の拡大などの実現をみるが、かねて公約していた黒人への市民権の保障、タフト＝ハートレイ法の廃止は結局達成できなかった。民主党は上下両院で多数を占めるが、民主党南部保守派と共和党との連合が議会において強力な拒否権を行使していたのである。

しかし、国際政治の緊張激化は、やがて国内政治におけるフェアディールを色あせたものにし、一九五〇年、朝鮮戦争の勃発と共に、アメリカは福祉政策より軍事政策へと重点を移行する。この点、すでに冷戦状況の下で、国内体制自体冷戦体制化していたことをみのがすことはできない。トルーマン・ドクトリンとほぼ時を同じくして四七年三月、連邦公務員の忠誠審査を行なう徹底的な忠誠審査令が公布されていた。さらに、一九五〇年大統領の拒否をこえて、マッカラン法（McCarran Act）あるいは国内治安法（Internal Security Act）が成立し、いわゆる破壊活動取締りを、具体的には共産主義関係団体の取締りを強行することになった。こうした外の冷戦、内の政府・議会による反共法令の制定を背景に、ウィスコンシン州選出の上院議員マッカーシー（Joseph R. McCarthy）による反共デマゴギーの活動が跳躍し、自由を擁護するという名目の下で、つまり「自由」の象徴の下で、自由の実体を抑圧する結果を招くにいたる。(1)

トルーマン・ドクトリンの発表後しばらくして、四七年七月国家安全保障法（National Security Act）が成立、全体戦争に備えるための外交・軍事・内政全面にわたる統合的調整機関として、国家安全保障会議が設置され、三軍を統合するものとして国防総省がおかれ、さらに情報、諜報活動の元締めとして中央情報局（Central Intelligence Agency, CIA) が設置されることになった。四八年六月には選抜徴兵制が制定され、再動員体制が敷かれることになる。こうした国内体制の整備とほぼ並行して、一九四九年四月、北大西洋条約 (North Atlantic Treaty) が調印され、アメリカを含む当初一二ヵ国により、北大西洋の地域的集団防衛機構が成立した。アメリカは、ここに平時においてはじめて軍事同盟にコミットし、西欧諸国に大々的な軍事経済援助を与えることになる。かくして、アメリカは国際政治において、その巨大な軍事力・経済力を背景として決定的な発言権を行使してゆく。

他方、アジアにおいては、中国革命は急速に展開し、国民党政府と中国共産党とは激しく争いつつあり、アメリカはその仲介を試みたが失敗、国民党政府は自壊し、蔣介石総統以下国民党中心勢力は台湾へと移転、四九年十月中華人民共和国が成立する。このことは十九世紀末以来、中国を潜在的市場とみなし、門戸開放政策によってその確保につとめてきたアメリカにとって、激しい衝撃を与えずにはおかなかった。いわゆるチャイナ・ロビーの活動もあり、多くのアメリカ人にとって、中国の共産主義化は中国の「喪失」として映り、その「喪失」の責任がトルーマン政権、ことにアチソン国務長官 (Dean Acheson) やそのアジア政策担当者たちに帰せられ、共和党右派の激しい攻撃の対象とされた。その時一九五〇年夏、朝鮮において北朝鮮軍が三八度線を突破、朝鮮戦争が勃発する。アメリカは、直ちに南朝鮮への援助を決定、軍隊を派遣し、国連安全保障理事会の決議に基づき、国連軍を編成、在日占領軍総司令官マッカーサー将軍を国連軍総司令官に任命した。南方釜山地域まで押しまくられたアメリカ軍は仁川上陸によって逆攻勢に出、三八度線を突破、満州との国境上まで進出、ついに中国「義勇軍」の参加を招くにいたり、マッカーサーはあえて中国との全面的戦争をも辞せずという態度をとった。アジアにおける全面戦争をおそれたトルーマンは、一九五一年四月マッカーサー将軍を罷免、アメリカ国内は朝鮮戦争をめぐり激しく分裂した。世論はマッカーサーを支持し、帰国する彼を凱旋将軍のごとく歓迎したが、やがてその熱狂もおさまり、戦争の終結を求める気運が強くなっていた。一九五一年七月休戦交渉が開始されたが、交渉は紛糾をきわめ、長びいてゆく。いずれにせよ冷戦という戦時とも平時とも区別できない状況下におかれ、限定戦争というアメリカ国民の伝統になじまない戦争に直面したアメリカ国民の感情は、挫折と焦燥とにさいなまれたことは否定しえない。

ところで、アメリカの対日政策も、冷戦状況の進展と共にその方向をかえていた。ポツダム宣言受諾による日本の降伏と共に、アメリカ軍を中心とする連合軍が日本に進駐し、ダグラス・マッカーサーが連合国最高司令官(SCAP)として日本の占領管理を行なってきた。一九四五年九月二十二日、アメリカ政府は対日方針を発表し、日本の軍事力の破壊、戦争犯罪人の処罰、公職追放、財閥解体などを含む、日本の非軍事化・民主化政策を明らかにしていた。事実、初期の対日政策はこの線によって行なわれていた。しかし、国際政治状況の冷戦状況への移行は、次第に日本を対ソ、対中国軍事体制の一環として位置づけるにいたり、日本の再軍備問題が具体的日程におかれるにいたる。ことに、四九年秋の中華人民共和国の成立、五〇年春の中ソ同盟の締結、そして同年夏の朝鮮戦争勃発は、日本占領軍の性格をかえ、また同時に被占領国としての日本の役割をかえていった。一九五一年九月サンフランシスコにおいて対日講和条約と日米安全保障条約とが調印されたが、それは日本が独立の代償にアメリカの冷戦体制の一翼を担うことを意味した。事実、日本は朝鮮戦争においてアメリカ軍の補給基地としての役割を果し、また日本経済はアメリカ軍よりのいわゆる特需によりその復興の契機をつかんだのである。

2 アイク政権とケネディ政権

外に朝鮮戦争、内にマッカーシィズムとインフレという状況の下に、一九五二年選挙は迎えられる。共和党大統領候補として当然「ミスター・リパブリカン」と呼ばれるタフト上院議員（Robert A. Taft）が予想されたが、反ニューディール、孤立主義の立場を鮮明にし、あまりにも正統派共和党系なタフトがはたしてどれだけ大衆に訴えるか疑問視され、誠実な人柄でより広汎な人気をもつ「国民的英雄」アイゼンハワー将軍（Dwight D. Eisenhower）が候補に指名され、「アイ・ライク・アイク」のスローガンで大々的に売りこまれた。ちなみに、副大統領候補にはカリフォルニア州出身上院議員で反共闘士の名の高いニクソン（Richard M. Nixon）が指名される。一方、トルーマンには再立候補の意思なく、結局イリノイ州知事のスティーヴンソン（Adlai E. Stevenson）が指名される。きわめて知性的なスティーヴンソンは多くの知識人の支持を得たが大衆的魅力には乏しく、選挙の結果はアイゼンハワーの圧倒的勝利となった。共和党はここに二〇年ぶりで政権の座を獲得したが、はたしてそれが共和党の勝利といえるかどうか疑わしい。共和党は議会でも文字通り僅少の差で勝ったものの、五四年の中間選挙では再び少数党に変じ、五六年アイゼンハワーが再選されたときも議会では少数党にとどまっていた。その点、五二年の選挙は、共和党の勝利というよりはむしろアイク個人の勝利とみなされるべきであろう。

アイゼンハワーはその就任にさいして、民主党政権よりの転換を強調しているが、また確かにムードとして反ニューディール、反国際主義のムードが支配的にはなるが、そのことは必ずしも政策の面で大幅な転換がなされたことを意味するものではない。共和党の緊縮政策の主張にもかかわらず、巨額な公共支出はアメリカ経済の循環過程確保のため必要とされ、社会保障政策の継続拡大は大衆の支持確保のためにも必要とされた。象徴としてのニューディールは否定されたが、政策としてのニューディールは否定されえず、すでにそれはアメリカ現存体制の一部として内在化していたのである。また対外的にも第二次大戦後超大国としてのアメリカはもはや従来の意味での孤立主義政策にもどるすべなく、ただその世界大の介入を、アメリカ単独で行なうか(単独主義)、イギリスなどの西欧諸国と協調して行なうか(協調主義)のちがいとなっていた。民主党政権の対外政策を「宥和政策」、西欧協調主義として批判してきた共和党としては、少なくともその表現においてはますます共産主義勢力に対し強硬たらざるをえなくなった。

アイゼンハワー政権は、大自動車会社ジェネラル・モーターズ社長ウィルソン(Charles E. Wilson)を国防長官に任命したことをはじめとし、多くの財界人を閣僚に任命している。国務長官には、ウォール街の有能な弁護士ダレス(John Foster Dulles)が任命された。また、アイゼンハワーは個性の強い指導者というよりは、諸利益の調停者型の指導者であったが、軍隊の経験を活かし参謀的な側近を強化した。前ニュー・ハンプシャー知事のアダムズ(Sherman Adams)は、ホワイト・ハウス事務局の長として事実上参謀長の役割を果していた。

ところで、アイクの当選を決定的にしたものとして、彼が選挙戦の終盤で、大統領当選のあかつきには朝鮮に行くことを約束したことがあげられよう。いつはてることもない勝利なき戦いにあきあきした国民はその早期終結を求めていた。アイクの朝鮮行きが、何はともあれそれをもたらすであろうことを期待したのである。そして、事実アイゼンハワーは十二月朝鮮戦線を視察した。その後休戦交渉はともかく進展し、一九五三年七月板門店において休戦協定の成立を見るにいたり、三年ぶりで朝鮮戦争に一応の終止符がうたれることになる。しかし、このことはアジアの平和がもたらされることを意味するものではなかった。朝鮮戦争中に、アメリカ軍と中国軍とは直接朝鮮戦線において戦ったのみならず、第七艦隊は台湾海峡に遊弋し、中国の台湾解放を阻止、さらに一九五四年十二月にはアメリカは台湾の蔣介石政権と相互防衛条約を結んで、台湾防衛にコミットすることになる。

一九五二年秋アイゼンハワー当選後間もなく、トルーマン大統領は水爆実験成功を発表した。他方翌五三年八月ソ連は水爆を保有していることを明らかにする。さらに五四年一月、ダレス国務長官はニュールック政策(大量報復戦略)を発表し、ここに核兵器の異常な開発の結果、米ソは今や大量殺戮の手段を保有し、いわゆる恐怖の均衡の時代に入りつつあった。東西間の緊張は増大し、人類の破滅となるべき第三次大戦の勃発をさけるために何らかの手段が講ぜられるべきことが痛感されるにいたった。その頃五三年三月スターリンは死去するが、それは確かにソ連体制内に変化をもたらし、東西「雪どけ」の兆を表わしはじめた。かくして、一九五五年七月、ジュネーヴにおいて、イギリスのイーデン首相、ソ連のブルガーニン首相、フランスのフォール首相とアイゼンハワー大統領四名の巨頭会談が開かれるにいたる。ドイツ統一問題、軍縮問題などが討議されたが、結論に達するにいたらなかった。話合いが続けられつつ、他方で核兵器の競争は激化、一九五七年夏、ソ連は大陸間弾道弾(ICBM)の開発に成功、さらに、十月には人工衛星スプートニク第一号を打上げ、核兵器開発競争は一層激化するにいたる。こうした相かさなる核爆発の実験、人類破滅の戦争への危機は、国際世論を刺戟し、アメリカ内にも次第に強い反対を生むにいたった。ベルリンをめぐる危機を打開すべく、時のソ連首相フルシチョフはアメリカを訪れ、キャンプ・デイヴィッドにおいて、アイゼンハワーと会見、雪どけの気運は強まったが、六〇年アメリカの超高空偵察機U２機がソ連領土内において墜落、偵察飛行を行なっていたことが明らかにされ、パリに予定されていた巨頭会談も流れるにいたり、東西の緊張状態は続いた。

一九六〇年はまた大統領選挙の年でもあった。共和党はアイクの個人的魅力で政権を掌握したが、これをいかにして共和党自体の多数化に転ずるかが大きな課題であった。アイク政権も結局、外政内政ともに基本的には民主党政権の政策を継承しており、その点民主党への追随主義（me-tooism）のそしりを党内右派から招かざるをえなかった。一方、民主党もそのニューディール以来の巨額な公共支出政策で国民多数を受益者化した結果、彼らは今やミドルクラス化し「持たざる者の政党」民主党を離れようとする。民主党はまさにその成功の故に、その勢力を減退するという逆説に直面した。かつての都市スラム街の民主党支持者の子弟たちは、今や大都市の郊外住宅地に移り住み、共和党支持に転じてゆこうとする。共和党は、アイク政権の下で副大統領をつとめ、今や政界の玄人として精力的に活動するニクソンを、アイクの後継者として指名した。民主党は、四三歳の若きケネディ（John F. Kennedy）を指名する。このアイルランド系の百万長者の駐英大使の次男は政界に新風を吹き込むことを期待されて、さっそうと登場する。この若い政敵同士の選挙戦で一つ注目すべきことは、四日に及ぶテレビ公開論争であろう。マス・メディアの時代にふさわしく、全国民はこの両者の論争をブラウン管上で直接観ることができたのである。選挙の結果は結局一一万票という僅差でケネディの勝利となり、民主党は再び政権を握ることになった。

ケネディの勝利は、アメリカ政治史の文脈で見る時、それは、アイルランド系移民の子孫であり、カトリック教徒であるものがホワイト・ハウスの主となったという点において、やはり注目すべきものがある。長いＷＡＳＰ

（ホワイト、アングロサクソン、プロテスタント）多数の伝統が次第に崩れつつあり、もはやアイルランド系、カトリック系であることが問題にならなくなってきた。このことは、さらに他の少数民族《マイノリティーズ》が平等の立場を要求してゆくことを示唆しているともいえよう(2)。

ケネディは、その就任演説においてやや気負った修辞で、国民にその抱負をのべる。ケネディ政権の直面していた問題は、基本的には、外交における冷戦問題、つまり対ソ平和的共存の確立であったといってよい。ケネディは特別補佐官にマサチューセッツ工科大学（MIT）教授のロストゥ（Walt W. Rostow）を、国防長官にはフォード自動車会社の社長マクナマラ（Robert S. McNamara）を任命し、怜悧な計算に基づいた対外政策、軍事政策を展開する。一九六一年、ベルリン問題での対立、さらに一九六二年キューバへのソ連ミサイル持ち込みという国際政治上の危機にさいし、時のソ連首相フルシチョフとわたり合って危機をさけることに成功した。米ソ両国共に、核戦争の不可能なことを確認し合ったといってよいであろう。このキューバの危機とその解決とによって、米ソの和解、共存関係の方向が確定し、米ソ二大国の対立を軸とした戦後の冷戦は、その限りでは解消しつつあったといってよい。事実、一九六三年六月、ケネディはアメリカン大学での演説で米ソの和解を説き、その年八月、モスクワにおいて米ソ英の三国の間にいわゆる部分的核実験停止条約が調印された。

しかし、この米ソの和解は、そのまま平和の到来を意味するものではなかった。それはいわゆる東西間の和解をもたらしたにせよ、いわゆる南北間のみぞをうずめるものではなかった。いいかえれば、ヨーロッパ問題の解決を志向したにせよ、アジアの問題を解決するものではなかった。中国の強大化に伴い、中ソの対立は激化し、また中国はアメリカ帝国主義を激しく非難した。ケネディ政権は米ソの核兵器による全面戦争を回避すべく努めたが、通常兵器による局地戦争の可能性を前提にした軍備の充実をはかる。それは、政情のきわめて不安定な東南アジアにおけるゲリラ戦に対処すべき軍事力の整備をも含むものであった。事実、ケネディ政権下で、南ヴェトナム政権への軍事援助は増大していった。後のヴェトナム戦争への惨憺たる介入への端緒はケネディ政権の下で始まったといっても過言ではないであろう。

なお、ケネディ政権の対外政策において注目すべきものとしては、就任間もなくのキューバ内政介入とその失敗があるが、それは伝統的なモンロー主義の限界を示したものといえよう。また一九六二年の通商拡大法により貿易の自由化がとられたことも忘れてはならないであろう。

ケネディ政権は本来外政志向型であり、また議会内においては保守派民主党議員の抵抗もあり、立法の形による有効な国内政策の展開は困難な状況にあったといってよい。その中でも、ケネディ政権が内政面で大きな課題としたのは、人種差別廃止の問題であろう。

3　人種問題とヴェトナム戦争

先にもふれたように、南部再建の終了に伴い、一八九〇年代よりの州憲法の修正、またいわゆるジム・クロウ法(jim crow 黒人差別法)の制定により、南部諸州において黒人に対する人種差別的分離(segregation)の制度が次第に確立され、黒人は政治的経済的社会的に疎外されるようになった。ことに一八九六年の連邦最高裁判所による「分離しても平等」(separate but equal)という判決(Plessy v. Ferguson)は、こうした差別制度を連邦憲法修正第一四条の規定にもかかわらず、合法的なものとする。全国黒人地位向上協会（National Association for the Advancement of Colored People, NAACP）の設立（一九一〇年）や、その立場はそれぞれ異なるにせよB・ワシントン（Booker T. Washington）、デュ・ボイス（William E. Du Bois）、ガーヴェイ（Marcus Garvey）のごとき黒人指導者の努力にもかかわらず、黒人に対する差別の現実は変らず、その点では革新主義政権もニューディールも何ら積極的な対策を講じるものではなかった。

ただ、ニューディールはその失業救済事業などを通して、失業者としての黒人を救済した結果、従来リンカンの政党としての共和党を支持してきた黒人は民主党支持に変り、一九三六年のいわゆるローズヴェルト連合の有力な一翼をになうにいたり、爾来黒人の民主党支持は今日にいたるも基本的には変っていない。さらに、第二次大戦の勃発の結果、多くの黒人は軍隊に召集され海外に派遣されると共に、国内各地の軍需工場で働くことになった。かくして、戦争という条件の下で、人的資源として黒人のエネルギーを有効に動員するために、「差別」ではなく「統合」（integration）が、つまり「差別廃止」（desegregation）が、国家的要請として具体的日程にのぼってくる。他面、黒人は自己の力に自信をもち、北部、海外における体験は、差別が当然なものではなく、例外なものであることの自覚を強め、黒人自身による差別廃止への動きが活発になってゆく。そのような背景の下に、一九四四年、連邦最高裁判所は「白人だけの予備選挙」を違憲とし（Smith v. Allwright）、一九四八年トルーマン大統領は軍隊における人種差別の廃止を指示した。さらに、一九五四年最高裁判所は公立学校における人種的差別を違憲とする判決（Brown v. Board of Education of Topeka）を下し、上記一八九六年の判決をくつがえし、下級裁判所に対し公立学校における白人学童と黒人学童との共学＝統合を「きわめて慎重な速度をもって」

促進するよう指示した。

この画期的な判決を一つの契機として、人種統合へと大勢は方向づけられるが、逆にそれだけ国内世論はその深い亀裂を示すことにもなる。黒人は一九五五年末よりのアラバマ州モントゴメリー市における差別バス・ボイコットをはじめ、自覚的な差別廃止運動を組織的におしすすめ、キング牧師（Martin Luther King）のごときすぐれた黒人指導者を生むにいたった。また一九六一年の頃のフリーダム・ライダーズをはじめ、北部の若い運動家たちも南部各地で差別廃止運動に協力する。なお、南部自体における工業化と都市化の進行が、南部における人種差別の基盤を弱めていったことにも留意しなければならない。一九六三年五月、アラバマ州バーミンガム市における差別廃止デモに続いて、一九六三年八月ワシントン市における大行進は人種差別廃止運動の大いなる高揚を示すものであったが、そこにはまた問題の複雑さ、困難さの影が濃くさしていた。

統合の進行と共に、南部白人の間で統合に対する反発も強くなり、南部各地で暴力をもって統合阻止をはかろうとする動きも出、一九五七年夏には、リトルロック市における公立高校事件のため連邦軍が派遣されるにいたった。かつての「特殊な制度」奴隷制に淵源する差別に基づく南部の地方的体制と、多民族国家として統合を国是とする全国的体制との対立は、ケネディ民主党政権になってから、ますます激化し、南部各地で殺人行為を伴う暴力事件が続発した。先のバーミンガム市での差別廃止運動に対する白人の暴力事件に対しては連邦軍が派遣されたが、白人の不安と焦慮とはいわゆる白人の巻き返し（white backlash）となって各地に広がっていった。ケネディのテキサス州訪問も南部人に対する和解のポーズでもあったが、結果はダラス市における彼の不慮の死となった。

人種問題をさらに複雑にしたのは、黒人の北部大都市への移動が増大するにつれ、人種問題はもはや特殊南部的な問題ではなく全国的な問題となってきていたことである。第一次大戦後次第にはじまった黒人の北部移動は、五〇年代、六〇年代と加速度化し、一九七〇年には南部以外の地域に住む黒人の数は、黒人の総数の半分に達し、北部の大都市に黒人街を形成するにいたり、北部大都市の人口中、黒人住民の占める割合が著しく増大した。こうして急増した黒人市民は、かりに法的に平等の地位をもつにせよ、就業、職種、住居などの諸面において著しいハンディキャップをおっていた。ジョンソン (Lyndon Baines Johnson) 政権の下で一九六四年市民権法の成立を見、また連邦憲法の修正などである程度法的権利を獲得するにいたった黒人は、社会的経済的な保障がそれに伴わないことに焦慮、黒人運動の中に急進的ないわゆるブラック・パワーが強まりはじめた。ことに、白人種、白人文化との統合ではなく、黒人種の優秀性の認識の下に、黒人種の分立、黒人文化の確立を求める黒人ナショナリズムの動きは、その目的において統合を課題とし、その手段において非暴力的行動に訴えるキングなどの主流を手ぬるいとし、過激な行動に出るようになる。一九六五年ロスアンジェルス市黒人地区ワッツでの黒人暴動をはじめ、毎年夏毎に大都市各地で人種暴動が起り、白人低所得者層の恐怖と暴力とを生み、暴力と暴力との衝突を生んでいった。しかし、この国内における暴力的雰囲気も、外におけるヴェトナム戦争という対外的暴力の大々的行使と無縁なものとはいえない。

一九四五年第二次大戦における日本の敗北と共に、フランス領植民地であり日本占領下にあったヴェトナムは、ホー・チ・ミン (Ho Chi Minh) の指導下で、一七七六年のアメリカ独立宣言を引用した独立宣言をもって独立、ヴェトナム民主共和国が建設された。フランスは植民地支配を再建しようとし南部に別個に政権を樹立し、フランスとヴェトナム民族との戦闘は激しくなる。アメリカは、当初必ずしも関心をもたなかったが、冷戦体制の形成、中国革命、朝鮮戦争などを背景に、ヴェトナム戦争をグローバルな冷戦体制の一環として把え、南ヴェトナム、バオダイ政権を承認し、軍事援助を約束する。一九五四年にはフランス側戦費の七割をアメリカが分担していたといわれる。ヴェトナムの共産化は東南アジア全体の共産化に通じるという「ドミノ理論」が対ヴェトナム政策の基本構想となっていたのである。フランス軍の敗北が明らかとなるや、アメリカの直接軍事介入の可否が真剣に検討されたが、結局陸軍当局、イギリスの反対などで見合された。一九五四年ジュネーヴ協定が成立(アメリカは不参加)、ヴェトナムは暫定的に一七度線で二分されたが、アメリカは南ヴェトナム政権に経済的援助を行なった。やがて南ヴェトナム内で民衆の不満が爆発、民族解放戦線が形成され、ゲリラ形態による内戦が進行するが、アメリカはまず軍事顧問団を派遣して南部を支えようとした。

ケネディ政権も、調査団を派遣、軍事顧問団を一万二〇〇〇人に増員すると共に、南ヴェトナムの内政に干渉、クーデターを支持するなどし、政治の安定化をはかろうとする。ケネディの急死につぐジョンソン政権も、ケネディ政権の路線とスタッフとを引きつぐ。一九六四年の選挙にさいし共和党のゴールドウォーター(Barry Morris Goldwater)候補は、いわゆる追随主義(me-tooism)を敗北主義とみなし、内政におけるニューディール批判、黒人問題に対する白人巻き返し支持と共に、強硬な反共的な立場からするヴェトナム戦争に対する戦術核兵器の使用を含む積極的介入を唱え、ジョンソン政権の政策を一見中庸なものと見せる効果をもたらしていた。ジョンソンは、一九六四年八月「トンキン湾事件」を口実に北ヴェトナム軍港の爆撃を命じ、広汎な軍事権限を議会決議により獲得、正式の宣戦布告なしに、軍事介入を拡大してゆくことになる。選挙に圧勝したジョンソンは、自己の政策に対する国民的同意を得たと解し、北爆は次第にエスカレートして行き、一九六五年春にはアメリカ軍自体が戦闘部隊として参加、その派遣軍も急増、内戦は今や国際戦化し、ヴェトナム戦争はアメリカの戦争と変じてゆく。しかし、最も近代化され機械化された軍隊も、遠隔の条件の異なった地で、ゲリラ戦を戦うことは著しく困難であった。それは、比喩的にいえば、約二〇〇年前、アメリカ大陸でアメリカ農民兵を相手にしたイギリス正規軍の苦戦にも類するものといえよう。アメリカ軍にとり勝利を得られないことは敗北を意味し、南ヴェトナム民族解放戦線軍にとり敗北しないことは勝利を意味した。戦争が拡大し長期化するにつれ、アメリカはヴェトナム人の人心を失ってゆくのみならず、西欧諸国の支持をとりつけることもできず、ヴェトナム戦争はアメリカを国際的に孤立化せしめてゆく。のみならず、それは、やがてアメリカ国内においてすら、次第に孤立化した戦いとなっていった。

戦後の反共冷戦体制の中にあって、共産主義勢力阻止のためという軍事的介入は、巨額な軍事支出による景気の維持と相まって、労組、大学を含めてアメリカ国民一般の支持の下に行なわれていたといってよい。しかし、ジョンソン政権下、アメリカ国民の期待を裏切って、戦争が長期化し、アメリカ兵の死傷者数が急増し、アメリカ青年の徴兵が増大するにつれ、世論は変化を示してきた。一九六五年頃より、まず大学のキャンパスからヴェトナム戦争反対の声が次第に高くなり、「ティーチ・イン」による教師と学生との討議と抗議とがアメリカ各地に展開されるようになる。若い歴史学者などを中心とする「ニューレフト」の反対、ハンス・モーゲンソウ(Hans Morgenthau)など伝統的な権力外交論の立場からする批判、W・W・ロストゥのごとき政府部内の知識人、シュレジンジャー(Arthur M. Schlesinger, Jr.)のごとくジョンソン陣営を去って行く旧ケネディ政権のブレインたち、などヴェトナム戦争をめぐってアメリカ知識人の間に深い亀裂が認められるにいたった。他方、議会の中にも、一八一二年の対英戦争の場合と同様、戦争支持のタカ派と戦争反対のハト派との対立が顕著となり、上院外交委員長フルブライト (James William Fulbright) のごとき有力な議員の反対も目立つようになる。政府部内でも国防長官マクナマラなど本来ヴェトナム戦争政策の中心であったものも、その失敗を認め、ジョンソンと対立、辞任するものもでてきた。

そうした状況の下で、ジョンソン大統領の信用は内外に失墜し、アメリカ各地でヴェトナム戦争反対のデモンストレイション、青年による徴兵カード焼却などが激しく行なわれた。軍隊自体においても脱走兵が増加し、麻薬常用者が増えていく。しかもヴェトナムの戦況は兵員、戦費の増大にかかわらず好転せず、アメリカは日増しに泥沼にはまりつつあることが明らかになる。さらにその巨額な戦費が今やアメリカ経済の負担となり、インフレの増進、ドルの流出を招き、経済界の中からも批判があった。一九六八年三月、ジョンソンは平和交渉のために北爆部分停止を宣言すると共に、秋の大統領選不出馬を発表した。

外における戦争の激化・長期化は、先にふれた人種紛争と相まって、国内においてもアメリカ社会の亀裂・荒廃・暴力化をもたらした。一方で、アメリカの対外的失敗の焦燥、国内におけるインフレと重税による生活苦、黒人勢力の擡頭による不安などがからみあって、急進右翼を支持するものも増加してきた。強硬な反共主義と素朴なキリスト教信仰 (Fundamentalism) とに立つ急進右翼の代表的組織としては、たとえばすでに一九五〇年代半ばに設立されたジョン・バーチ協会 (John Birch Society) をあげえよう。五〇年代のマッカーシィズムの風潮をうけつぐ急進右翼運動は、南西部を中心に勢力を拡大し、政界の表舞台においては一九六四年の共和党大統領候補ゴールドウォーターをその代弁者とするが、一九六八年の選挙では、民主党を離れてアメリカ独立党(American Independence Party)を組織、その大統領候補となったアラバマ州知事ウォレス(George Wallace)にその代表者を見出す。ことにウォレスは、より貧困な労働者、農民を支持層としている点注目に値する。

他方、内に人種問題、外にヴェトナム戦争、そして身近に徴兵という状況の下で、青年たちは政治に、指導者に、広く大人に不信を抱く。その不信は管理社会の一部と化した大学教育、大学当局に向けられ、大学紛争が各地のキャンパスで起る。ニューディール以来、体制の担当者ともいうべきリベラル知識人に対する不満は、長髪から性解放にいたる「対抗文化」の風潮にも連なっていく。政治的にも既存の政党組織による政治活動ではなく、自発的かつ暫定的な運動組織による活動に、新しい進路を見出そうとした。その一つの表現として、一九六八年の選挙にさいして民主党の平和候補マッカーシー上院議員(Eugene McCarthy)を支持した青年たちの選挙活動を示すことができよう。もっとも、既存体制に対する批判に鋭いこれらの新しい左翼の運動も、その具体的プログラムにおいては、ヴェトナムからの撤退、人種差別廃止という基本問題を除いて、必ずしも一致があるわけではなく、また統一的な計画をもっているものでもなかった。

一九六八年四月、キング牧師はテネシー州メンフィス市で暗殺され、憤激した黒人は首都ワシントン市をはじめ各地で暴動を起した。同じく四月、コロンビア大学で大学紛争が激化し、学生による本部占拠、警官隊による解除が行なわれたが、同じような事件が各地で起った。六月、ロバート・ケネディ(Robert F. Kennedy)上院議員が選挙遊説中ロスアンジェルス市において暗殺され、八月シカゴ市で開かれた民主党全国大会は、反戦デモとそれに対する警察、軍隊による鎮圧によって流血の場となった。

民主党は結局、副大統領ハンフリー（Hubert Humphrey）を指名し、共和党大会はアイゼンハワー政権の副大統領であったニクソンを指名した。ニクソンは一九六〇年の選挙戦でケネディに敗れて以来、共和党の地方組織とのつながりを固めていたが、「法と秩序」をスローガンに大都市における犯罪、人種暴動などに焦燥を感じている大衆に訴えようとした。結局ニクソンが僅少の差で大統領に選ばれたが、アメリカ独立党のウォレスは九五〇万票、一般投票の一三・五パーセントを得、第三党として予想外の成功を収めている。

ニクソンは、ハーヴァード大学の国際政治学の教授キッシンジャー（Henry Kissinger）を国家安全保障担当の特別補佐官に任命し、いわゆるニクソン＝キッシンジャー外交を展開する。それは、ある意味で古典的ともいえる勢力均衡論を基礎とし、中ソ間の対立を利用して、米ソ、米中間の和解をはかり、国際政治の現状維持を企てんとするものであった。ニクソンは選挙戦中、ヴェトナム戦争については多くを語らなかったが、一九六九年のニクソン・ドクトリンにおいて、アジアからアメリカ軍の兵力を削減してゆくと共に、アジア諸国による分担を増大せしめるという基本方針を明らかにする。それは、戦後拡大の一途をたどったアメリカの対外的介入を整理し、経済力を含めてアメリカの国力に見合った介入にとどめようとするものであり、ヴェトナム戦争についていえば、アメリカ化されたヴェトナム戦争を米軍の「名誉ある撤退」によりヴェトナム化することであった。しかし、この撤退の実現の前に米中間の関係を権力政治の論理に従って正常化する課題を果すことが必要であった。事実ニクソンは一九七二年二月北京を訪問、米中関係の改善に大きな足跡をとどめる。さらに、五月ニクソンはソ連を訪問、米ソの「緊張緩和」をはかる。反共の戦士、冷戦の雄ニクソンは、その権力政治への徹底の故に、戦後アメリカ対外政策の基本であった米ソ両極対立を主軸とする冷戦構造より、より複雑な米ソ中間の三極構造へと、アメリカ外交を適応せしめていった。その反面従来、同盟国としての西欧諸国、日本との関係において、一面それを当然視する故に等閑視すると共に、他面経済的な競争者として意識するようになった。事実、ヴェトナム戦争の経済的負担は、アメリカ経済の対外的競争力を著しく弱めると共に、西欧、日本はその経済力を回復し、ことに日本はその生産力の急激な増大によって、アメリカの競争者の立場に立つにいたる。ここに、戦後の日米関係は、一九七〇年代に入ると共に、文字通り、新しい関係に入ったというべきであろう。

このソ連、中国との和解を背景に、また北爆再開の脅かしをもって、ニクソン政権は北ヴェトナムとの和平交渉をすすめていった。一九七二年の選挙では、民主党はヴェトナム戦争の激しい批判者であったサウス・ダコタ州選出上院議員マクガヴァン（George S. McGovern）を指名する。共和党は当然にニクソンを再指名する。多くの素人学生活動家に支持されたマクガヴァンは、反戦候補であるのみならず、一般アメリカ人の眼には、麻薬支持者、中絶支持者とみなされた。民主党の既成組織も、労組もマクガヴァン支持には消極的なものが多かった。加えて、ニクソンの華やかな外交的成功、ヴェトナム戦争終了の見とおし、そしてニクソンの南部白人への訴え（南部戦略）、などがマクガヴァンを一層不利にし、彼は惨敗を喫した。

選挙における圧倒的勝利を背景に、ニクソンは自信をもってその対外政策をすすめ、一九七三年一月パリにおいて休戦協定が成立、アメリカ軍は全面的に撤退することになり、アメリカに関する限り、ヴェトナム戦争は終了することになる。五〇万以上の兵力を派遣し、朝鮮戦争を上廻る戦死者を出し、第一次大戦、朝鮮戦争をこえる戦費を使ったこのアメリカ史上最も長い戦争は終ったが、アメリカ社会に与えたその傷跡はあまりにも深いものであった。

戦後冷戦体制とヴェトナム戦争は、アメリカの海外における軍事的介入をほとんど無制限に拡大し、アメリカをして「世界の警察官」として意識し、行動せしめるが、ヴェトナム戦争の泥沼化は、アメリカの軍事力・経済力、そして道徳力の限界を示すことになった。それはフルブライト上院議員のいう「力のおごり」の荒廃を国内にももたらさざるをえなかった。外における力の拡大と乱用とは、内における力の集中と乱用とを招く。大統領の軍事権を中心とする肥大化した国家権力は、国家安全保障の名の下に、国民の人権をも侵害してゆく。ウォーターゲイト事件は、そうした肥大化した権力の乱用と退廃の一つの表われにほかならない。ウォーターゲイト事件の内容がワシントン・ポスト紙をはじめとする言論界の努力により、次第に明るみに出るや、人々は権力乱用の危機の深刻さに深い危惧をいだく。ニクソン大統領に対する批判が各方面から出されたが、最終的には司法部、共和党を含む議会の反対により、ついにニクソンは一九七四年八月大統領辞任に追いこまれるにいたった。権力の制約された政府（limited government）、つまり権限分割と抑制均衡とによる政府権力の制限というアメリカ立憲主義の伝統が強く作用したというべきであろう。

ニクソン辞任により、副大統領のフォード（Gerald Ford）が第三八代大統領に就任した。フォードは元来大統領指名によって副大統領に任命された選挙によらない副大統領であるが、再度選挙によらずして大統領に就任したわけである。フォードはキッシンジャー国務長官の留任をはじめ、内外の政策面においてはニクソン時代の路線を引きつぐと共に、ニクソンの秘密主義に対し公開主義をかかげることによって、断ち切られた国民と大統領とのつながりを回復しようとする。(3)

一九七六年、アメリカ合衆国はその独立以来二〇〇年を迎える。この二〇〇年の歴史の中で、アメリカは幾度か危機と転機とを迎えてきた。奴隷制をめぐる南北の激突を経て工業国へと転じた南北戦争期、フロンティアの消滅に象徴される社会的危機に直面して、内に革新主義による調整をもちつつ世界強国へと転じた世紀転換期、内に大恐慌外にナチス・ドイツおよび日本による脅威に当面しつつ、第二次大戦を通じて超大国へと転じた一九三、四〇年代。これらはアメリカ史における代表的な危機と転機の時代であったといえよう。そのたびにアメリカはこれらの危機を克服しつつ、基本的には拡大し発展してきた。しかし、一九七〇年代、独立二〇〇年を迎えたアメリカが当面する危機と転機とは、これらとやや事情を異にするのではなかろうか。これは自己拡大によってではなく自己制約によって、自信によってではなく自省によって克服されるべき危機であり、量的拡大によってではなく、質的転換によって達成されるべき転機であるといえよう。そのことは、アメリカにとって決してなげかわしいことではなく、まさしく「アメリカ成年期に達す」ことを示すものではなかろうか。しかし、それはもはやアメリカ史叙述の枠をはるかにこえる問題となる。

(1)　マッカーシィズムについては、マッカーシー個人のアクロバットによる一時的なヒステリアとみなすものから、構造的なものとみなすもの、各様の解釈がある。構造的なもの、つまり冷戦体制の所産であるにせよ、単に資本主義対共産主義という文脈の中での反共運動とみなすだけでは不十分であろう。それは、一方でより長期的な契機としては、多様な人種・移民から構成されているアメリカ国家が、本質的にもたざるをえない人為的統合の要請とやはり深く関連しており、他方でより短期的な契機としては、一九三三年以来野党の立場にある共和党の政権奪取の戦略と強く結びついている。

(2)　ケネディ一家についてのイメイジ、ことに日本におけるイメイジには生まれながらのエリートというそれが強い。確かに、ケネディ一家は、父親は大金持で駐英大使、兄弟はハーヴァード大学出身という「銀のさじ」の生まれと育ちとをもったエリート一族である。しかし、他面、ケネディ一家は、一八四八年、アイルランドの飢饉の時に、貧しい移民として大西洋をわたり、ボストンの貧民街にたどりついた典型的なアイルランド系移民一家でもある。そして、約一〇〇年の間に、三代にわたって出世のはしごを一歩一歩のぼって、ついにホワイト・ハウスにまでたどりついた。その点ケネディ一家の歴史は、アメリカ史に例外的なエリート一族(たとえばアダムズ一族)の歴史というよりは、典型的な立身出世の一族の歴史であるといってよい。

(3)　ニクソンを辞任にまでいたらせたものとして、私は立憲主義の伝統(当時日本のマス・コミで使われたデモクラシーという表現よりは、やや古風だが、まさにそれ故に立憲主義(constitutionalism)という表現がふさわしく思われる)をあげたが、最終的な、より直接的な要因、ことにニクソンの弾劾による解任ではなく自発的辞任という形になった要因として、やはり政党政治の要素を忘れることはできない。一九三三年のF・D・ローズヴェルト就任以来四〇年余、共和党はアイゼンハワー、ニクソンと二人の大統領を出してはいるが、議会の議席に関する限り、共和党はわずかに四年間多数党になったにすぎない。逆にいえば三六年間少数党、つまり万年野党できたのである。その点共和党は、内に「法と秩序」外にヴェトナムよりの「名誉ある撤退」を唱えるニクソンが、共和党全体の浮揚力たることを期待していたといってよい。しかも、一九七六年の選挙は独立二〇〇年の年にもあたる。そのニクソンがウォーターゲイト事件で痛撃をうけ、かりにも弾劾裁判にでもかけられるとなれば、もはやそれはニクソン個人の問題ではなく、共和党にとって致命的な打撃になる。ことに、アメリカの大統領が首相としての機能的役割だけではなく、国王としての、国民統合の象徴としての尊厳的役割をも期待されるものである以上、大統領個人の問題ではなくなる。ここに共和党領袖にとって、「ずるい(トリッキィ)」「きたない(ダーティ)」ニクソンを引っ込め、平凡だが「清潔な(クリーン)」フォードにかえることは、選挙民を相手とする政党政治上当然の計算となる。ニクソン辞任、フォード就任をむかえて、アメリカ国民がほぼ一様にホッとした解放感にひたったことは、その計算の正しかったことを示す。ちなみに、この計算が洋の東西を問わず通用することが、その後数ヵ月ならずして示されたことは周知のごとくである。

第一一章　新しい保守と新冷戦

一九六〇年代後半以降の二〇年間は、アメリカにとって再び大きな危機の時代であった。ここでも問題は、国内における民主主義のあり方と戦争や対外的緊張とに関わっていた。しかし、それは従来の危機とは異なり、アメリカの自己拡大よりは、むしろ自己抑制によって克服されるべき危機として現われた。実際、アメリカにとってその二〇年間の前半期は、内政においても外交においても、六〇年代以前の拡大発展が限界に突き当たり、そこで露呈した弱点や矛盾の修復に費やされた時代であった。

しかし、その二〇年間の後半期、アメリカはかならずしもその力の衰退に見合った慎重で自己抑制的な内外政策を選択したわけではない。そこでは、むしろ従来のニューディール・リベラリズムに基づく拡大発展策を、新しい保守主義に基づく拡大発展策で置き換えようとする政治勢力の台頭が見られた。八〇年代以降、連邦政治の主導権を握った新しい保守派は、内政を福祉拡充のための国家重視から経済成長のための市場重視へと、外交を軍縮や緊張緩和《デタント》から軍拡と対外強硬へと大胆に切り換えてゆく。

この時代、政党政治も大きな転換点を迎える。一九六八年をさかいに、ニューディール以来続いた民主党優位の政党制は、少なくとも大統領選挙のレベルにおいては、終りを告げた。六八年以降の二〇年間、七六年選挙を除き残りの五度はいずれも共和党候補が勝利した。とはいえ、これをもって、単純に民主党主導から共和党主導への政党再編（realignment）が起ったということはできない。というのも、その間連邦議会では、下院においては民主党が一度も多数派政党の地位を譲ることはなく、上院においても一九八一年から八七年（第九七会期から第九九会期）の三期を除き民主党が多数を握ったからである。その結果、この時期アメリカ連邦政治は、行政府、立法府を単一政党が支配する時代から、大統領府と議会の支配政党が食い違う「分割政府」の時代へと移行してゆく。

1　ニューディール・リベラリズムの衰退

一九六〇年代までのアメリカ政治は、ニューディール以降、第二次世界大戦を経て確立した連邦政府主導型の新しいリベラリズムを基調としていた。まずこれを対外関係の面からみるならば、両大戦間期の孤立主義を払拭し、冷戦の地政学的な二極対立を前提とする国際主義を特徴としていた。この時期、アメリカ外交は二つの主要関心――米ソ対立という安全保障上の関心と国際資本主義体制の維持・拡大という国際経済上の関心――を軸として展開された。この二つの中心的課題を果すために合衆国は、以下のような戦略的目標を追求した。すなわち(1)ソ連・共産主義圏の経済的・軍事的封じ込め、(2)同盟先進諸国への援助と経済協力の推進、(3)脱植民地化しつつあった第三世界において、地政学的バランス上ソ連優位をもたらすおそれのある革命国家もしくは反米的な民族主義的国家の成立の防止、そしてそれと表裏一体をなす(4)第三世界における親米政権、親米反共運動への公然、非公然の経済・軍事援助によるアメリカ型近代化政策の移植である。

一方国内的には、戦後六〇年代後半までアメリカ経済はきわめて順調な成長を記録していた。高い生産性上昇率は、賃金の上昇と生活水準の向上を支え、それによって需要も高水準を保ち、投資が活発に行なわれていた。こうした好循環に支えられた国内経済を、全体として方向付け、活性化させていたのが、連邦政府の財政政策であった。連邦政府は巨額の公共支出によりインフラストラクチャーの整備や新しい軍事・産業技術の研究・開発を推進し、同時に社会保障、失業保険、農産物価格維持など福祉政策を拡張してきた。銀行、金融、運輸、通信などの基幹産業は、政府の規制に服し、労使の合意により生産性の上昇率にリンクした賃金水準の決定がなされていた。このニューディール・リベラリズムの絶頂期に、ジョンソン大統領は、「貧困との戦争」を中心に据えた一連の「偉大な社会」計画を遂行してゆく。恐慌対策として実施されたニューディールとは異なり、「豊かな社会」を背景として推進された「偉大な社会」計画は、低所得者、老齢者に対する医療保障(メディケイド、メディケア)、フード・スタンプ、住宅供給計画への手厚い補助、社会保障制度の拡充など、所得再分配の色彩が濃く、やがて社会的プログラムへの財政支出の可否や税負担をめぐるリベラルと保守の論争を引き起こすことになる。こうして六〇年代末までには、財政支出は着実に増加し、平時においてはアメリカ史にかつてない「大きな政府」が現われたのである。内外施策における積極政府の登場は、上のような諸政策から受益する有権者を含むニューディール連合という形をとった広範な国民的コンセンサスに支えられていた。このコンセンサスに対抗し、政府の巨大化に警鐘を鳴らし、福祉国家による市場経済の圧迫に異を唱える反ニューディール勢力は、六〇年代までは絶対的な少数派政治勢力にとどまっていた。

しかし、このような政治状況は一九六〇年代後半から大きく変化しはじめ、それにともないニューディール・

リベラリズムを支えた政治構造は動揺し、その政策的な一貫性と有効性もしだいに失われてゆく。その原因として一つには、この政治構造を成り立たせていた国際的条件が大きく変容しつつあった点が注目される。いうまでもなくヴェトナム戦争は、国際政治におけるアメリカの絶対優位を大きく揺るがすきっかけとなったが、六〇年代にはそれと並行して、ソ連の軍事力が充実し、中国が台頭し、さらには同盟国である日本と西ドイツがアメリカ経済の競争者として浮上してくる。国際政治の構図は、あきらかに多極化しつつあった。西欧、日本に対し責任分担を求めつつ、中ソとの緊張緩和《デタント》をはかったニクソン＝キッシンジャー外交は、こうした国際状況への現実主義的な対応にほかならなかった(1)。

　このような国際政治状況の変容とともに、この時期、国際経済の分野でもグローバル化という新しい現象が現われつつあった。この変動の主たる震源地もまたアメリカであった。一九六〇年代後半以降、それまで圧倒的な農工業の生産力を背景として国際資本主義体制を牽引してきたアメリカ経済は、軍事、福祉両面での濫費がたたり執拗なインフレに悩まされることになる。くわえて戦後復興を遂げた後、輸出をバネとして高度成長の軌道に乗った西欧、日本の追い上げもあり、アメリカ製造業は競争力を大きくそがれ、七〇年代初めには戦後はじめて貿易赤字が記録された。海外にドルが溢れ、戦後絶対的な信用を誇ってきた基軸通貨ドルの信認が大きく揺らぎ、アメリカの国庫から金が流失していった。このドル危機に直面して、ニクソン大統領は金とドルの兌換を停止し、ここに金とドルとの間の固定価格に他の通貨価値を固定してきたブレトンウッズ体制は終りを迎えた。代って七三年には、変動相場制が登場したが、それはあらゆる資本主義国家が自国通貨の価値を自律的には決定しえないという新しいグローバルな経済的相互依存システムの出発を意味していた。以後日々変動する為替レートは、国際貿易、対外投資、国際的融資など海外における経済活動ばかりでなく、成長率や生産性や失業率など一国経済の動向を指し示す一指標となったのである。

グローバル化は、貿易や通貨や金融の分野だけに見られたわけではない。人の流れに関してもこの時期のアメリカは新しい時代を迎えつつあった。一九六五年に連邦議会で成立した改正移民法は、排外主義的な一九二四年移民法の出身国別割当て制を抜本的に改め、移民査証の発行において、人種、性別、国籍、出生地、居住地に基づく優遇措置も差別措置も禁じた点で画期的な移民法であった。市民権運動を契機とする人種平等主義の高揚を背景とするこの立法によって、従来のヨーロッパ移民優遇措置は改められ、ラテン・アメリカ、アジア、アフリカなどにも平等に門戸が開かれた。結果として一九七〇年代以降のアメリカには、それらの地域からの新しい移民が急増した。この法がアメリカの政治社会におよぼした影響は甚大であった。一つには、それは人種の壁を取り払うことによって、低開発地域からの安価な労働力をアメリカ経済が大量に取りこむ結果をもたらした。長期的に見れば、この労働市場の開放は、白人労働者の賃金の停滞と労働組合の弱体化を招く一因となった。また一つには、六五年以後の新しい移民たちは、アメリカ社会に多大の長期的変動要因をもたらした。ヒスパニックスやアジア系の移民(や不法移民)の増加は、アメリカ社会の人種・民族的構成の多元化を招来し、「アメリカ人とは何か」という国民的アイデンティティをめぐる伝統的な文化的論争を改めて喚起することになる。

さらにこの時期のアメリカは、地球レベルのエネルギー危機と環境危機という問題に直面した。資本主義の黄金時代と称され、各国で急速な経済成長が記録された一九六〇年代は、その反面でエネルギー資源について、世界的に野放図な乱開発が一般化した時代であった。国際石油資本に対抗して産油国が組織した石油輸出国機構

（ＯＰＥＣ）は、第四次中東戦争をきっかけとして原油価格、生産量の決定権を確立し、欧米への石油供給を削減した。このいわゆる石油ショックは、国際的なエネルギー供給の逼迫とエネルギー価格の急騰を招いた。それは、安価な中東の石油に大きく依存してきたアメリカの「豊かな社会」の根底を揺るがす原因となった。またこの時期、国際的な成長経済は、空気、水、土壌、森林、海洋などの自然資源の乱用をも引き起した。レイチェル・カーソン（Rachel Carson）の『沈黙の春』（一九六二年）が、先駆的にあきらかにした農薬汚染の実態は、七〇年代までには地球環境全般に及ぶ危機として認識されるようになる。六九年にユネスコが提起し、七〇年以降アメリカでも各地で開催されるようになった「地球の日《アースディ》」の集会や七二年に発表されたローマクラブ報告『成長の限界』は、世界的に環境意識が高まる大きなきっかけとなった。と同時にこの環境危機は、成長第一主義や開発第一主義に立つ陣営と地球環境保護を主張する陣営との、今日ますます激しさを増す文明論的な対立の開始を告げた。

ここで国内体制の動向に目を転じるならば、そこでもニューディール・リベラリズムは、大きな曲がり角に直面していた。転機はまず国民経済に訪れた。第一に、ドル危機や石油ショックは、アメリカ経済に物価高をもたらすこととなった。このインフレへの傾向は、皮肉なことにニューディール以後「偉大な社会」に至る間に実現した、福祉制度の拡充整備によって増幅させられていたともいえる。というのは、アメリカでは、一九七〇年代までに福祉の受給水準や実質賃金を物価に合わせてスライドさせる制度が定着していたため、物価上昇は必ずしもそれに見合った消費の冷え込みや賃金の引下げをもたらさなくなっていたからである。その結果、ある経済学者のことばによれば、アメリカの経済社会は「インフレに感染しやすくなっていた」のである。第二に、おりあしくもこの時期までアメリカ経済を牽引してきた自動車産業や鉄鋼業は、日本や西ドイツの企業に対しいちじるしく国際競争力を低下させ、その結果これらの産業を中心に失業が深刻化していた。こうした状況下、六〇年代後半以降の慢性化するインフレに対し、歴代大統領は、政府支出の削減、通貨供給量の削減、金融引締めなどの財政・金融政策による対応を図った。しかし、それらの対策は、インフレ抑制にさしたる効果がなかっただけではなく、失業率の急上昇を招くこととなった。こうして現出したインフレと失業の同時進行（すなわちスタグフレーション）は、戦後アメリカ経済の繁栄を主導してきたニューディール・リベラリズムとそれが依拠したケインズ主義的需要管理政策の限界を示すこととなった。

こうした国民経済の停滞は、ニューディール・リベラリズムの政治的な支持基盤を直撃し、そこに大きな亀裂をもたらす結果となった。一九七四年には、戦後はじめて実質家計所得は前年比で減少を記録した。にもかかわらずインフレのため名目所得は上がり、したがってニューディール連合の中核をなしていた中産階級に属する人々の多くにとって所得税率も上昇したのである。他方で、「偉大な社会」計画のコストは膨張し、ヴェトナム戦費とあいまって連邦財政に大きな負担を強いていた。七五年以降の連邦財政赤字の急速な増大を背景として、この時期から全米各地で反税金運動が活発化してゆく。この税金問題は、ニューディール連合に打ち込まれた経済的くさびであった。中産階級と福祉受給層、郊外住民と都市住民、白人エスニック集団とアフリカ系アメリカ人、保守的民主党議員と福祉関連政府職員、これらニューディール・リベラリズムの絶頂期には民主党の傘下に結合していた社会層が、福祉国家の負担をめぐり内部対立を先鋭化させはじめたのであった。

さらに、ニューディール・リベラリズムの中軸を担ってきた労働組合も、この時期衰退に向かってゆく。その一因はあきらかに、ＡＦＬ－ＣＩＯ（一九五五年に合同）のヴェトナム戦争支持にあった。それは、六八年選挙以後、民主党内部で急速に盛り上がった反戦運動やマクガヴァン派と労働組合との離反をまねいた。しかし、より根本的には労働組合運動の退潮は、アメリカ経済の停滞と構造変容に起因していた。スタグフレーションは、基幹的製造業の多数の工場の閉鎖を誘発し、組合組織に打撃を与えた。生き残りを図る多くの企業は、国際競争力の向上を一つの目的として、経営の合理化や機械化を進め、企業の再編・合併に取り組み、容赦なく組合の既得権益を切り捨てていった。くわえて七〇年代、アメリカの産業構造は労組が中心的な組織対象としてきた重厚長大型の製造業から、サービス業や情報産業へと重点を移していった。アメリカは、社会学者ダニエル・ベル(Daniel Bell)のいう「脱工業化社会」へと急速に舵をきりつつあったのである。しかもこの変化は、衰退産業を抱える東北部の「スノウ・ベルト」（あるいはラスト・ベルト）から、組合が弱体で労賃も税も安価な南西部の「サン・ベルト」へというアメリカ国民経済の地域間重心移動をもともなっていた。これらの変化が重なり合った結果、一九七〇年代をとおして組合組織率は二五パーセントから一九パーセントへと急落した。(2)

ニューディール連合の分解を促したもう一つの変化は、南部白人の離脱であった。かつて民主党の牙城であった「団結せる南部《ソリッド・サウス》」は、六〇年代以降、第一に全国民主党による人種統合への反対、第二に前章にみたような共和党の「南部戦略」、そして第三に産業構造の変容にともなう南部経済の発展可能性などを契機として、ニューディール体制への依存から脱却しつつあった。七〇年代、南部は二党化の時代に入ってゆく。それは、黒人の市民権や投票権の獲得と同様、この地域が一世紀を経てようやく南北戦争の記憶を払拭し、「新しい南部」の時代へと踏み出した表われだったかもしれない。しかし、この南部の変容は、アメリカ連邦政治の勢力地図をリベラル優位から保守優位へと大きく転換させることになる。

ニューディール・リベラリズムは、アメリカ政府がアメリカ社会の豊かさを背景に、国際的にも、国内的にも確固たる指導権を振るいえた時代のイデオロギーであった。一九七〇年代、それはヴェトナムでの失敗とアメリカ経済の停滞とともに、有効性を失っていった。このイデオロギーを支えた政治勢力としてのニューディール連合には、何重にも亀裂が走り、内部対立が深まっていった。その結果、内に繁栄、外に力を誇示してきたニューディール・リベラリズムに対するかつての信頼は、急速に失われていった。しかし信頼が低下したのは、ひとりニューディール・リベラリズムだけではなかった。七〇年代には、連邦政府全般、大統領、議会、政党、圧力団体などの政治的なアクターに対する国民の信頼は、のきなみ大きく下落した。

しかし、政治の劣化の表われとみられるこうした政治制度評価の裏には、それと並行して、民主政治やその下での選挙政治そのものの変質が進んでいたことを見落としてはならない。かつてアメリカの政治家は、末端の区組織から郡組織、州組織へと至る政党組織に依拠して選挙を戦い、徐々にそれらの段階を経て出世していった。しかし七〇年代、政党組織はしだいに、テレビ・コマーシャルやダイレクト・メールなどを通しての政治活動に置き換えられ、選挙政治は、かつての伝統的な地域密着型の政党組織活動から候補者個人のイメージを中心としたメディア選挙へと変っていった。政治家個人にとって、優れた世論調査員やメディア・コンサルタントは、選挙民の選好や意向を知り、彼らへの時宜を得た適切な接触やアピールを演出するために欠かせないスタッフとなった。こうしたメディア選挙の活発化は、他方で政治資金の肥大化を招く結果ともなった。連邦議員や候補者の最大の関心は、政治献金の獲得に向けられ、企業、労働組合、種々の圧力団体は、次々と政治活動委員会

（ＰＡＣ）を結成し、それに応えていった。この時期、金権選挙も、新しい様相を呈しつつあったのである。

一九六〇年代のアメリカ型福祉政治の頂点と見えた時代にこうした政治変容が開始されていた。民主党の地滑り的敗北に終った一九七二年の大統領選挙は、民主党リベラルの政治的土台が、多元化し、内部分裂を起した結果、いまや大きく損壊していることを示す結果であった。建国二〇〇年祭の年、一九七六年に行われた次の大統領選挙では、全国的にはほとんど無名であったジョージア州知事ジミー・カーター（James Carter）が民主党予備選を勝ち抜き、本選でも現職のフォードを破って選出される。しかし、カーターの勝利は、けっして民主党組織の勝利やニューディール・リベラリズムの復活を意味したわけではない。むしろそれは、ウォーターゲイト事件に表われたような帝王的大統領の否定的側面に対する国民世論の警戒と反発の結果であった。すでに見たようなワシントン政界全体への信頼性の低下という状況が、連邦政界のアウトサイダーであったカーターに有利に働いたとみるべきであろう。選挙民は、ニクソンの権力政治家的イメージから遠く、ワシントン政治とは無縁のピーナッツ農場の一介の農場主にして敬虔な信仰者、南部バプティストのカーターを選んだのである。

2　新しい保守政治の展開

政権発足直後のカーターは、ワシントンのアウトサイダーというパブリック・イメージにそって、民衆の大統領を演ずる。ワシントン政界に特有の複雑な慣行やルールを軽視し、タウン・ミーティングをとおして地方民衆とふれあい、ポピュリスト的な政治改革を目指すことによって、当初カーター大統領は、世論の高い支持率を得ることに成功した。しかし、南部バプティスト派のシンプルな倫理観を信じ、「ジョージア・マフィア」と呼ばれた州知事以来の側近を政権中枢に配したカーターの政治スタイルは、たちまち連邦議会議員を中心とするワシントン政治のエスタブリッシュメントからの抵抗を呼び起し、内外諸政策の停滞を招くことになる。

カーターがフォード前大統領から引き継いだ最も緊急な政治課題は、経済危機の克服であった。前節に見たように、この危機は複合的要因によっており、構造的、長期的な性格を帯びていた。政権発足当初、カーターはこの危機に際して、連邦議会議員や行政官僚や利益集団の既得権益を批判する一方、広く国民にも公共的精神や財政規律の回復を求め、「節約と禁欲」を訴えていく。こうしたカーター独自の「小さな政府」論は、危機の構造的性格を考えるとき、あまりにも無力であったというほかない。一九七九年、中東におけるアメリカの同盟国にして石油供給国イランに起こった革命は、二度目の石油危機を誘発し、アメリカ経済のスタグフレーションはかつてないまでに悪化する。財政も就任時にカーターが約束した黒字化が実現されるどころか、赤字は膨らみ続け、一九八〇年には史上最高の七三八億ドルを記録した。

この時期、倫理主義的色彩の濃いカーターのそれとは異なった、もう一つの「小さな政府」論が登場する。カリフォルニア州知事ロナルド・レーガン（Ronald W. Reagan）をリーダーと目す共和党保守派が、ニューディール体制の構造そのものの解体を目指す具体的な経済政策を掲げて台頭してきたのである。彼らは、現下の経済危機の根本原因を、政府それ自体の在り方に求め、既得権益の肥大化を推し進めてきた労働組合主義や福祉中心主義を攻撃目標と定め、減税や規制緩和や福祉改革や企業活動の自由の拡大による国民経済の再活性化を提言して、企業や上層の中産階級の間に急速に支持を拡大していった。

かつてゴールドウォーターの下に結集した急進右翼に連なる、この保守主義の新しい潮流には、経済的な自由放任主義者《リバタリアン》以外にも、多様な社会集団が合流していく。ロー対ウェイド判決とＥＲＡの連邦議会通過は、草の根の保守勢力の反発を刺激し、七〇年代後半には伝統的な家族観や性道徳観に立脚する「新右翼《ニューライト》」運動が台頭する。そこには、さらに宗教勢力として、プロテスタントの主流派教会の世俗的寛容、世俗的リベラリズムとの妥協姿勢にあきたらない、より原理主義的な福音主義キリスト教勢力が加わってゆく。とりわけ、一九七九年にそれらのキリスト教右翼勢力の結集をうたって組織された「モラル・マジョリティ」は、人工妊娠中絶、同性愛容認、積極的差別是正策《アファーマティヴ・アクション》、バス通学などに強く反対し、学校礼拝の推進を謳い、各レベルの選挙に際し、リベラル派の追い落としと保守派の擁立を目的とする活発な草の根運動を展開していった。こうしたキリスト教右翼のシンプルな宗教的メッセージは、かつての「団結せる南部」を「バイブル・ベルト」として再編し、この地域の政治的主導権を民主党から共和党へと移行させた一因ともなった。台頭する保守勢力の一翼を構成したもう一つの集団としては、いわゆる「新保守主義者《ネオ・コンサーヴァティヴ》」たちが挙げられる。元々は民主党支持者であったユダヤ系の知識人たちを中核とする彼らは、この時期の民主党の福祉路線と連邦政府の肥大化や非現実的な人権外交に反発し、レーガン流の保守主義のうちに政治の刷新可能性を求めてゆく。それは、民主党政権下の経済政策や税制や黒人などマイノリティに対する優遇施策にあきたらず、政党支持を共和党へと切り替えつつあった広範な白人労働者・中産階級の動向に即応していた。

以上のような多様な保守勢力の成長に相呼応して、共和党も内側から刷新を遂げていく。それまで共和党の主流を占め、ニューディール体制を追認してきた穏健派の党内基盤は、一九六四年の大統領選挙を最初のきっかけとし、以後福祉政策の行き詰まりにともない、しだいに腐食しつつあった。それは、党の地域的な支持基盤が、東北部から極西部、南西部へと徐々に重心を移行させてゆく過程と並行していた。またその背景には、アメリカ経済の重心が、従来型の製造業から情報やサービスや宇宙開発や軍事技術開発へと移ってゆくという一大変化があり、共和党の減税による投資刺激策は、同党がいち早くこうした産業の構造変化に対応しつつあったことを示していた。

共和党内における保守派の台頭にともない、東部の穏健派ばかりか、かつてニクソンに率いられていた中間派も後退を余儀なくされていった。七〇年代のニクソン、フォードの共和党中間派政権は、ニューディール体制の基本的内政路線を踏襲しながら黒人運動や学生運動や反戦運動の過激化を批判して「法と秩序」の回復を約束し、対ソ・デタント政策を掲げて対外関係の刷新を図ってきた。しかし、「声なき多数派《サイレント・マジョリティ》」すなわち保守的な白人中間層を主眼に据えた、これら中間派の内外路線も、ウォーターゲイト事件、ついでソ連との新たな緊張の高まり、そして何よりも福祉国家拡充路線の破綻によって、挫折する。かくして一九八〇年までに共和党内では新しい保守派による支配権が確立していった。

一九八〇年の大統領選挙においては、レーガンが現職カーターに勝利する。その原因は、決してレーガンの個人的魅力やカーター政権の内外政策の失敗だけに尽きるものではなかった。さまざまな政治的党派の内、その時点での時代変化の兆しを最も鋭く読み取り、国民世論の不満と期待に対応して、それに最も適合的な政策とレトリックを提示したのが、レーガン率いる共和党右派勢力であったことは否定できない。この年の連邦議会議員選挙において、共和党は二六年ぶりに上院多数派の地位を奪回し、下院でも三四の議席増を果した。依然として民主党が下院多数を押えた結果、レーガン施政は「分割政府」(divided government) に直面する。しかし、レーガンの地滑り的勝利は、その保守改革路線に国民の信任が与えられたことを意味した。アメリカ政治は、ニューディール以来最大の転機を迎えたのである。

この時、大統領レーガンは、ハリウッド俳優という前歴を最大限に活かし、巧みなレトリックに溢れた弁舌によって、アメリカが迎えた転換期を劇的に演出し、自ら主役を演じたといえよう。レーガンは、その政治的経歴をニューディール左派の民主党員、映画俳優組合の委員長としてスタートさせたものの、マッカーシズムの時代にはＦＢＩの共産主義者摘発に協力し、やがてジェネラル・エレクトリック社のテレビ広報に関わり、一九六〇年代までには徐々にその政治的立場を右へと傾け、民主党から共和党へ、共和党の内部では右派へと移行させていった。彼が、一躍共和党右派のニュー・リーダーとして注目されるきっかけとなったのは、一九六四年の大統領選挙戦中にテレビをとおして行なったゴールドウォーターへの応援演説（その後右派の間では「ザ・スピーチ」として語り草となった演説）であった。ここでレーガンは、反ニューディール、反福祉国家、反税金、反ソ反共主義など、すでに持論としていた保守的なイデオロギーをあらためて強調することによって、以後の共和党保守政治の標準を設定したといわれる。しかも、この選挙戦における主役ゴールドウォーターが同じ政綱に立脚しながら、それらをきわめて生真面目に党派的に語ったのに対し、レーガンは得意とする軽妙なユーモアを交えつつ、しかも自らの保守的信条を、ジェファソン、リンカン、フランクリン・ローズヴェルトといった党派を超えたアメリカ政治史の主流と結びつけて表現することで、より広汎な選挙民に訴えたのである。一九六六年カリフォルニア州知事選において、レーガンは民主党リベラルの現職に圧勝する。この時、反福祉国家、反共主義に立脚する共和党右派は、将来の飛躍に向けて新しい国民的リーダーを見いだすことになった。

以後、カリフォルニアにおいても、またワシントンにおいても、レーガンの政治哲学は揺らぐことがなかった。しかし、同時にレーガンが、その政権において、政策立案の先頭に立ち、反福祉、反共の具体策に関し事細かな指示を与えることは、まれであったことにも注目しなければならない。彼は、具体的な政策課題の実現過程に介入する、いわばニクソン流、カーター流の実務家的なリーダーシップ・スタイルはとらなかった。政策の細部や実施はホワイト・ハウスのスタッフや閣僚に委ね、政権内部の政治対立や人事対立から超然とした立場をとるのが、レーガン流のスタイルであった。政権における彼の役割は、「ザ・スピーチ」で行なったように、イデオロギーをアメリカの伝統的な生活信条と結びつけ、それを非党派的、非政治的な言葉、単純明快な伝統的道徳の言葉で一般の人々に訴えることにあった。ワシントン政界の中心から具体的な政策を発信する際にも、レーガンはつねにそれらを、家族、仲間集団、教会、コミュニティ、国家、神への献身、忠誠心、克己心、廉恥心、自制、自助、自律といった非政治的、非党派的なわかりやすい民衆の言葉とユーモアでくるむことを怠らなかった。そうすることによって、彼は自らを細々とした政争や政権の内部対立から超越した国民的指導者としてイメージさせることに成功したといえよう。スキャンダルが致命的な個人的汚点となることがなかったレーガンは、しばしば「テフロン」に譬えられたが、それはこうした彼のリーダーシップの特質にもよっていたとみられよう。

一九八一年一月二十日、大統領就任演説でレーガンは、特有の卓抜なレトリックを用いて次のように語りかけた。「現下の危機において、政府はわれわれの問題を解決してくれるのではなく、政府こそが問題なのである」と。それはレーガン保守による、ニューディール体制の解体作業の開始の合図にほかならなかった。レーガン保守によれば、スタグフレーションや財政赤字の拡大の根本的原因は、これまでの政権が福祉プログラムを野放図に拡張し、有効需要を管理する目的から市場介入を深め、規制と増税によって生産者の生産意欲をそぎ、商品の供給を停滞させ、市場活動の自由を窒息させてきたことにあった。彼らは、経済の供給《サプライ》サイドにこそ問題があると主張した。したがってレーガノミックスと称されたレーガンの経済政策の最初の目的は、福祉政策を大幅に見直し、規制緩和により政府の市場介入を抑制し、減税により生産者の投資と生産への意欲を活性化することに向けられたのであった。

レーガノミックスの最初の成果は、政権発足の半年後に成立した一九八一年経済復興税法 (Economic Recovery Tax Act) であった。減税と歳出削減を企図したこの法により、一方では、所得税が大幅に (全体で二四パーセント) 削減され、資本利得税《キャピタル・ゲイン》も最高税率が (二八パーセントから二〇パーセントへと) 引下げられた。他方では、社会、福祉、教育、文化などを中心とする大量の政府プログラムの廃止・縮小により大幅な歳出削減 (カーター政権の最後の予算案から総額三五〇億ドルの削減) が図られた。この立法に並行して、レーガン政権は航空機、トラック輸送、銀行など主要産業部門での大幅な規制の緩和・撤廃を実行してゆく。とりわけ目立ったのは、企業活動の自由を制約するエネルギー関係規制や環境規制や消費者保護規制などの分野であった。こうした規制緩和の結果、レーガン政権の第一期において、企業主導の産業再編、企業再編に拍車がかけられた。

こうしたレーガノミックスの成否、功罪はいかなるものであったであろうか。一面では、その目標の多くは議会民主党の抵抗により妥協や撤回を余儀なくされた。「小さな政府」の実現を目論む共和党右派にとり、最大のターゲットは、六〇年代の「偉大な社会」計画によってもたらされた福祉プログラムの数々であった。レーガン政権の初期、それらのいくつか——雇用訓練、失業保険給付、「要扶養児童家族扶助（ＡＦＤＣ）」など——は、若干の予算削減を被った。しかし、それらのプログラムのほとんどは、八〇年代を通して生き残り、結局は予算額も増加する結果に終っている。例えば、レーガンが「受給者の労働意欲を殺す公的施し」と酷評したＡＦＤＣについて、彼は一九八二年に州への移管を提起している。それは、連邦政府は過剰に背負い込んだ政策責任を可能な限り「より民衆に近く適切な政策判断のできる」州へと分散させようとする、レーガンなりの新しい連邦主義の試みの一環をなすものであった。しかし、この企ては議会の強硬な反対に出会い実現にいたらなかった。結局のところ、レーガン保守は、社会保障のような一定の基準を満たした国民すべてが受給資格をもつプログラムはもとより、貧困な黒人のシングル・マザーに恩恵が集中していると保守派が非難するＡＦＤＣのような公的給付のプログラムにさえ改革のメスを入れることはできなかった。

しかし他面では、レーガン流の「小さな政府」論は、短期的にはある程度の経済的成果を挙げたと評価される。最悪のスタグフレーションのさなかに船出したレーガン政権は、まずインフレ抑制に目標を定め、前政権末期に連邦準備制度理事会（ＦＲＢ）議長ポール・ヴォルカー（Paul A. Volcker）の下で始められた金融引締めをいっそう強化した。その結果、一九八二年までに、インフレ率は一九八〇年の一二パーセントから四・六パーセントへと劇的な改善をみた。しかし、一方において失業率は急速に上昇し、一九八二年には、戦後最高の九・七パーセントに達した。この「レーガン不況」に対処するべく金融緩和（プライムレートの引下げ）が図られ、この時期から徐々に景気が上向きとなっていった。ドル高による石油価格の停滞という幸運もあり、景気浮揚がインフレを再現させず、失業率も八四年までには七パーセント台へと改善の兆しを見せ始めていた。八四年選挙を控え、達成された短期的な景況の改善は、多くの有権者に、「小さな政府」「規制緩和」「市場主義」を掲げるレーガノミックスの妥当性を強く印象づけることとなった。

一九八四年の大統領選挙において、レーガンはこの好景気を背景に、カーター政権の副大統領であった民主党候補ウォールター・モンデール（Walter F. Mondale）に対し、史上まれな地滑り的大差で勝利する。伝統的な民主党リベラル候補に対するレーガンの圧倒的な再選は、少なくとも大統領選挙のレベルでは、ニューディール派が共和党右派に主導権を奪われたことを印象づける結果であった。しかし、このとき同時に行われた連邦議会選挙では、レーガン大統領の圧勝にもかかわらず、大規模な「コートテール効果」は生じなかったことも見逃せない。上院選挙において共和党は二議席を減らし、民主党は下院の優位をほぼ保ったのである。それは、大統領選挙の結果がレーガンの個人的勝利であること、レーガンの経済政策が国民社会全体を説得したわけではないこと、そして少なくとも連邦議会においては、なおしばらくは民主党リベラル派が保守化に対する強固な抵抗拠点を保持していくであろうことを示唆していた。

レーガノミックスは、当時から多くの経済学者が指摘していたように、一方で労働者の賃金の停滞と貧富の格差の拡大傾向を、他方で対外貿易収支と財政収支における巨額の赤字、いわゆる双子の赤字の拡大傾向を孕んでいた。レーガノミックスの成果として喧伝された好景気の影には、アメリカ社会の主柱たる中産階級の没落（すなわち伝統的な「アメリカの夢」の終焉）と、超大国アメリカの国益すらも翻弄する経済のグローバル化の進展という二つの長期的な潮流が潜んでいた。レーガンの批判者たちが指摘したように、レーガノミックスは巨大な財政赤字と、内外への安価な信用の安易なばらまきによって、「アメリカの将来を抵当に入れる」こととなったと評価できよう。早くも一九八六年中間選挙は、共和党保守派の連邦政治支配が決して盤石ではないことを示す結果となった。民主党は、下院の安定多数を保持しながら、上院で八議席増を勝ち取り、両院で多数派となった。レーガン政権の末期、大統領と議会の膠着状態はより深刻化するに至ったのである。

3　人権外交から新冷戦へ

アメリカ外交史における一九七〇年代中葉は、第二次大戦後ヴェトナム戦争まで拡大を続けてきた対外関与政策の見直しが行なわれた時代であった。この傾向は、すでに帝王的大統領たることを目指しながら、同時に同盟国防衛に関わるアメリカの責任と負担の軽減を図った現実主義者ニクソン大統領のグァム・ドクトリン(一九六九年)にその兆しを見て取ることができよう。そしてアメリカの力の限界は、ヴェトナムにおける敗北とウォーターゲイト事件によるニクソン大統領の辞任とによって、決定的に印象づけられた。ワシントン政界の中からも「力のおごり」への反省が促され、無謀な戦争を招いた議会の「トンキン湾決議」への反省から、一九七三年には戦争権限法(War Powers Resolution)が立法化され、議会による大統領の戦争遂行権限の抑制機能が大幅に強化された。帝王的大統領制は実現をみることなく、「帝国からの撤退」が広く論議され、ニクソンとキッシンジャーの追求した権力政治的外交への不信感があらわになっていった。

こうしてフォード、カーター両政権は、内外において政治的権威も指導力もいちじるしく低下したホワイト・ハウスを引き継ぐこととなった。ニクソン政権期の外交において、圧倒的な主導性を発揮し、ウォーターゲイト事件を生き延びた唯一のニクソン側近であったキッシンジャーも、フォード政権下では大統領補佐官ではなく国務長官として、むしろ伝統的な行政組織を率いた外交活動へとその役割を縮小させてゆかざるをえなかった。こうした状況下、アメリカ外交は明瞭な戦略と指令系統を欠いたままの漂流を余儀なくされた。

この困難な時期に外交の舵取りを託されたカーター政権は、その内部に重大な欠点を抱えていたといわざるをえない。第一に、深南部《ディープ・サウス》ジョージアのピーナッツ農場主から州知事を経てホワイト・ハウスの主となったカーターと彼が信を置いた「ジョージア・マフィア」の面々が外交にほとんどまったく未経験であった事情が挙げられよう。カーター自身を含め、彼ら外交素人は、ニクソン゠キッシンジャー外交のホワイト・ハウス主導の秘密外交への批判から、きわめてナイーヴな開放的な民主的外交を指向する。それは、一九四〇年代から継続され硬化してきた冷戦外交の常識に疑問を投げかけると同時に、対外政策の不安定化と混乱を招くこととなった。第二に、このような初期カーター外交の中枢を外交専門家として担った国務長官サイラス・ヴァンス（Cyrus R. Vance）と大統領補佐官ズビグニュー・ブレジンスキー（Zbigniew Brzezinski）との二人の間に、国際的状況認識、対ソ観、外交イデオロギーをめぐる深刻な対立が存在したことである。民主党の伝統的な国際派の系譜を引き、軍備管理と交渉を通して米ソ関係の安定化を図ろうとするヴァンスと、ポーランドからの亡命者で強固な反共反ソ政策の主唱者であったブレジンスキーとは、まさに水と油であり、両者の対立によって、カーターの対ソ政策は当初よりほとんど二元外交の様相を呈するに至った。

こうした限界を含みながらも、カーターは、従来ワシントン政界にはなかった素朴な理想主義的観点から、率直に冷戦政策の見直しを訴えてゆく。就任演説において究極的な目的として核廃絶を高々と謳いあげたことに続き、彼は、まず何よりも軍拡競争が米ソ両国に多大の経済的コストを強いてきた点に着目し、フォード政権から第二次戦略兵器制限交渉（ＳＡＬＴⅡ）を引き継ぎ、軍縮交渉を継続する意思をあきらかにする。さらに彼は、韓国の基地から核兵器を撤去し、Ｂ－１爆撃機の開発計画を中止し、中性子爆弾の開発計画の延期を決定する。

カーター外交のもう一つの眼目は、従来の第三世界政策に対する批判にあった。一九五〇年代以降、第三世界においてアメリカは、反共主義を絶対の条件として、国内の親ソ勢力や左翼的解放勢力を暴力的に押え込む右翼的な独裁国家や権威主義的体制のてこ入れを図ってきた。カーターは、軍事・経済援助とＣＩＡの関与により進められてきたこのような非道義的な対外介入方針を改め、人権の擁護という大方針をアメリカ対外政策の中核に据えようと試みる。ブラジル、アルゼンチン、チリなどが、軍事政権下の人権蹂躙を厳しく問いただされ、南アフリカのアパルトヘイトが、はじめてアメリカ政府の公然たる批判の的とされた。ただしこの人権外交も、エルサルバドル、韓国、フィリピンなどアメリカにとって地政学的に重要と思われる諸国に対しては、厳格に適用されず、二重基準の問題を孕んでいたといえよう。またこれらの政策の中核をなしてきた秘密作戦の主体ＣＩＡの改革をもカーターは試みるが、必ずしも十分な成果を挙げることなく挫折する。

こうした初期カーター政権による軍縮と人権外交の推進は、ヴェトナムの敗北とデタント以来の対ソ宥和政策に不満を抱く、共和党内保守派を硬化させたばかりか、民主党からもヘンリー・スクープ・ジャクソン（Henry M. [Scoop] Jackson）をはじめとする対ソ強硬派の政権批判を招くこととなった。これら右派の懸念は、この時期のソ連の第三世界政策がかつてない攻勢に転じたことにより、いっそう増幅されていった。ヴェトナム後のアメリカの「帝国からの撤退」気運にもかかわらず、ソ連は、むしろそれを好機ととらえ、キューバなどの同盟国の助力を得て、アンゴラなどアフリカ南部や、ソマリア、エチオピアなどを含むアフリカの角において、社会主義的政権の樹立を支援し、これらの地域で親ソ勢力を増強することに努めたのである。こうした第三世界におけるソ連の動向にもかかわらず、カーターは、一九七九年六月ウィーンでソ連の最高指導者レオニード・ブレジネフ（Leonid I. Brezhnev）と会談し、懸案であったＳＡＬＴⅡ条約の署名にこぎつけた。しかしなお、それによってソ連の第三世界政策が軟化することはなかった。その年十二月二十四日、ソ連はアフガニスタンに侵攻し、米ソ関係は一挙に「新冷戦」の局面に突入した。おりからアメリカ連邦上院で検討されていた、ＳＡＬＴⅡの批准は凍結され、デタント時代に進められてきた米ソ核軍縮への歩みは急停止を余儀なくされたのであった。

とはいえ、第三世界における地域対立の緩和を企図した初期のカーター外交が、いくつかの重要な成果を生んだこともまたたしかである。政権の発足直後からカーターは、イスラエルとエジプトの間の仲介に積極的に取り組み、それは一九七八年九月のキャンプ・デイヴィッド合意、翌年三月のエジプト－イスラエル平和条約に結実した。しかし、そこからさらに進んで、より確実な中東和平——すなわちパレスチナ国家の承認、少なくともその政治的自決権の実現——を目指したカーターの期待は、イスラエルの右派政権の拒絶によって裏切られることになる。

また、カーターは一九七七年九月七日パナマ運河の返還条約に署名し、上院を説得して批准にこぎ着けた。これによって一九九九年末までのパナマ運河返還が決定したが、それはシオドア・ルーズヴェルト以来の対中南米政策の歴史的な転換点を画す決定であった。しかし、カーターはここでも、保守的なナショナリストから「弱腰外交」の批判を浴びることになる。カーター外交のもう一つの成果としては、一九七八年十二月に合意をみた米中国交正常化を挙げることができる。ただし、それはカーターが主導した成果というよりは、アフリカ問題やSALTII交渉をめぐる米ソ関係の急速な悪化と、新疆ウィグル地区での軍事衝突やヴェトナムとカンボジアとの紛争をめぐる中ソ対立の激化といった国際政治上の変化によるところが大きかった。なおこの時、米中国交正常化にともない、米台相互防衛条約は廃棄されたが、カーターはアメリカが従来どおり台湾の安全保障にコミットすることを約する国内法として台湾関係法（Taiwan Relations Act）に署名している。

以上見てきたように、政権の前半においてカーターの外交は、ワシントン政治への新参者として、冷戦下の国際政治の構図を変える方策を多方面で試みたと評価することができる。しかし、そうした試みの多くは、短期的には一定の成果を生みつつも、長期的な平和や安定を招くことには失敗したといわざるを得ない。カーター政権の新しさは、同時に政権基盤の弱さでもあり、内外における政治力や説得力の欠如をも意味していた。とりわけカーター外交の要ともいうべき人権外交は、地政学的、国際経済的に多面的な観点に立つべき国益論議を、人権という理念のみを物差しとすることによって極度に単純化する傾向を帯びていたことは否定できない。まさにそれ故に人権外交はいくつかの事例で、同盟国や友好国の離反を招き、そして逆に敵対勢力を硬化させるという重大な対外的失政に帰着する結果となった。

その一つの事例は、ニカラグァである。一九三四年反米的な民族革命の指導者アウグスト・セサール・サンディーノの処刑以後、半世紀近くにわたりアメリカの傀儡であり続けてきたソモサ父子の政権の腐敗と無能は、サンディーノにちなんで名付けられたサンディニスタ民族解放戦線の急速な台頭を招き、ニカラグァは内戦の渦中にあった。ソモサ政権の国内反対派に対する人権の蹂躙は、カーターの強く批判するところであり、アメリカはニカラグァ内戦の休戦と国民和解政府の自立を勧告し、ソモサ政権への支持を撤回した。その結果、ソモサ政権に対する革命派運動は活発化し、一九七九年七月、政権は倒壊し、ここにサンディニスタ政権が成立する。カーターは、この新政権の安定化を支援するための七五〇〇万ドルの援助を議会に提起したが、議会はこれを拒否した。アメリカの支えを失ったサンディニスタ政権はソ連、キューバへと接近を図ってゆく。このニカラグァ内戦は、隣国エルサルバドルにも飛び火し、ニカラグァの革命政権はエルサルバドル反政府派を支援し、逆にアメリカの反共勢力は、エルサルバドル政府への援助拡大をカーターに強く迫ってゆく。こうして人権外交に起因して、中米では再び米ソ代理戦争という地域対立の構図が呼び戻された。

二つ目は、これも長くアメリカの支配下にあったイランの事例である。一九五三年ＣＩＡの介入を得て成立したモハンマド・レザー・シャー・パーレヴィ (Mohammad Reza Shah Pahlavi) 政権下のイランは、一九七〇年代初頭まで中東におけるアメリカの最も重要な地域的同盟国であった。しかしこの頃（先進諸国では石油危機の原因となった）石油価格の急騰により、産油国イランはパーレヴィの主導により並外れた経済拡大政策に走りインフレを悪化させていった。ついで石油価格の安定化とともに政府支出が減少したことにより深刻な不況が到来した時、労働者、中産階級を含む広汎な社会層の間でパーレヴィ政権批判が高まり、彼の抑圧的統治に対する抵抗運動が台頭した。この反体制派によるパーレヴィ政権転覆運動の中心を担ったのは、フランスに亡命していたアヤトラの一人ルーホッラー・ホメイニ (Ruhollah Khomeini) を指導者と仰ぐ、過激なイスラーム主義者たちであった。このイスラーム革命の危機に直面したパーレヴィに対し、カーター政権は、反体制派に対する厳しい弾圧の停止と民主的改革の推進を求めた。しかし、カーター政権の介入は、パーレヴィをアメリカの傀儡と目するイラン反体制派の政権批判をかえって勢いづける結果となった。一九七八年末から翌年初めに起った大規模デモに当面したパーレヴィは国外に逃れ、ホメイニの帰国を機に、反体制派が政権を掌握し、アメリカとイランの同盟関係はついに終焉を迎えた。カーターの人権外交は、米ソ二極対立という冷戦の構図を大きく突き崩すイスラーム主義の台頭という新しい複雑な国際政治状況に対応しえなかったのである。しかも事態は、パーレヴィ政権の崩壊に留まらなかった。一九七九年十一月、亡命中のパーレヴィに対し病気治療を理由とするアメリカ入国を認めたカーターの決定は、それに反発するイスラーム過激派の学生たちによるテヘランのアメリカ大使館占拠という事態に発展し、五二人の大使館員が人質として軟禁状態に置かれたのである。このアメリカ大使館人質事件は、その後一年以上にわたってカーター政権を苦しめ、その無力を内外に印象づけることになった。イランとの緊張の高まりは、アメリカ国内で石油価格の高騰を招き、エネルギー安全保障というカーター政権の目玉政策も失敗に帰した。こうして、イラン革命は八〇年選挙におけるカーター再選の可能性を大きく縮減する結果となったのである。

三つ目の事例は、対ソ外交の失敗である。つとに七六年選挙戦においてソ連の人権状況に対するフォード政権の宥和的対応を批判していたにもかかわらず、就任後のカーターの対ソ人権外交は一貫性を欠いていた。すなわちカーターは、一方でキッシンジャー流の現実主義を排し、ソ連の人権状況を批判しながら、他方ではデタント政策の延長としてのＳＡＬＴⅡの妥結を推進するという二つの背反する目的を同時に追求する姿勢を示したのである。核軍縮を目指す際には、人権外交はソ連には及ばないことを示唆しながら、科学者アンドレイ・サハロフ（Andrei Sakharov）のような反体制派の人権抑圧に重大な関心を表明するといった、カーターの曖昧さは、時にブレジネフを激怒させ、結果としては米ソ間の相互信頼を大きくそぐ結果となった。新冷戦に先立って、デタントは事実上終っていたといえよう。

結局のところ、カーター政権発足当初の曖昧な対ソ政策は、一九七九年クリスマスのソ連によるアフガニスタン侵攻によって強硬な対決姿勢へと一変する。アフガニスタンは、一九七〇年代の二度の軍事クーデターを経て、アフガニスタン人民民主党(アフガニスタン共産党)の政権下にありながら、政権の内紛やイスラーム勢力の台頭により内戦状態にあった。それは、ソ連にとって自国内の南部イスラーム地域の不安定化の危険性を、そしてイランから放逐されたアメリカが新たな中東の拠点を求めて介入してくる危険性をも示唆する事態にほかならなかった。しかし、親ソ勢力のてこ入れによるアフガニスタンの安定を目指したこの介入は、新冷戦の開始を決定づけたばかりか、やがてソ連にとっての「ヴェトナム」へと展開されてゆくことになる。

この事態に直面して、カーター外交は大きくブレジンスキーの地政学的な対ソ強硬策へと転じていった。アメリカ議会上院におけるSALTⅡ批准の動きは停止し、カーター政権は年明けには早くも対ソ制裁措置(穀物とハイテク機器の輸出禁止)を発動し、国連に働きかけて、ソ連のアフガニスタン撤退勧告決議を通過させる。さらに一月二十三日にカーターは、後に「カーター・ドクトリン」と称されることになる外交指針を宣言する。「ペルシャ湾岸地域の支配を獲得しようとするいかなる外国勢力による企ても、米国の死活的利益に対する攻撃とみなされるであろう。そしてかかる攻撃は軍事力を含むあらゆる必要な手段を行使してでも撃退する」とカーターは述べたのである。こうして対ソ強硬路線は、モスクワ・オリンピックのボイコット(七月十九日)、カーターの選抜徴兵制復活要請への議会の賛成(六月二十五日)といった形をとって現実化されてゆく。おりから一九八〇年の大統領選挙における最重要争点として、イランのアメリカ大使館人質事件と並び対ソ関係が再浮上していった。

この一九八〇年の選挙で大統領に選出されたレーガンにとり、はたしてこの時期の国際情勢はどのように映っていたのであろうか。レーガンは、伝統的な民主党冷戦外交にも、ニクソン＝キッシンジャー＝フォード外交にも、そこからの脱却を意図したカーターの人権外交にも批判的であった。レーガンにとって、七〇年代はデタントと人権外交につけ込んだソ連の力の政策の成功の時期、アメリカの敗退の時代にほかならなかった。その悲観的な状況分析によれば、一九八〇年の国際政治は、イランとアフガニスタンの情勢はもとよりのこと、東南アジアにおいてはヴェトナム、ラオス、カンボジアが共産主義国へと転換し、アフリカではアンゴラとモザンビークがソ連の支配圏に繰り込まれ、ソマリアとエチオピアも共産主義勢力の支配下に置かれ、南イエメンも親ソ勢力の支配下に置かれ、カリブ海ではキューバとニカラグァの影響力の拡大がみられるという慨嘆すべき状況下にあった。こうしたアメリカ外交の敗北の連鎖を断ち切るべく、就任後のレーガン大統領は、新冷戦に対応した強硬な反ソ反共のレトリックを駆使し、「強いアメリカ」の再生に向けた大胆な政策展開を図ってゆく。

一九八〇年の共和党の政綱には「力による平和」が謳われ、そのためには何よりもアメリカがソ連に軍事的・テクノロジー的に優越すべきことが主張されていた。この政綱にしたがい政権掌握後のレーガンは、平時ではかつてない規模の軍拡に乗り出していった。軍事費は、一九八〇年の一三四〇億ドルが、八五年までには二五三〇億ドルと、ほぼ倍増された。このいわゆる「レーガン軍拡」は通常兵器体系の更新と拡張を含みながら、ＭＸ（ピースキーパー）ＩＣＢＭミサイルの開発配備、カーターが一時中止していた新型爆撃機（Ｂ－１Ｂ）の再開発、そして潜水艦から発射される核弾頭の近代化を図ったD－5トライデントII（SLBM）など核兵器の近代化にもっとも大きな力点が置かれていた。こうした軍拡の極点が、一九八三年三月二十三日のレーガン声明に端を発する「戦略防衛構想（SDI）」、俗にいう「スターウォーズ計画」であった。

レーガン軍拡の狙いの一つが、一九七〇年代に達成を見たソ連軍の近代化に対抗し、力の優位を確立し、ひいては軍縮交渉を有利にする点にあったことは疑いない。しかし他方で、こうした急速な軍拡は、内外に広範な反戦反核平和運動を引き起すこととなった。とりわけ米ソ核対立の最前線に立つヨーロッパ諸国においては、一九八三年秋、アメリカとソ連双方の中距離核ミサイルの配備計画に対し、「核の凍結」(nuclear freeze) を求めて各都市で大規模な反対デモが沸き起った。こうした民衆レベルの危機意識の高揚にもかかわらず、結果として米ソ両国は核ミサイルの配備を着々と進めていった。

このような国際的な軍拡政策を推し進めた要因として、レーガンをはじめとする共和党右派の強固な反共主義思想があったことはいうまでもない。一九八三年三月八日、「全国福音主義者協会」の大会において、レーガンは、トルーマン・ドクトリンを彷彿させる善悪二元論的なソ連＝「悪の帝国」(the evil empire) 論を展開する。それは単にソ連を標的とするだけではなく、戦後の冷戦と核軍拡の歴史において米ソのいずれもが誤りを犯してきたという客観主義的な立場に立つ現今の「核の凍結」運動をも攻撃する論議であった。そこでレーガンは強く訴えている。「空疎な思い上がりに駆られて、……歴史的事実や悪の帝国の攻撃的衝動を無視したり、軍拡競争を巨大な誤りと単純に決めつけ、正義と不正義、善と悪との闘争の場から撤退することのないように」と。この「悪の帝国」論は、一面でデタントおよび人権外交を特色づけた相対主義と敗北主義からの脱却を促すものであった。と同時にそれは、ヴェトナムの経験を再解釈し、それが何よりも共産主義という絶対悪との闘争であったことを強調することによって、アメリカ外交の自信喪失と消極性の原因としての「ヴェトナム症候群《シンドローム》」の克服を目指す論議でもあった。

一九八五年二月六日、第二期施政の最初の年頭教書においてレーガンは、後に「レーガン・ドクトリン」と称される対外指針を提起する。いわく、「共産主義者の反乱（insurgency）と戦うためならば世界のどこへでも介入する権利をアメリカは有している」。このドクトリンのうちに、第三世界のどこにおいても反米的な社会革命の背後には、必ずソ連もしくはソ連に従属する勢力が関わっているという、伝統的な冷戦観の復活をうかがうことができよう。第三世界におけるＣＩＡの秘密作戦は、七〇年代後半、議会聴聞会においてその実態が暴露され、以後逼塞を余儀なくされていたが、レーガン政権はその点でも冷戦期への回帰を図った。レーガンは、アフガニスタンからパレスチナ、カリブ海域・中米に至る紛争地域において、再びアメリカの覇権を打ち立てるべく、直接間接の関与政策を積極的に展開していった[3]。

なかでも、レーガン政権がとくに力を注いだのはニカラグァであった。一九七九年に成立したサンディニスタ政権に対するカーター政権の曖昧な対応は、レーガン政権下一転して攻勢へと転換され、八一年にはＣＩＡが投入され、革命ニカラグァからの反共主義亡命者たちが、いわゆるコントラ（Contra）として組織化され武装強化されていった。同時に、レーガン政権は、エルサルバドルの親米政権へのてこ入れを図り、そこにおける抵抗勢力とニカラグァ政府との連携を妨げるべく中米関与政策の統一と強化を図っていった。

しかし、レーガン政権のこうした中米政策には、国内からの反発も絶えることがなく、連邦議会は一九八二年から八四年にかけて、アメリカ政府機関がニカラグァにおいて直接的あるいは間接的に軍事的もしくは準軍事的作戦を支援することを禁ずる「ボーランド修正条項」(Boland amendments) を通過成立させた。これによりコントラ支援活動資金の予算化を禁じられた国家安全保障会議は、コントラ支援継続のための秘密資金の充当を迫られることとなった。一方この時期、レーガン政権は中東においても大きな困難に直面していた。一九八三年十月レバノンの海兵隊駐留地にテロ攻撃が行なわれ、二四一人の海兵隊員が死亡するという事件が起り、翌年海兵隊はベイルートから撤収する。しかし、その前後の時期のベイルートにおいては、イランと密接につながるシーア派勢力によりアメリカ要人の誘拐人質事件が相次いでいた。そこでレーガン政権は、秘密裏にそれらの人質の解放に向けた斡旋をイラン政府に依頼し、その見返りとして対イラク戦争下のイランに対戦車ミサイル、対航空機ミサイルなどの武器を売却したのである。

この時の武器売却代金が、スイスの秘密口座を通してコントラに供与されたことが、メディアによって暴露されたとき、レーガン政権最大のスキャンダル、イラン－コントラ事件が勃発したのであった。それは三重の意味でのスキャンダルであった。第一にホワイト・ハウスが議会決議をあからさまに無視した外交活動を行なったという点において、第二にレーガン自身が禁じていたはずの「テロリスト」との取引に、自らが関わった点において、第三に一九七九年の革命以来、アメリカ外交が敵視してきた当のイランに、最強硬派のレーガン政権が武器売却を行なった点においてである。しかし、議会に設けられた調査委員会においても、レーガン自身の関与の全容は明らかにならなかった。マス・メディアが「イランゲイト」と喧伝したにもかかわらず、そのスキャンダルは「ウォーターゲイト」の再現とはならずに終ったのであった。

(1) この現実主義的な外交は、大国間政治の領域では戦略核兵器管理などの分野で大きな成果を挙げたものの、冷戦のもう一つの「戦場」とされてきた第三世界に及ぶことはなかった。インドシナ半島全域に波及しつつあったヴェトナム戦争、インド－パキスタン戦争、六七、七三年の二度にわたる中東戦争、CIAの主導した軍事クーデターによるチリのアジェンデ政権転覆、アフリカ南部地域におけるポルトガル植民帝国の崩壊に続く内戦や民族紛争等々、この時期第三世界で戦われた多くの「熱戦」は、それらの地域が、なお脱植民地化にともなう混乱と冷戦下の米ソ両大国の代理戦争という二重の苦難のうちに取り残されていたことを物語っている。

(2) こうした経済問題に発するニューディール・リベラリズムの分解過程は、さらに六〇年代が生み出したさまざまな新しい社会運動によっても加速されていった。それらの社会運動は、より長期的にみれば、ロナルド・イングルハート (Ronald Inglehart) のいう「静かなる革命」、すなわち豊かな社会における経済的・物質的な価値から精神的・非物質的な価値への重点の移動に起因していたと考えられよう。六〇年代に進んだ女性解放運動はこうした社会運動の典型であり、それは七〇年代に二つの大きな成果に結実した。その一つは、七三年の連邦最高裁判所のロー対ウェイド (Roe v. Wade) 判決であり、今一つは七二年の男女平等憲法修正案(ERA)の連邦議会通過であった。前者は、人工妊娠中絶を禁止する州法を違憲とするものであり、後者は両性の平等を定め、性差別を禁ずるものであった。しかし、後者が成立に必要な三八州の批准に残り三州までこぎつけながら、ついに成立に至らなかったことが端的に示すように、フェミニズム運動は保守派の強固な抵抗に直面した。七〇年代はまた、多くの社会的分野でアフリカ系アメリカ人の進出がみられた時代でもあった。それを促進した一つの条件は、公的機関による積極的差別是正策《アファーマティヴ・アクション》であった。しかし、ここでも、差別撤廃に向けた人為的な制度や就職・就学に関する被差別者への特別割当制度《クオータ・システム》は、逆差別の温床になるとの批判は絶えることはなかった。

(3) 第三世界へのアメリカの介入の問題を考えるにあたっては、一つには、朝鮮戦争を目前にして起草され封じ込め政策の軍事化を促したNSC－68文書の長期にわたる影響力に着目すべきであろう。この文書以後アメリカは、ソ連・共産圏からの侵攻は、国境を越えた突然の軍事侵攻によって始まると想定するようになる。朝鮮戦争への米軍の派兵と相まって、前年のソ連の原爆開発の成功もあり、アメリカの外交政策は大きな転機を迎える。

　もう一つ注目すべきは、ヴェトナムの経験がその後のアメリカの第三世界政策にいかなる意味をもったのかということである。冷戦リアリストが批判したように、ヴェトナムをはじめアメリカ軍による多くの介入事例は、個別的に見ればたしかに戦略的に重要な地点に軍事展開をしたのではなく、地政学的リアリズムを欠いていたといえるかもしれない。しかしそれらの介入地点が共産主義のさらなる拡大を引き起すか否かという判断は、戦略的に重要な意味をもったのではないだろうか。つまり必ずしも共産主義に立脚しないにしても、それらの地点における反米的な革命政権の成立は、ソ連の地政学的影響力を拡大し、その行動の幅と自由を広げることになる。とすれば、これらの革命政権は、近隣諸国の安全保障を動揺させ、より広く国際的自由資本主義体制にも影響を与えると考えられた。とくにキューバ革命の例が顕著である。

各地の革命的な政治変化に対するアメリカの対応は、合衆国の安全保障関連官僚機構に（そして世論にも）広くかつ強固に根付いた反共主義の所産でもあった。アメリカは第三世界の革命運動を表向きつねにソ連の策動と結びつけてきたが、実は中にはヨーロッパの植民地主義から脱却する民族主義運動の側面の強い運動、したがってソ連とはほとんど関わりなく地域的な社会経済的問題に起因する運動も少なくなかった。このような民族主義的解放運動に合衆国が介入していった理由は、それらが、しばしばアメリカが建設した国際的な安全保障体制や国際経済のフレームワークを拒否する傾向を示したことにもよっている。

したがって、対ソ・対共産主義安全保障と国際的な自由資本主義体制の維持とが、冷戦政策の骨子をなす二重にして不可分の目的であったことが強調されなければならない。そのように考えてはじめて、冷戦からポスト冷戦、ポスト九・一一へと至るアメリカの対外介入の正当化論理の継続性を見て取ることができよう。

第一二章　グローバル化と福祉国家再編

二〇世紀最後の一〇年間、世界もアメリカも半世紀近くにわたった米ソ冷戦の終結という新しい状況に直面した。資本主義と共産主義という二つの近代的イデオロギーの対決が一応の決着を見たこの時点にあって、一方では、かつての共産主義国や多くの途上国は権威主義的な計画経済から自由市場経済へと急旋回し、文字通りグローバルな資本主義経済システムが現われつつあった。しかし、他方では、かつては米ソの代理戦争の色彩の濃かった第三世界の宗教的、民族的な地域対立が、超大国の思惑を離れて「自律化」し、抑制を欠いた近隣憎悪や無差別殺戮に発展するケースが少なくなかった。この時期、いかにして、地域紛争の波及を食い止め、相対的な安全保障を確保しながら、同時にアメリカ主導のグローバルな資本主義市場を発展させてゆくかが、アメリカ外交の最大の課題となった。

こうした国家的課題に当面していたにもかかわらず、この時期のアメリカ国内政治は、超党派的な協力関係やコンセンサスからは、ほど遠い状況にあった。それどころか、アメリカ政治は、いまだ八〇年代の「保守革命」の余波の中にあり、しかも冷戦の終結がおのずからアメリカ国民の関心を内向させたこともあって、政党間対立はますます激化する傾向を示していた。ポスト冷戦のアメリカ政治もまた、福祉、税金、医療、貧困といった伝統的な争点をめぐる党派対立はもとより、人工妊娠中絶や同性愛や家族的倫理や歴史観をめぐり、いわゆる「文化戦争」への対応を迫られることになる。

1　冷戦の終結と新世界秩序の模索

一九八〇年代後半、米ソ関係は、新冷戦から和解へと急転回をとげてゆく。その原因としては、何よりもソ連共産党の一党支配体制が、内外で大きな危機に直面したことが指摘できよう。アメリカとの長期にわたる核軍拡競争と第三世界を舞台とする援助競争は、ソ連国内経済にとり大きな足枷となっていた。また長くワルシャワ条約の下で一枚岩的な結束を誇ってきた東欧の国際共産主義体制も、一九六八年のソ連軍によるチェコスロヴァキア侵攻事件をきっかけとして、その結束を弱めつつあった。こうした内憂外患に疲弊するソ連にとって、アフガニスタン侵攻は、新たな解決困難な問題を自ら呼び込む結果となった。この間、新冷戦を主導したソ連の指導者ブレジネフは、一九八二年に死去し、その後を襲った指導者は二代続けてともに高齢で健康問題を抱え、国難に有効な手を打つ能力もいともも欠いたままに相次いで世を去った。かくして八五年、ミハイル・ゴルバチョフ(Mikhail S. Gorbachev)が最高指導者に就任する。彼は若く清新な新世代の指導者として、従来の閉鎖的で硬直したソ連の政治経済システムを批判し、グラスノスチ(開放)、ペレストロイカ(改革)路線へと舵を切っていく。ゴルバチョフは、一方においてアメリカや西欧との関係改善を目指して、サハロフを釈放するなど人権問題に対処し、文化的な開放政策を推進する。また他方において、彼はソ連が経済的破綻に瀕しているとの率直な認識に立ち、統制経済の緩和を図るとともに、アメリカとの軍拡競争に歯止めをかけるべく、レーガン政権に働きかけていった。

このソ連の急変にレーガン政権が応え、一九八五年から八八年にかけて、米ソ首脳会談が四回にわたって開かれる。八五年十一月のジュネーヴにおける最初の会談で個人的な関係を築いたにもかかわらず、八六年十月のアイルランド・レイキャビクにおける第二回会談は、SDIをめぐる米ソ間の溝が埋まらず、核軍縮交渉は何ら成果を生むことなく中断した。しかし、米ソ両政府は、完全な決裂を回避し、互いに軍縮提案を繰り返してゆく。そして八七年十二月、ワシントンでレーガンとゴルバチョフの第三回会談が行われ、両者は中距離核戦力全廃条約（INF条約）に署名した。それは、長い冷戦の歴史の中で両超大国が相互信頼に基づいて、一定の範疇に属するミサイルの全廃に合意した初めての条約であった。この軍縮合意は、それ以前はレーガンの対ソ強硬策に全幅の信頼を置いていた右派の間に、レーガンが宥和策へと方針転換したかの印象を与え、不安と不信を呼び起した。

しかし、この米ソ関係の急転回は、おりからイラン－コントラ事件で苦境に立たされていたレーガン政権を救う結果となった。レーガンにとって幸運だったのは、イランやニカラグァといった周辺地域を舞台とする外交が、対ソ外交ほどに、国民世論の関心を呼ばなかったことであろう。イラン－コントラ事件や右派の不満にもかかわらず、政権末期のレーガンは、内外政策において行き詰まっていたニューディール体制を打破し、大胆な保守的施策を打出し、新しい政治体制を軌道に乗せた大統領として高い支持率を維持する。

こうしたレーガン人気を後ろ盾として、一九八八年大統領選挙で勝利したのが、ジョージ・H・W・ブッシュ（George H. W. Bush）であった。ブッシュは、連邦下院議員を二期務めた後、ニクソン、フォード両政権下で国連大使、駐中国連絡事務所長（のちの大使）、ＣＩＡ長官といった要職を経て、共和党中道派の指導者として頭角を現わした政治家であった。しかし、一九八〇年に大統領選挙に出馬してレーガンの軍門に降り、その後はレーガンの忠実な副大統領として二期を無難に務めた実績を有していた。八八年選挙に際してブッシュは、レーガンが魅力溢れる人柄でまとめ上げてきた共和党を、長く党内に培ってきた人脈とイデオロギー的柔軟性と繊細な政治的配慮とによってまとめ上げることに成功した。その年の本選挙において、ブッシュに挑んだ民主党候補は、マサチューセッツ州知事マイケル・デュカキス（Michael S. Dukakis）であった。ギリシャ系移民のエリートを両親にもつ都市的リベラルのデュカキスに対し、ブッシュはレーガン政治の実績を掲げ、党内右派に配慮したネガティヴで人種主義的な色彩の強い選挙戦を展開して圧勝する。

ブッシュ政権は、ゴルバチョフとレーガンが道筋をつけた国際政治の一大変動の渦中にスタートした。その間、国際共産主義体制は、ヨーロッパでもアジアでも大きく揺らぎつつあった。東欧では、一九八九年二月から年末にかけて、ポーランド、ハンガリー、東ドイツ、チェコスロヴァキア、ブルガリア、ルーマニアと、共産主義独裁体制が次々に倒れていった。十一月、東西ベルリンを隔てていた壁の崩壊を頂点とするこの激動に直面して、ブッシュ政権は極力局外中立の立場に立ち、冷静に慎重にことの推移を見守る方針を貫いた。そこには、おそらくブッシュ大統領の長い国際的経歴と慎重な個人的資質も働いていたであろうが、同時に、ニクソン、レーガン両政権下で外交・安全保障政策に携わってきた人材――ジェイムズ・ベーカー（James A. Baker, III）国務長官、ブレント・スコウクロフト（Brent Scowcroft）安全保障担当大統領補佐官、ディック・チェイニー（Richard B. Cheney）国防長官、コリン・パウエル（Colin L. Powell）統合参謀本部議長など――による補佐、協力の役割も無視することはできない。

東欧諸国の共産党独裁に対する抵抗運動の高まりと並行し、一九八〇年代鄧小平の指導下、経済に重点を置いた改革開放政策を実施してきた中国においても、民主化運動が大きなうねりとなっていた。しかし一九八九年六月には北京の天安門広場において鄧の命令により軍が学生を中心とする民主化勢力の集会を武力によって制圧・排除する事件が起った。この時、連邦議会民主党の人権重視派や反共保守派が民主化運動と学生の人権を擁護して論陣を張ったのに対し、ブッシュ政権は、米中関係を重視する立場から、不干渉の姿勢を保ち、逆に懸案とされていた中国に対する最恵国待遇（ＭＦＮ）の延長を決定する。中国国内における政治的反対派、宗教家、少数民族などをめぐる人権問題は、これ以後、米中関係に影を落としてゆくことになる。

一九八九年十二月初頭、マルタにおいて、ブッシュはゴルバチョフとの初の首脳会談に臨んだ。ここではじめて米ソ間の冷戦の終結が、両国首脳によって世界に向け宣言されたのであった。しかし、冷戦の終結は、ソ連、東欧をめぐる国際政治の変動過程を終結させることはなかった。四〇年以上にわたって分断されてきた東西ドイツは統一への困難な歩みを開始し、逆に旧ユーゴスラヴィアでは、民族対立が連邦の解体を促したばかりか、民族浄化やジェノサイドへと事態が暗転してゆく兆しを見せていた。九〇年十月にはついにドイツの統一が宣言され、それを受けて全欧安保協力会議（ＣＳＣＥ）は、欧州の冷戦の終結を宣言する。九〇年春には、バルト三国もソ連から離反し、ついには九一年八月十九日のクーデターの企てにより、ソ連大統領としてのゴルバチョフの命運も尽きることとなった。そして、十二月八日には、ロシア大統領のボリス・エリツィン（Boris N. Yeltsin）らによって、ソ連の解体と独立国家共同体（ＣＩＳ）の創設が宣言されるにいたった。

この時、世界は最終的に超大国間の冷戦時代を脱し、アメリカという唯一の超大国が君臨する時代へと歩を進めたのである。この時代転回の衝撃の大きさを考えるとき、それにともなう国家や民族の間やそれらの内側での暴力が、ユーゴなどの事例を除き、比較的に抑制されていたことは特筆に値しよう。そこに、消えゆく超大国と単独化しつつある超大国との間に、それぞれのリーダー同士の相互信頼と相互抑制によってもたらされた、慎重さと統制とが働いていたとみることができる。

とはいえ、レーガンの場合と同様、ブッシュもまた、核の暴発といった人類史的な危険を孕んだ対ソ外交を除けば、それ以外のあらゆる外交の分野でつねに抑制的でも慎重でもあったわけではない。冷戦以来の高圧的な第三世界政策を、ブッシュ外交もまた引き継いでいた。そのことはパナマのケースに典型的に示されている。一九八六年以来、権威主義的な独裁者マニュエル・ノリエガ（Manuel Noriega）の軍事支配下にあったパナマは、エルサルバドル政府、コントラと並びレーガン政権下の中米政策の拠点の一つであった。ノリエガはＣＩＡ、国防総省にとり操作可能な取引相手であり、イラン－コントラ事件でも、武器売却と売却費をコントラへとつなぐ媒介役を果していた。しかし、同時に、彼がコロンビアの麻薬シンジケートと密接に連携し、アメリカ国内に麻薬を持ち込む犯罪者であることも広く知られていた。その意味で、イラン－コントラ事件以後、ノリエガの存在は、しだいにアメリカ中米外交の障害と目されつつあったのである。

ブッシュは、大統領就任直後からノリエガ政権の打倒に乗り出し、反ノリエガ・クーデターの失敗後、一九八九年十二月にはパナマへの軍事侵攻を敢行する。その後のパナマ軍との小戦闘により、アメリカ兵からも二三名の死者が出たものの、翌年一月三日にノリエガは投降し、彼はアメリカの裁判管轄権の下に置かれることになる。ラテン・アメリカ諸国は、アメリカによるパナマ侵攻をノリエガ「誘拐」事件と見なし、不快感を表わした。のみならず、広く国際的にもアメリカに対して、非難が集中する結果となったのである。逆に、ブッシュの「武断性」は、アメリカ国内では歓迎され、世論における彼の支持率は七五パーセントへと跳ね上がった。

ブッシュ外交の武断的な側面を物語るもう一つの事例は、中東に関わるものであった。イラン‐イラク戦争後の対外債務の過重に苦しむイラクのサダム・フセイン（Saddam Hussein）政権は、一九九〇年八月二日、突如として隣接する産油国クェートへと侵攻し、同国を占領下に置いた。かつてレーガン政権初期には、イラン革命に対する対抗勢力として育成対象と目されていたイラクは、このクェート侵略以降、アメリカの中東安定化策にとっての重大な障害となり、やがて「ならず者国家」（rogue states）として類別されることとなる。ブッシュ政権は、事態をイラクによるクェートの主権侵害と見なし、直ちにクェート解放を目的とする軍事行動計画の立案に着手した。ここで注目すべきは、ブッシュ政権が、軍事行動に先立ち国連の承認の取り付けを重視したこと、およびクェート解放計画の実施主体としてアメリカの同盟諸国をも巻き込む多国籍軍の編成に努めたことである。ブッシュはあきらかに、この多角的な国際主義的行動が、冷戦以後の紛争解決の前例となることを意識しており、将来の国際協調の枠組みの形成を意図していたといえよう。かくして、国連決議に基づき、一九九一年一月、アメリカ率いる多国籍軍はイラク国軍と交戦状態に入り、圧倒的な空軍力を駆使してイラク爆撃を開始する。アメリカが「砂漠の嵐作戦」と呼び、より客観的には「湾岸戦争」と呼ばれたこの戦争は、二月末の短期の地上戦闘を最後に、イラクのクェートからの撤退という所期の目的を達成して終結する。ただし、その戦後、フセイン政権が自壊するであろうというアメリカの目算は外れ、国際社会の批判を浴びつつもフセインの権威主義的体制は存続してゆく。

湾岸戦争は、時々刻々と推移する戦況がアメリカ軍のハイテク兵器の圧倒的な効果とともに、逐一、テレビ・ニュースを通して世界に報道された、いわば最初のテレビ戦争にほかならなかった。それは戦後世界に、アメリカの今や並ぶべきもののない圧倒的な軍事的優越を印象づける結果に終った。戦後、ブッシュ大統領が、アメリカが「ヴェトナムの悪夢」をイラクの砂漠に葬り去ったと誇らかに宣したように、アメリカ人の多くは、冷戦の終結と湾岸戦争とによって「アメリカの力」への信頼を取り戻した。こうして生まれた湾岸戦争後の国民的一体感を背景に、大統領支持率は史上例を見ない九〇パーセント超に達した。

この短期に終った戦争は、冷戦に代る新しい国際秩序の模索に弾みをつけた。ブッシュは一九九〇年九月十一日、直接にはイラクによるクェート占領問題を主題として、連邦上下両院合同会議で「新世界秩序に向けて」(Toward a New World Order) と題する演説を行なっている。じつのところ、この時構想された「新世界秩序」には、アメリカの国際的地位をめぐり力点を異にする二つの流れが混在していた。その一つは、冷戦後の世界の平和と安定のためには、今後アメリカは、もはや孤立主義や勢力均衡策はとらず、積極的な軍事的関与策をとり続けるとした、新たな力による安全保障論の流れである。ブッシュ演説のプラン作成に中心的に携わったのが、政策担当国防次官ポール・ウォルフォウィッツ (Paul D. Wolfowitz) であったことからもうかがえるように、そこには後のネオコン的対外政策の萌芽を見ることができる。いま一つは、国際共産主義体制崩壊後の新しいグローバルな経済秩序構想の流れである。レーガン政権末期、アメリカは不公正な貿易慣行や障壁を有する他国への報復措置強化を主眼とする包括通商法 (Omnibus Trade and Competitiveness Act, 1988) を制定していた。それは、アメリカ経済の国際的競争力を補うという保護主義的意図を中心としていながら、モノやサービスだけでなく知的財産も含めた経済のグローバル化を見越した立法であった。今や冷戦が終結し、この展望に立ったより建設的な国際経済の秩序構想が必要とされるに至ったのである。その先鞭をつけたのは、ブッシュ政権の経済担当国務次官ロバート・ゼーリック（Robert B. Zoellick）のラインであった。ゼーリックらは、世界のＧＮＰ総計の二二パーセントを占めるアメリカの経済力を背景に、貿易や金融の自由化、その前提条件としての政治的民主化による広範な国際的経済統合を構想するのである。この流れは、一九八七、八八年のメキシコ、カナダとの自由貿易協定を起点とし、これをさらに拡大した、アメリカ・カナダ・メキシコの三ヵ国の参加する北米自由貿易協定（ＮＡＦＴＡ）の実現へと展開されていった。

この時期のアメリカ外交は、なによりも冷戦という人類共滅の悪夢を終結させた点で評価されよう。しかしながらそれは、フランシス・フクヤマ（Francis Fukuyama）が「歴史の終り」（一九八九年）で述べたような、自由民主主義の全面的な勝利とその地球大における開花という事態をもたらすことはなかった。たしかに一面で、冷戦以後の九〇年代の国際経済社会にはグローバル化、市場化の急速な進展がみられた。それは、共和党の保守派政権と結んだ国際通貨基金（ＩＭＦ）が主導するいわゆる「ワシントン・コンセンサス」の指揮にしたがい、世界の多くの地域や国家において、金融の自由化、規制の撤廃が進行していった時期であった。しかしそれは他面で、冷戦的二極対立のたがが外れた結果として、各地に民族的、宗教的な土着の諸勢力の抵抗や解放が頻発する時代でもあった。ポスト冷戦世界の動向は、この二つの相対立し拮抗する流れの交錯によって大きく左右されてゆくことになる。

2　ニュー・デモクラットの台頭と福祉改革

一九九二年の大統領選挙は、長期的には前節で見た二重の世界史的な変動に、アメリカがどう対応してゆくべきかが問われた選挙であった。湾岸戦争の終了直後、世論調査で九〇パーセントを越える支持率を記録していた一時期、ブッシュ大統領には、再選に向けてまったく死角がないかに見えた。それに対して、この選挙に臨む民主党は、過去三度の大統領選挙の大敗によってもたらされた後ろ向きの守旧的政党というイメージを払拭し、冷戦後のグローバル化、自由化の動向に適合的な内外政策を構想するという課題に直面していた。イメージと政策の刷新の動きは、すでに一九八〇年代から民主党の内側に萌してはいた。早くも八〇年選挙直後には連邦議会において、保守的なレーガンの経済政策に同調する民主党議員の一派（「ブルー・ドッグ」派）が現われている。八四年大統領選挙後には、モンデールの敗北を受けて、民主党指導者会議（Democratic Leadership Council, DLC）が結成され、伝統的なニューディール・リベラリズムからの脱却を図らんとする若き民主党員たちの支持を集めてゆく。DLCは恵まれない有権者への配慮という党の伝統を維持することでレーガン保守とは一線を画しながら、同時に従来の民主党主流リベラル派に対しては、それが労働組合などの特権的利益集団の支配下にあるとして批判する。かつて、一九五〇年代の共和党が、ニューディール型の福祉国家路線に妥協、接近することで勢力の温存を図らざるをえなかったのとちょうど対照的に、八〇年代以降の民主党は、レーガン流の「小さな政府」論への妥協的対応を迫られていったのであった。

しかし、これらの新しいリベラル批判派も含めて、民主党の有力なリーダーの中には、現職ブッシュの再選が確実視されていた九二年選挙に、あえて出馬しようとする者は多くなかった。この党内空白を巧みに衝いて、ブッシュへの挑戦権を得たのは、全国的にはほとんど無名のアーカンソー州知事ビル・クリントン（William J. Clinton）であった。クリントンは、彼が副大統領候補に指名したテネシー州選出連邦上院議員アル・ゴア（Albert A. Gore, Jr.）とともに、ＤＬＣの創立メンバーであり、クリントンは九〇年以降その議長も務めていた。第二次世界大戦後のベビー・ブーマー世代に属するクリントンは、「ニュー・デモクラット」を自認し、中産階級減税、雇用と教育のための投資、経済インフラの整備、環境保護、財政規律、個人の責任感と倫理観の回復といった争点を掲げて、三期一二年にわたる共和党支配からの「変化」を訴えた。とはいえ、レーガンの軍拡や力の対外政策への支持、ビジネスや金融界との親和性、犯罪対策としての死刑賛成といった諸点において、彼はあきらかに新種の民主党員であった。上院での長い経験から外交と環境、議会対策といった面で強みをもつゴアを片腕として、クリントンは南部、中道をおさえられる候補としてしだいに民主党支持層からの期待を集めていった。

クリントンにとって幸運であったのは、一つには九二年選挙戦がアメリカ経済の下降局面で戦われたことであろう。アメリカ国民にとって冷戦の終結と湾岸戦争の勝利は、レーガン外交を引き継いだブッシュ外交の圧倒的な成功を意味したといってよい。しかし、このほぼ完璧な外交的勝利が達成されたのとちょうど同じ時期、それと裏腹にアメリカ経済は不況に陥り、九〇、九一年と成長率のいちじるしい低下に直面した。九二年、失業率はレーガン一期目以来の七・五パーセントに上り、九〇年に比して労働者の実質賃金も目に見えて減少した(1)。都市部の貧困層の間には不満が高じ、人種や移民集団間の軋轢が生じた。この背景下、九二年四月には、ロサンジェルスで大規模な暴動が発生し、数十人の死者、数千人の負傷者が出る事態にまで発展した。現職の再出馬であったにもかかわらず、ブッシュに対し、共和党内からは孤立主義的な右派ポピュリスト、パット・ブキャナン(Patrick J. Buchanan)が立ち、ブッシュの経済失政、とりわけ増税政策をブッシュの公約違反として、これに強固な反対論を浴びせた。さらに、この年の本選挙には、財政赤字争点を中心に据えたロス・ペロー(H. Ross Perot)が、豊富な個人資金を投入して、独立候補として参戦した。彼は、一つには元来共和党の持論であったはずの均衡財政を主要なスローガンとして掲げることによって、また一つには共和党の長期政権のもたらしたマイナス面をことさらに強調し、これが「変化」を求める選挙であるという一般的印象を強めることによって、民主党よりは共和党にとって大きな脅威となった。ブキャナンとペローの台頭は、彼らがともにブッシュ政権の推進するＮＡＦＴＡに強く反発していたことからもうかがえるように、冷戦後のグローバル化の潮流に抵抗する新しい経済的ナショナリズムの勃興を物語っていた。

結局、九二年選挙は民主党の勝利に終る。一般投票での得票率は、クリントンが約四三パーセント、ブッシュが三七パーセント、ペローが一九パーセントであった。民主党は大統領選にくわえ、上下両院議員選挙でも勝利し、両院での多数を制することとなった。しかしながら、この一九九二年選挙の結果が、保守に対するリベラルの勝利、あるいは民主党の時代の再来を意味したかというと、必ずしもそうではなかった。むしろクリントン政権は、いくつかの大きな弱点を抱えながら船出せざるをえなかったのである。第一に、クリントンの得票は一般投票の多数にいたらず、その意味で、この政権は、国民から十分な負託《マンデート》を得ていたとはいえない。第二に、

DLC的な穏健派のクリントンは、リベラル色の強い議会民主党からは政策的に乖離しており、議会多数と同一歩調をとることが困難であった。第三に、ホワイト・ハウスを失った議会共和党は、一段と保守化の度合いを強め、クリントン政権との対決姿勢を硬化させつつあった。そして第四に、クリントンの主張するニュー・デモクラットの路線には、大きな内在的矛盾が潜んでいた。すなわち、この路線が想定する教育や研究開発への投資などの政府プログラムと財政規律の重視という目的との矛盾である。政権の出発に当り、ニュー・デモクラットの路線を推進するには、財源が決定的に不足していたのである。

こうした限界の中で政権に就いたクリントンにとりもっとも緊急な課題は、経済の不況からの脱出であり、そのための新しい成長戦略の確立と国際競争力の回復であった。この課題の達成に向けて、クリントンは、労働組合など伝統的な民主党支持勢力よりは、むしろ金融資本との連携に軸足を移してゆく。ウォール街の支持を背景に、アラン・グリーンスパン (Alan Greenspan) 率いるFRBの後押しを得て、クリントン政権は財政赤字の解消と強いドルの復活を目指した。ブッシュ政権から引き継いだ懸案、NAFTAに関しても、クリントンはメキシコの安価な労働力との競争を厭う労働組合から強い批判を浴びながらも、議会共和党の協力を得て、上院での批准を成功させ、九四年一月には発効にこぎつけた。

こうしてクリントン政権は、国際経済政策に関し民主党リベラル派よりは共和党保守派に接近していったにもかかわらず、この時期二大政党間の対立が緩和に向ったわけでは必ずしもない。その一つの理由は、クリントンが人工妊娠中絶、同性愛、銃器規制などの文化的、社会的争点に関して、共和党の中核的支持層の立場よりはるかにリベラルな立場をとっていたことが挙げられよう。六〇年代の若者文化・対抗文化から発し、八〇年代後半以降には多文化主義と呼ばれるようになったリベラルな文化的潮流と、レーガン以降に復興をみた伝統的な宗教・道徳規範を重んじる保守的な文化的潮流とは、この時期までに、妥協不能の「二つのアメリカ」を形成していた。「文化戦争」は、アメリカ政治のひとつの恒常的様相となったといってよい。二党間の対立をさらに激化させたいま一つの理由としては、クリントンのアーカンソー州知事時代に端を発する財務・税務疑惑やセクハラ疑惑といった政治的スキャンダルが挙げられる。ウォーターゲイト事件をきっかけに設けられた政権監視制度の独立検察官として、きわめて共和党寄りの党派色の強いケネス・スター（Kenneth W. Starr）が就任したこともあって、クリントン夫妻はホワイト・ハウス在任中つねに自らの醜聞疑惑に帰因する党派対立に悩まされることとなった。

しかし、第一期のクリントン政権にとり、もっとも大きな政治的失敗は、大統領が最初の一般教書で公約し、その実現をファースト・レディ、ヒラリー・クリントン（Hillary R. Clinton）に委ねた医療保険改革の失敗であった。この改革に際してクリントン夫人がとった手法は、医療関係の圧力団体（医師会や製薬会社など）の既得権益を、真っ向から一般国民の利益と対比し、広く世論に訴えつつ前者の特権の構造に切り込むという、民主的かつ対決的なものであった。しかしこの手法は、いまやＧＤＰ総額の七分の一を占める莫大な医療費に巣くう、強固な既得権益の凝集体に切り込むにはあまりにもナイーヴであった。議会に対して、法案の大まかな原則とガイドラインを示し、後は議会の立法機能に委ねるという方式ではなく、あらかじめホワイト・ハウス主導の専門家委員会が微に入り細をうがった法案を作り上げ、これを議会に送付し丸呑みさせようとしたクリントン夫人の試みは、いたずらに議会の反発を招き、政策的妥協を困難にしたといわなければならない。十分な世論の後押しも得られぬままに、利益集団による組織的な切り崩しを受け、この改革案は、一九九四年の中間選挙前には、頓挫を余儀なくされたのであった。

このように、発足当初のクリントン政権はいくつかの問題では新しい路線を提示し、一定の成果を挙げながらも、多くの領域で、議会の保守派のみならずリベラルとも軋轢を起し、その結果政党間対立を激化させる結果に陥った。そうした中で下院共和党の右派指導者ニュート・ギングリッチ (Newton L. Gingrich) は、一九九四年中間選挙を、クリントン施政に対する全面的な闘いのための選挙として位置づけた。ギングリッチを中心として、右派の立場から「アメリカとの契約」という一〇項目からなる綱領的文書が作成される。この文書は、共和党内でも分裂を呼びかねない人工妊娠中絶や学校礼拝など、先鋭な文化的争点には極力触れず、「大きな政府」攻撃を主眼として、連邦福祉制度の改善、憲法修正による均衡財政と税率の上限設定の実現、米軍部隊の国連の指揮下への移管の禁止、連邦規制の緩和・撤廃、連邦議員の任期制限などを訴えている。これらのラディカルな保守的提案がどの程度、有権者一般にまで浸透したかはあきらかではない。しかし共和党下院議員候補の三六七人がこれを支持した事実から見て、それが保守派全体にとっての政策的最大公約数を示唆していたことは間違いなかろう。九四年選挙を前にして、「アメリカとの契約」は全国共和党の共通政綱の意味をもったといってよい。したがって、この選挙は、中間選挙としては異例なことに、国家の大きな方向性を決める全国的な人民投票の色合いを帯びることとなった。

九四年秋、世論調査におけるクリントン大統領の支持率は、四〇パーセント前後に低迷していた。ニュー・デモクラットの政策革新は、未だ有権者の間に十分浸透しておらず、医療保険改革の失敗により、クリントン大統領のリーダーシップの未熟さが浮き彫りにされていた時期であった。この中間選挙は、共和党の圧勝に終った。共和党は下院では五四議席、上院では一〇議席増やし、四二年ぶりに上下両院の多数をおさえる。それは、八〇年に続く保守革命の成功とみなされ、選挙直後に下院議長に就任した「革命」指導者ギングリッチは、その議員生命の絶頂期を迎えたのである。

この選挙結果は、クリントン政権と民主党にも多大の影響をおよぼした。クリントンは、この危機に、きわめて現実主義的な妥協的方針をもって臨んだ。これ以後彼は、民主党リベラルと共和党保守派が提起する二つの非妥協的な選択肢を両にらみし、両者をバランスさせながら自らの政策的な立脚点を決めてゆくことになる。この政治的な「三角測量」(Triangulation) の手法による現実主義的な政権運営を可能にしたのは、皮肉なことに九四年選挙における民主党の敗北、とくにそのリベラル派勢力の後退にほかならなかった。これを機にクリントンは、ニューディール・コンセンサスがすでに解体しているという状況認識に立って、それまで民主党につきまとっていた「増税と歳出増」の党というイメージの払拭を図っていく。そのために彼は、本来共和党保守派の争点であった社会福祉改革、犯罪防止策の強化、均衡財政の実現、家族重視の価値観、学校規律の回復、不要な規制制度の廃止などを積極的に自らの政策アジェンダに取り入れていった。こうしてひたすら現実への妥協を図るクリントン政権に対して、選挙の大勝に自信を深めたギングリッチ派は逆に強硬な議会運営に突き進み、しだいに非妥協的な原理主義的党派と目されるようになってゆく。

対立する陣営のこうしたイメージの変化は、一九九五年末の連邦政府の一時的閉鎖という事件によって、世論に印象づけられることになる。九六年度予算をめぐる議会の手詰まり状態によって、クリントン政権が余儀なく提起した暫定予算を、下院共和党が拒否したとき、クリントンは大胆にも連邦政府機能の一部を二度にわたり閉鎖する挙に出たのである。この政治的な賭けによって、国民生活を守るための果断さを評価されたクリントンの指導者イメージは、大きく好転した。逆に、ギングリッチ派は、国民生活を担保にしてまで、原理的な政策的立場に固執するラディカルというイメージを自らに引き寄せてしまう結果となった。九五年四月に起った過激な反連邦主義者によるオクラホマ連邦ビルの爆破事件（死者一六八名）に際して大統領として行なった優れた演説の記憶もあいまって、そして何よりも、ＩＴ関連の株式ブームに先導された急速な景気の回復に助けられ、クリントンは九四年選挙の打撃から九六年選挙に向けて素早く立ち直っていったのである。

クリントン政権の政治的な「三角測量」は、一九九六年夏、福祉政策の分野で大きな変化をもたらすことになる。共和党保守派の福祉改革論議をまつまでもなく、クリントン自身、かねてより貧困者に対する公的な施しとしての福祉には反対を表明し、彼らを福祉依存生活から勤労生活へと誘導するための政策革新の必要性を訴えてきた。この時期、福祉改革の最大の眼目は、三五年の社会保障法によって制定され、六〇年代の「偉大な社会」計画によって拡大されたＡＦＤＣにあった。それは、八〇年代までには、都市の黒人やヒスパニックの貧困層、わけても「福祉依存症の母親」(welfare mothers) とステレオタイプ化された黒人シングル・マザーへの公的施しとして、白人中産階級の反福祉論義の的となっていた。ＡＦＤＣは、九〇年代に入っても拡大の途をたどった結果、九五年には受給家族数は四七九万、受給者数は一三四二万、総支給額は二二六億ドルに達していた。

この肥大する福祉制度に対し、第一期のクリントン政権は選挙戦中の公約にしたがい、貧困者を労働へと向かわせるインセンティヴとして、勤労所得税控除制度を拡充している。しかし、議会共和党は、ＡＦＤＣ廃止を含むより抜本的な対案を提起した。その議会案に対し二度の拒否権を発動した後、クリントンは、九六年大統領選挙から福祉争点を除くという政治目的もあり、ついに共和党修正案に合意し、これに拒否権を発動することなく署名したのである。こうして成立した個人責任・就労機会調停法 (Personal Responsibility and Work Opportunity Reconciliation Act, PRWORA) は、ＡＦＤＣを廃止し、州への一括補助金により貧困家庭支援事業を連邦から州政府へと移管するものであった。「貧困家族に対する一時的扶助」(Temporary Assistance for Needy Families, TANF) と名付けられた新たな扶助は、個人への永続的な恩典《エンタイトルメント》とはせずに、連続して得られる受給資格は二年に限られ、生涯で受けられる総年数も五年に限られることとなった。また、同法では、福祉受給者には労働の義務があることが明記され、また移民の受給資格にも厳しい制限が課された[2]。

　この福祉改革という成果を手に、クリントンは一九九六年大統領選挙に臨んだ。それは九二年とはまったく対照的な経済好況の中で行なわれた選挙であり、再びその幸運に浴したのはクリントンであった。好景気とともに、冷戦終結による軍事費の急減もあり、レーガン政権の軍拡と減税をきっかけにして史上最大規模にまで膨張していた財政赤字が一挙に縮減に向いつつあった。好調な経済実績とともに、クリントンの支持率も目に見えて上昇していった。これに対し、共和党候補として選出されたのは、二〇年前の選挙の際の副大統領候補ボブ・ドール (Robert J. Dole) であった。新しい民主党大統領と新しい繁栄の状況下、ドールのイメージはあまりに「レーガン以前」的であり、広汎な保守層を活気づけ動員する力を決定的に欠いていた。この選挙においても、ペローが独立候補として立った有利もあり、クリントンはドールを一蹴する。

　クリントンは第二期に入っても依然として高い支持率を維持し、その人気を背景に、戦後の大統領の中では第二期を最もうまく乗り切った大統領として記憶される。彼の施政下、民主党は中道化を成し遂げ、増税と社会プログラムへの野放図な支出という民主党イメージを一変させたといえる。一九六九年度以来久しぶりに黒字に転じた。一九九八年度連邦財政は、一九六九年度以来久しぶりに黒字に転じた。二〇〇〇年度には、黒字幅は二三六四億ドルにまで拡大し、九七年八月にクリントン政権が通過させた財政均衡法（Balanced Budget Act）に基づく予測では、遠からず連邦累積赤字の解消も見込めるまでに至ったのである。

福祉改革にしても、均衡財政にしても、クリントン政権の内政上の実績は、従来共和党が主唱してきた争点に関わるものであった。レーガン、ブッシュ両共和党政権が達成しえなかった、それらの課題をクリントンは、民主党のリベラル派と距離を置き、共和党保守派との妥協によって達成したのである。かつてアイゼンハワーやニクソンが、ニューディール型の福祉政策を踏襲することで政権維持を図り、党内の右派から民主党への追随主義（me-tooism）を批判されたのとちょうど裏腹に、クリントンは党内リベラルから裏切りとレーガン主義への追随を批判されることになる。この時期、クリントン政権の金融政策を支え、株式ブームを演出したグリーンスパンＦＲＢ議長は、後にクリントン時代を振り返ってレーガンから数えて「三代目の共和党政権」であったと回顧している。

しかし、そのクリントン政権も二期目の後半には、前途に暗雲がたれ込めることになる。九〇年代の一〇年間にほぼ四倍に膨れあがったダウ平均株価は、バブル経済の破綻を予感させつつあった。そして、マス・メディアの関心は、ホワイト・ハウスにおける大統領の性的スキャンダルへと移ってゆく。クリントンは、連邦下院において、偽証などの嫌疑からわずかな票差で弾劾されたが、結局は上院において無罪と評決される。クリントンが、ニクソンの汚名を逃れえた理由は、弾劾自体がきわめて党派的な意図を背景としていたこと、クリントンの世論支持率が依然として高かったこと、そして同じ時期にギングリッチ議長をはじめとする下院共和党指導者にも性的なスキャンダルが相次いだことが挙げられよう。

3　グローバル化の中の唯一の超大国

冷戦の終結は、それによって国際共産主義体制の解体を迫られた第二世界、およびアメリカとソ連の主導権争いの最前線であった第三世界に多大の変化をもたらした。そこでは、超大国間抗争の契機が消滅し、世界的核戦争へのエスカレーションの可能性がいちじるしく低下した結果、かえって小規模かつ低強度の地域紛争や内戦やエスニック紛争は起りやすくなった。ただし、紛争が相対的に「小規模かつ低強度」であることは、かならずしも当該地域の民衆が恐怖や欠乏から相対的に自由であることを意味しなかった。むしろ超大国間の取引きや妥協の枠が外れただけに、一定地域内の国家間、民族間、部族間、宗派間の憎悪や軋轢は、抑制を欠いた民族浄化やジェノサイドへと発展するケースが少なくなかった。冷戦後を引き継いだクリントン政権下のアメリカは、善悪二元論的なイデオロギー対立によって截然と二分された世界イメージに基づく外交から脱却し、それぞれの地域の歴史と文化に深く根ざしたこれらの分散的で複雑多岐にわたる紛争に柔軟に対応できる外交への転換を迫られていたといえよう。

クリントン外交には、いくつか未決の課題がブッシュ政権からの置き土産として残されていた。湾岸戦争の勝利によって自信を得たブッシュ政権は、第一に、長年進展を見ることのなかったパレスチナ問題に着手し、自身とゴルバチョフを共同議長として一九九一年十月末、マドリード会議を開催する。しかし会議は、ヨルダン川西岸、東エルサレム、ガザ、ゴラン高原からの撤退を含む和平案を頑として拒むイスラエルを説得する有効なプランをついに提示しえなかった。その後数次の会談は開かれたものの、九二年の大統領選挙まで、具体的な成果はなしに終っていた。第二の問題は、アメリカが長年自らの勢力圏とみなしてきたカリブ海域で生起していた。九一年、民主選挙によって選出された正統政府が軍事クーデターにより転覆されたハイチに対し、ブッシュ政権は経済制裁とハイチ難民の締め出し策によって応じた。しかし、この直近の極貧国への深入りを忌避したブッシュは、それ以上の民主化に向けた手立てを講ずることはなく、この紛争の解決もまた次期政権へと先送りされていた。第三は、ユーゴスラヴィア問題である。カリスマ的指導者チトーの死（一九八〇年）から始まった連邦解体は、東欧革命によって加速され、連邦中最大の共和国セルビアの指導者スロボダン・ミロシェヴィッチ(Slobodan Milosevic) が国家イデオロギーを共産主義からセルビア民族主義へと切り替えたことにより、連邦内には激しい民族的・宗教的な対立感情が噴出した。九一年六月にはスロヴェニア、クロアチアが独立し、マケドニアもこれに続き独立を宣言した。続いて九二年三月にはボスニア゠ヘルツェゴヴィナが連邦から脱退した。この過程で大規模な民族浄化をともなった内戦が発生した。湾岸戦争直後のブッシュ政権は、この先の見えない泥沼的な内戦に引き込まれることを回避し、問題を主としてヨーロッパの同盟諸国に委ね、ここでも自らは事態を見守る以上の挙に出ることはなかった。したがってこの問題もまたクリントン政権へと引き継がれていく。第四は、ソマリア問題である。かつて新冷戦の時期、ソマリアは、ソ連と結んだ隣国エチオピアとの対抗上、アメリカに接近し、八〇年代にはレーガン政権の比較的手厚い庇護と援助を受けてきた。しかし、冷戦後、アメリカにとってソマリアの戦略的価値は大きく低下し、軍事・経済援助はほぼ完全に打ち切られる。折しも部族間内戦と飢餓という悲劇によって、ソマリアはアフリカの中でも典型的な破綻国家の惨状を呈するに至った。連邦議会の黒人議員コーカスなどの圧力もあって、九二年夏以降、ブッシュ政権は国連の人道援助への支援を開始した。九二年九月には人道的介入のための二五〇〇人の海兵隊を派遣し、さらに同年十一月末には、支援物資や食料を確実に飢えたソマリア民衆に届けるための活動に三万人の海兵隊を送り込んでいた。国務副長官ローレンス・イーグルバーガー (Lawrence S. Eagleburger) は、ユーゴ、バルカンに比べリスクが少ないという理由から人道的介入を決定したのである。しかし、当初はブッシュの在任中に完了可能と想定されていたこの介入は、現地情勢の悪化から延引し、結局クリントン政権へと引き継がれたのである。

個別に見れば、これらの懸案は唯一の超大国アメリカの軍事力と経済力をもってすれば決して解決不能ではなかったかもしれない。しかし、クリントン政権にとって事態はそれほど楽観できるものではなかった。第一に、カーターと同じく南部小州の知事であったクリントンとその側近たちは、外交に不慣れであった。三期一二年にわたり、民主党が政権から遠ざかっていたこともあり、当初クリントン外交は有能で経験豊かな人材に欠けるきらいがあった。しかも、九五年末までのクリントン大統領の関心は、主として議会共和党保守派との主戦場たる内政領域に向けられていた。第二に冷戦後、アメリカ世論が内向き指向を強めつつあった。パット・ブキャナンやロス・ペローのような指導者の台頭は、少なくとも国民世論の一部に、アメリカの国際的責任の軽減を訴えるポピュリスト的な新孤立主義への衝動が根強く存在していることを示していた。議会の右派の中にも、ジェシー・ヘルムズ（Jesse Helms）のようにあらゆる対外援助に反対し、国連を敵視する強硬な反国際主義者たちがいた。第三にクリントン外交は、こうした主体的力量の不足と、反国際主義的勢力の抵抗を乗り切るための説得的な大戦略を欠いていた。今や唯一となった超大国は、冷戦期アメリカ外交の依拠した「封じ込め」やＮＳＣ－68に匹敵するいかなる戦略的枠組みもなしに、急速にグローバル化する世界と向き合っていた。各地で頻発する制御困難な地域紛争に、どのような優先順位をもって対処してゆくのか、ソ連圏の解体にともなう大量破壊兵器の拡散をいかに防ぐべきか、そうした平和と安全保障のためにアメリカの軍事的優越をどの程度、いかにして保持してゆくのか、かつての第二世界と第三世界にいかにして民主主義体制を構築し、それらをいかにして国際資本主義体制のうちに取りこんでゆくのか、気候変動やテロなどの国際的犯罪や国際的労働力移動といった新しいグローバルな問題にどのような対応を図るべきか、その際既存のさまざまな国際組織とどのように折り合い新しい関係を築いてゆくのか。ブキャナンのような孤立主義を国策としない限り、避けることのできないこれらの難題に、クリントン政権は直面していたのである。

政権一年目のクリントン外交は、小さな成功と深刻な失敗とをもって始まった。前者は、カーター政権下のキャンプ・デーヴィッド合意以来、目立った進展のなかった中東和平の分野でもたらされた。就任後直ちにクリントンは、パレスチナ解放機構（ＰＬＯ）とイスラエルの間で、仲介外交を展開する。九三年九月には、ノルウェー政府の後援を得て、クリントンはＰＬＯ議長ヤーセル・アラファト（Yasser Arafat）とイスラエル首相イツハク・ラビン（Yitzhak Rabin）とをオスロに招き和平合意を達成したのである。後にワシントンで両首脳の署名を得たこのオスロ合意により、パレスチナ人は一九八七年以降続けてきた武力闘争（インティファーダ）の停止およびイスラエル国家の正統性の承認と引き替えに、ガザ地区とヨルダン川西岸の支配権を獲得した。しかしながら、これは平和条約の締結からはほど遠く、むしろさらなる交渉に向けてのガイドラインにすぎなかった。したがって、イスラエルが直ちに占領地域からの撤退を開始したわけではなかった。その画期性をクリントン政権が華々しく喧伝したにもかかわらず、オスロ合意は積年の敵対関係を根治するには、あまりにも脆弱で一時的な首脳間合意に留まったといえよう。

同じ頃、ソマリアへの介入政策は悲惨な結末を迎える。それは、初期クリントン外交の未熟さを広く印象づけ、その後の人道的介入を大きく制約する深刻な失敗例となる。当初クリントンは、ブッシュ政権が開始したこの破綻国家への人道支援の継続に積極的な姿勢を示していた。しかし、九三年十月ソマリアの首都モガディシオにおいて国連の平和維持活動（ＰＫＯ）の部隊がソマリア軍の攻撃に遭い、これに参加していたアメリカ人兵士一八名が犠牲となる。彼らの遺体が市街を引きずり回されるニュース映像がテレビで流れるや、ソマリアでの活動に対するアメリカ世論の反対感情は一挙に高まり、クリントンは撤兵を決断せざるをえなくなった。結局九五年までには、この国における国連ＰＫＯ活動は破綻し、アメリカの民生援助もほぼ全面的に停止される。

このソマリアの失敗もあり、クリントン政権はハイチ問題についても、当初はブッシュ政権の非関与政策の継続を方針として臨んだ。モガディシオの惨劇の一〇日後、ハイチ警察の訓練を名目として首都ポルトープランスに送られたアメリカの兵士と顧問団は、港で「ソマリア！　ソマリア！」と連呼する軍事政権側の群衆によって上陸を阻まれた。クリントンが、ハイチ情勢の悪化を憂慮する国連の承認を背景として、砲艦外交に転じ、ハイチに数万のアメリカ兵を無血上陸させることで軍事政権が追放されたのは、ようやくこの屈辱の一一ヵ月後のことであった。

ソマリア、ハイチと相次いだクリントン外交の失態は、同じ時期のルワンダと旧ユーゴでの内戦に対するアメリカの不作為を生む大きな原因となった。フツ族の民兵による八〇万人に上るツチ族の殺戮をもたらしたルワンダの悲劇的な民族紛争を前にして、クリントン政権では、彼自身が後に認めるように、人道的介入の可能性すら討議されなかったのである。旧ユーゴの事態も、九四年までに急迫の度を加え、サラエヴォ包囲などの非人道性が伝えられ、第二次大戦後のヨーロッパにおける最大規模のジェノサイドの進行が憂慮されていた。にもかかわらず西欧諸国の対応は遅く、アメリカ議会も自国軍の単独介入には強く反対していた。こうした中で九五年七月のスレブレニツァの虐殺が広く国際的にも知られるところとなり、北大西洋条約機構（NATO）軍は八月末セルビア勢力への大規模空爆を開始する。それと相前後して展開された、アメリカ国務次官補リチャード・ホルブルック（Richard C. Holbrooke）の停戦に向けたシャトル外交を経て、ようやく同年十一月オハイオ州デイトンでクロアチア、セルビア、ボスニア＝ヘルツェゴヴィナの代表者が一堂に会して和平会談が開催された。この時のいわゆるデイトン合意により、ボスニアのムスリム人およびクロアチア人を主体とするボスニア連邦とセルビア人の共和国との境界線が定められた。クリントン外交の最初の大きな成果であったこの和平合意にもかかわらず、また合意によりアメリカがNATO六万の平和維持部隊の一員として二万人を派兵したにもかかわらず、セルビアの膨張政策と近隣侵攻はその後も続いてゆく。やがてクリントンはその政権末期、ふたたびバルカン半島の事態に大きく関わることとなる。

以上見てきたような地域的な紛争とは異なり、米ロ関係は全人類の安全問題と関わる重大性を含んでいた。クリントン政権は、ここでもブッシュ政権の残した困難な課題に直面させられていた。それは、ソ連解体の後に生まれたロシア、ベラルーシ、カザフスタン、ウクライナなどの核保有国との間で整然と核軍縮を進めつつ、核拡散を未然に防止するという課題であった。その意味で冷戦後もなおロシアとの関係は、地球規模の安全保障にとって重大な脅威を孕むものであったといえよう。クリントン政権は、そうじて対ロ関係に慎重であった。一方でNATOの東方への拡大政策を推進しながらも、それがロシアを過度に警戒させ、西欧とロシアとの関係を緊張させることは回避しなければならなかった。セルビア支援やチェチェン独立運動に対する弾圧など、人権や人道の原則に照らして批判に値すると思われたロシアの対外政策に関しても、クリントン政権はあからさまな批判を控えがちであった。しかし、その反面ブッシュ政権下で締結・調印された二次にわたる戦略兵器削減条約（START）は、着実に実行に移され、戦略核弾頭数の大幅な減少をみたことも指摘しておかなければならない。一九九〇年代のアメリカ外交に関し、しばしば見のがされがちな成果である。

しかし大方のところ、さまざまな地域紛争に対し、当初クリントン政権がもたらした解決は多少とも場当たり的で一過的な性格を帯びていた。ソマリア介入の失敗後、クリントンはその反省をふまえて、一九九四年五月国家安全保障会議・大統領決定指令二五（Presidential Decision Directive [PDD] 25）を策定し、平和維持活動への参加基準を、「リスクが受容範囲内で目的が明確であること」とより厳格に設定している。これによって介入の新しい基準は「国益」のリアルな判断に基礎づけられることとなった。先に述べたように冷戦直後には、アメリカの対外軍事介入の機会はかえって増加した。しかし政権中期以降、介入はより選択的なものとなる。そしてクリントン政権は、軍隊の規模をより小さくし、テロから地域紛争まで多様な脅威に対してより機動的に柔軟に対応できるような態勢へと軍備の効率化を図ってゆく。その結果、国外に駐留する米軍の規模は一九九〇年の六一万人から、九五年には二四万人へと急速に減少した。国防費も一九九〇年には対GDP比五・二パーセントから一九九五年には三・七パーセント、二〇〇〇年には三パーセントへと縮小した。とはいえ、そのことはこの時期のアメリカが、軍事小国化を指向し、国外関与から孤立へと転換したことを意味するわけではけっしてなかった。それどころか、クリントン政権の軍事的な基本戦略は、二つの主要な地域(中東と朝鮮半島を想定)における同時の紛争に対処しうる武力の維持を図るというものであった。この時期のアメリカは、なお圧倒的な軍事力に裏打ちされた地球規模の覇権国家の地位を占めていたといえよう。

安全保障政策が選択的かつ限定的であったのに対し、クリントン政権による国際経済への関与策は、ブッシュ政権からの継承を出発点としながらも、より積極的かつ全面的であった。クリントンは大統領就任と同時に国家安全保障会議の経済版とでもいうべき国家経済会議(National Economic Council, NEC)を新設した。それは、クリントン外交の経済重視を示すあきらかな兆候であり、NECはクリントン政権期、一貫して経済政策策定の中心的機関として活用されることになる。政権の最初の国務長官ウォーレン・クリストファー(Warren M. Christopher)も、クリントン政権の外交目的として、第一に経済安全保障、第二に米軍再編、第三に海外への民主主義の拡張(democratic enlargement)を掲げた。実際、以後クリントンは、さまざまな手立てを講じて市場経済のグローバルな展開を図ってゆく。国際経済に関してクリントン政権の見る世界は、自由市場経済がすでに十分に発展しているアメリカ、西欧、日本などの先進諸国家、自由市場経済の導入を志向しつつも歴史的・政治的条件が未成熟なため不十分な導入に留まっている途上諸国、独裁的な反民主主義・反自由主義・反資本主義的な「ならず者国家」群、そしてほとんど手の施しようのない破綻国家群の四層から構成されていたといってよい。クリントンは、先進資本主義国との貿易や金融の自由化を推進するとともに、ブラジル、中国、インド、インドネシア、メキシコ、韓国、南アフリカ、トルコ、ポーランドなどの成長いちじるしいいわば中進国群の国際的自由市場への参入を促進することによって、アメリカの主導下にグローバルな経済統合の確立を目指した。イラク、イラン、キューバ、北朝鮮、リビアなどの「ならず者国家」群は、こうした世界経済の統合発展を阻害する要因とみなされ、これらの国々に対してクリントン政権は、さまざまな機会に経済制裁や軍事懲罰を繰り返した。そこにおいて、国際経済政策は安全保障政策と密接に連関することとなる。

クリントン政権の国際経済自由化策は、まずなによりも一九九三年十一月のNAFTAの議会通過(上院六一対三八、下院二三四対二〇〇)、そして九四年一月からのその発効という成果を生み出した。それは経済に関して、クリントンが伝統的なニューディール連合から大きく隔たった勢力に立脚していることを示す成果でもあった。NAFTAの議会批准を主導したのはむしろ共和党の主流派とDLC派の民主党議員たちであり、民主党の中核的支持基盤ともいうべき労組や環境保護主義団体を背景とするリベラル派は、共和党の孤立主義者やペロー支持のポピュリスツなどとともに、法案の反対に回ったのである。その意味で、NAFTAに結実したクリントンの経済外交は、経済的自由化推進をめざす超党派的なネオリベラル連合に依拠していた。この点でクリントンは、サッチャリズムと連携したレーガンの経済政策、そして冷戦後の世界において自由民主主義と市場経済の拡大によるグローバルな一体化を追求したブッシュの新世界秩序構想を、少なくとも部分的には継承し発展させたといえよう。

NAFTAのような特定国家との貿易自由化政策にくわえ、クリントン政権はより多角的な自由貿易体制の構築にも力を注いでゆく。ウルグアイ・ラウンドの終了にともない、戦後一貫して貿易自由化を主導してきた「関税および貿易に関する一般協定」（GATT）は、一九九五年一月に世界貿易機関（WTO）という常設機関へと衣替えした。さらにクリントン政権は地域的な経済自由化を担う組織としてアジア太平洋経済協力（APEC）に期待をかけ、九四年十一月のAPEC首脳会議で二〇一〇年ないしは二〇二〇年までに加盟国間の自由貿易体制を確立するという目標を掲げた。そのようなクリントン政権の後押しを受け、国際的市場経済は、インターネットや携帯電話など通信技術の飛躍的発展を背景に、国際貿易、資本移動の自由化を推進する。モノ、資本、ヒト、文化、情報の流れが活性化し、国家の壁を超えていく、フラットな地球というイメージが流布していく。

しかし、こうしたグローバル化の急速な展開は、裏面に多くのコストとリスクを含んでいたことも無視できない。国家の壁を越えた資本の流動化は、地球上の多くの未開発地域における資源の乱開発を促し、環境破壊が進行する。各国内では労使関係の規制撤廃による労働者の搾取が深刻化し、ワーキングプア問題が発生する。問題は、グローバル化の起点であるアメリカにも及ぶ。一見未曾有の繁栄を謳歌するかにみえるこの唯一の超大国の内部でも、国外への雇用の流出、経済格差の拡大、移民に対する排斥や差別など、貧困大国の様相が深刻化してゆく。このような事態に対する反動から、グローバルな反グローバル化運動が勃興する。一九九九年十一月のシアトルで開催されたWTO会議を取り囲んだ、反グローバル化の激しく広範なデモは、氷山の一角にすぎない。

再選後の第二期クリントン政権は、国務長官にマデレーン・オルブライト（Madeleine K. Albright）、国防長官に共和党のウィリアム・コーエン(William S. Cohen)を迎え、より現実主義的な超党派外交へと舵を切っていく。オルブライトによれば、アメリカはクリントンが思い描いたような国際秩序の支えとして、「不可欠な国家」(indispensable nation)であった。このようなアメリカの自己イメージに合致する一つの成果は、北アイルランドにおける和平の仲介によってもたらされた。一九九八年四月クリントン政権の仲介により、北アイルランドのカトリックとプロテスタント両勢力は長年の敵対関係を和らげ、和平案に合意するにいたった。

しかしながらいうまでもなく唯一の超大国の存在は、すべての国や地域で「不可欠」とみなされ歓迎されたわけではない。じつのところ、一九九〇年代は世界的に反米の動きが強まった時期でもあった。九六年六月二十五日にはサウジアラビアでアメリカ駐留軍に対するイスラーム勢力のテロ攻撃があり、アメリカ人一九人が死亡する。また九八年三月クリントンがアフリカ諸国を歴訪し「アフリカのルネサンス」を謳いあげたにもかかわらず、その年八月にはケニア、タンザニアのアメリカ大使館へのテロ攻撃が行なわれた。こうしたテロに対してクリントンは、テロを行なった集団、あるいはテロを行なった集団を匿う国家に対して、巡航ミサイルによる攻撃という手段で対応していく。無人の巡航ミサイルは、自軍兵士の犠牲を払わなくて済むという利点があり、軍事技術で突出したアメリカの優位と自国の兵士の死に敏感になっているヴェトナム後の世論に適合的な軍事技術であったといってよく、以下に見るコソヴォやアフガニスタンやイラクのケースでも頻繁に利用される。しかし、自国の犠牲を極小化し、効率よく敵に(一般市民の死を含む)犠牲を与えうるこの軍事手段は、一方でこの戦闘行為に対するアメリカ国内世論の無関心を招き、他方で国外の反米意識をいちじるしく亢進させる結果ともなった。ある政治批評家が、クリントンを「最初の巡航ミサイル大統領」と揶揄したように、ここでもクリントンは冷戦後のアメリカ対外政策の新しい局面を開いたということができる。

しかし国際的な平和維持活動についていえば、二期目のクリントン政権も大きな成果を挙げたとはいいがたい。バルカン半島は、デイトン合意の後もなお、セルビアの膨張政策と近隣侵攻策に禍され平和と安定にはほど遠い状況にあった。九〇年代末コソヴォでは、コソヴォ解放軍（KLA）中心の独立運動が起り、セルビア側との武力紛争に発展していた。この紛争を解決するためにNATOは一九九九年二月ランブイエで会議を開き、コソヴォの限定的な自治を認め、それをNATO軍二万八〇〇〇人で保障するプランを提示した。しかし、セルビア側はこの提案を拒否し、続くホルブルックのミロシェヴィッチ説得も失敗した。三月セルビア軍によるコソヴォのムスリムに対する民族浄化の開始が伝えられた結果、アメリカ主導のNATOによるベオグラード空爆が開始された。空爆は継続し、最終的には六月ロシアの説得によりようやくミロシェヴィッチが和平案を受け入れ、紛争が終結することになる。

他方、イラクでは湾岸戦争後、サダム・フセインが政権の立て直しを図り、クルド人に対する武力攻撃と大量虐殺を断行し国内体制の引締めを強化していた。クリントン政権は、フセイン政権が国連決議に違反し大量破壊兵器を保持している疑いから、イラクに対してイギリスと連携して空爆を行なった。この過程で、アメリカの国民心理のうちで、「ならず者国家」イラクの存在はしだいに実態以上に肥大していった。

以上見てきたように、クリントン外交は第一期、第二期を通して、安全保障よりは経済の分野でより重要な実績を挙げたといえよう。安全保障や軍事の側面では、クリントン政権は、大きな戦略を立てることもなく、世界で起る地域紛争にその都度コストの少ない方法で、弥縫的な対応や及び腰の介入を繰り返すにとどまったとみざ

るをえない。こうしたクリントン政権の安全保障政策に対する批判の中から、新しい外交の流れが生まれてくることになる。(3)

(1)　この時期は、第二次大戦後、アメリカにおいて日本経済の潜在的力に対する警戒感がもっとも高まった時でもあった。日本企業によるアメリカ主要企業やロックフェラー・センターのような不動産の相次ぐ買収は、アメリカ経済の展望にいっそうの暗雲を投げかけていた。民主党の指名獲得を目指していたポール・ツォンガス (Paul E. Tsongas) は、ブッシュの施政を難じて、「冷戦が終り、勝利したのは日本」ではないかと慨嘆している。*New York Times*, Feb. 17, 1992.

(2)　連邦の社会保障プログラムには、その財源の全部または一部を税あるいは(現在もしくは将来の)受給者から強制的に取り立てる拠出金によってまかなう拠出型プログラムと、被扶助者が貧困の程度や障害や単親家庭といった受給資格(＝受給の必要性)を証明すること (means-tested) によって本人の負担はなしに扶助を受けられる非拠出型プログラムとの二種類がある。八〇年代以降共和党右派により、(労働を厭う怠け者への)「福祉」として蔑視され、その縮小・廃止が叫ばれてきたのは、主に後者のプログラムであり、ＡＦＤＣは、その典型である。そのＡＦＤＣを廃止したＰＲＷＯＲＡは、福祉給付件数と福祉関連歳出を減らし、労働を勧奨し、結婚外出生を制約することを明示的な目的としていた。しかし、そこからは六〇年代以来、民主党の福祉政策の中心的目的であった「貧困と格差の解消」は欠落していた。党内のリベラル派や黒人が、これを連邦政府の福祉責任の放棄と批判したのは、その意味で当然であった。実際、この法律の立法以後、公的扶助の受給者は大幅な減少をみたものの、かつての受給者の多くは最末端の低賃金労働に就業せざるをえず家計を貧困ラインの上に引上げることに成功していない。統計上、婚外出生の数が減ったという事実もなく、くわえてＴＡＮＦにより福祉受給者の名簿から抜けた多くの家族は、資格があるにもかかわらずフード・スタンプやメディケイドを受給しなくなっている。九〇年代後半以降、貧困は消滅するどころか、貧富の格差は漸次拡大の途を辿ってゆくことになる。

(3)　Ｇ・Ｈ・Ｗ・ブッシュ政権の最右派であったチェイニーや彼の盟友ドナルド・ラムズフェルド (Donald H. Rumsfeld) を発起人としネオコンと呼ばれる知識人を中心に一九九七年、「新アメリカの世紀プロジェクト」(ＰＮＡＣ) が創立された。ＰＮＡＣは、「グローバルな善意の覇権」「軍事的優越と倫理的な指導性」をアメリカの中心的目標として掲げ、アメリカがネオリベラル路線を追求すると同時により強固な軍事主導性を発揮すべきことを主張している。彼らは、冷戦終結はアメリカ、とりわけレーガン外交の勝利であり、資本主義と自由主義に基づくアメリカの善なる体制が共産主義に立脚するソ連の悪なる体制を最終的に打破したという勝利言説に基づいて九〇年代の外交を方向づけていく。そこから「アメリカ帝国」への野望が生まれつつあった。時期を同じくして二〇〇〇年の選挙が行なわれ、この選挙で勝利したG・W・ブッシュ政権はPNACのプロジェクトで培われた外交路線を実現していくことになる。

終章　二十一世紀のアメリカと世界

アメリカにとって、二十世紀最後の一〇年間が曲がりなりにも平和と経済発展の時代であったのに対し、二十一世紀最初の一〇年間は一転して戦争と経済危機の時代となった。二〇〇一年九月十一日、アメリカ政治経済の中枢ニューヨークとワシントンを襲った未曾有の同時多発テロを契機として、アメリカはアフガニスタンとイラクを舞台とする戦争を開始した。唯一の超大国アメリカの単独主義的な主導下に開始されたこの二つの戦争は、一見テロに対する反射的な防衛戦争に見えながら、地球大の安全保障と経済秩序の確立を目指すアメリカの長期的な目標に基づくものでもあった。しかし、アメリカ型の民主主義と資本主義の世界大の展開という対外的目的は、二度にわたるバブル経済（ＩＴバブルと住宅バブル）の破綻、戦争の長期化による国論の分裂、そして財政赤字の急速な増大といった大きな国内的障害に実現を阻まれることとなる。

こうした内外の国家的危機の渦中にあってなお、アメリカ政治は、民主党リベラル派と共和党右派とを両極とする党派対立に引き裂かれ、分割政府に悩まされている。党派対立が妥協困難である理由は、それが国民社会や市場との関わりにおける政府の大小や役割という、いわば体制選択的な根本的問題に関わっているからである。二十一世紀初頭のアメリカ政治においては、それぞれ一九三〇年代と一九八〇年代に台頭した、福祉国家化のプロジェクトと市場自由化のプロジェクトが、大恐慌以来の経済・金融危機の下で激しく主導権を競い合っている。

1　二〇〇〇年選挙から「九・一一事件」へ

二〇〇〇年の大統領選挙は、二十世紀最後の、建国以来通算五四回目の大統領選挙であった。それは、デモクラシーの不抜の伝統を物語ると同時に、二世紀あまりの歳月のうちに、その内実がいかに変化したか、その長く続いた制度が、グローバル化の時代と唯一の超大国と呼ばれる巨大国家の現実とに、いかに不適合をきたしているかを如実に示す選挙でもあった。

民主党では、最有力の大統領候補は、現職副大統領アル・ゴアであった。ゴアはテネシー州のリベラルな連邦上院議員を父にもち、彼自身も長い議会経験を有していた。NAFTA、福祉改革、連邦職員削減などで重要な役割を果し、クリントンを支えていた。政権内部にあって国際経験豊かであり、上院議長として議会対策に努め、大統領の最も近くに位置していた。共和党は一九九六年選挙後、ゴアを民主党の次期大統領候補と見定め、彼に的を絞りネガティヴ・キャンペーンを執拗に続けてきた。共和党は、ゴアの連邦政治の名門という出自を逆手にとりワシントンのインサイダーというマイナス・イメージを彼に貼り付け、さらにマス・メディアも利用して、そのエリート的な風貌から頭の固いパワー・シーカーという一般的なゴア像を紡ぎ出すことにある程度成功したといえよう。

一般に現職副大統領が大統領選挙に臨む際、良きにつけ悪しきにつけ前政権の遺産を背負うことになる。ゴアの場合、クリントンと良好なチームワークを発揮してきたこともあり、クリントン政権末期のスキャンダルはゴアの選挙戦にとって大きな負担となった。くわえて、経済や財政を中心とするクリントン政権の業績も、また大衆政治家としてメディア受けのするクリントンの人間的魅力も、それと対比されるゴアにとってはかならずしも有利に働かなかった。

民主党の予備選において、ゴアに挑戦したのは、七〇年代以降リベラル陣営の一翼を担ってきた、ニュー・ジャージー出身の元連邦上院議員ビル・ブラッドレイ (William W. Bradley) であった。ゴアはブラッドレイを一蹴し、三月のはじめのスーパー・チューズデイまでには、指名をほぼ確保した。党大会において、ゴアの副大統領候補に指名されたジョー・リーバーマン (Joseph I. Lieberman) は、民主党の中ではもっとも右に位置する人物であり、クリントンの性的スキャンダルを厳しく批判し、外交に関しては共和党の保守に近い強硬論に傾いていた。こうした予備選の経過は、一面でクリントン政権以後民主党の党内勢力の比重が、伝統的リベラルからDLCに代表された新しい現実主義的リベラル派に移行したことを示していた。しかし他面で、好況の影に隠されていたとはいえ、民主党の内部にはなお労働組合やアフリカ系アメリカ人をはじめとする人種・エスニック集団、都市の福祉活動家など伝統的なリベラル勢力も根強く残っていた。大統領候補としてゴアは、こうした新旧、左右に拡散した党内勢力のいずれの立場にも顧慮する必要があり、結果として彼の選挙運動は焦点を失い求心力を欠く結果となった。

他方、共和党では、議会を中心にニクソン、レーガン、G・H・W・ブッシュの時代に政権を担ってきたベテランたちが、PNACなどを拠点としてクリントン政治に痛烈な組織的批判を展開していた。そうした批判は、クリントン政権末期、アメリカ経済が好調であったことやクリントンが共和党の立場に近い福祉改革に成功したこともあり、主としてクリントンの外交や安全保障政策に向けられた。チェイニー、ラムズフェルド、ウォルフォウィッツ、コンドリーザ・ライス (Condoleezza Rice) らは、議会や右派メディアを舞台として、イラン、イラク、北朝鮮などを合衆国の安全保障に対する具体的な脅威として名指しし、これら「ならず者国家」に対するクリントン政権の対応の甘さを繰り返し糾弾していた。

このような流れの中から、有力な共和党候補として浮上してきたのが、G・H・W・ブッシュ元大統領の息子でテキサス州知事のジョージ・W・ブッシュ (George W. Bush) であった。学生時代にはアルコールに溺れた経歴をもち、卒業後従事したビジネスの世界でも、また知事としても凡庸な業績しか残してこなかったブッシュは、にもかかわらず父の政権に名を連ねた右派政治家の後援と豊富な個人的政治資金とにものをいわせ、有利に予備選を戦った。このブッシュに対抗したのは、上院共和党で異色の政治立場にたつアリゾナ州出身の一匹狼《マヴェリック》ジョン・マケイン (John S. McCain, III) であった。結局ブッシュは、テキサス時代からの参謀カール・ローヴ (Karl C. Rove) の手腕にも助けられ、効果的なネガティヴ・キャンペーンを展開してマケインを退け、やはり春先までには共和党の指名を固めることに成功した。そして党大会は、かつて父ブッシュ政権で国防長官を務めたチェイニーをブッシュの副大統領候補として指名した。

冷戦後の好況下、これといった重大争点もなく推移した二〇〇〇年の本選挙において、政権の奪還を目指す共和党は、民主党批判の決め手を欠いていたといってよい。何よりも、二〇〇〇年に黒字に転じ、二〇一〇年までに数兆ドルに及ぶ累積黒字が予想された連邦財政の状況は、政策選択をめぐる政党間対立を緩和する結果となった。本来的に、供給サイド経済の立場から富裕者や投資家に対する減税を主張し、福音派的な右翼的道徳主義に立脚していたにもかかわらず、この選挙戦でブッシュは、「思いやりの保守主義」(Compassionate Conservatism)を新しい共和党のスローガンとして謳いあげた。この年の共和党のキャンペーンにおいて、外交問題は後景に退いていた。ただし、副大統領候補チェイニーは、選挙後を見越して、ラムズフェルドをはじめとするニクソン政権以来の盟友たちを選挙戦のチームに招くことにより、ブッシュ政権の外交展開に備えつつあった。

この選挙戦において、民主党に不利に働いた要因の一つは、ゴアがもっとも得意としていた政策分野の地球環境や気候変動問題に関し、二大政党をラディカルな立場から強硬に批判するラルフ・ネーダー(Ralph Nader)が第三党候補として参入したことであった。一九九二年、九六年選挙におけるペローの右からの参入が共和党に打撃を与えたのと逆に、二〇〇〇年にはネーダーの左からの参戦がゴアの選挙戦に暗雲を投げかけていた。

二大政党間の対立線が不鮮明であったという点では、この選挙はむしろ低調な凡戦であった。しかし、選挙結果だけを見ると、それは史上まれに見る接戦となった。開票が進むとともに、一般投票ではゴアがブッシュを上回るにもかかわらず、選挙人票の勝敗(すなわち選挙戦全体の帰趨)が、連邦中最後まで開票結果の判明が遅れたフロリダ一州の二五票の選挙人票をどちらが獲得するかにかかっているという事態が(しかもフロリダの一般投票におけるゴアとブッシュの得票は、どちらが勝つにしても数百票ほどの僅差であることも)しだいに明らかになっていった。票の再集計が求められ、その作業中に投票用紙の不備があきらかになり、また各地の集計作業が妨害されたり中止されたりするなど、フロリダ州票の確定作業は混迷を極めた。集計作業のすべての段階で、それを実行すべきか差し止めるべきかをめぐる論争の隅々に、両党の政治的意思が入り込み、紛議は憲法問題にまで発展していった。民主党への同調者が多かったフロリダ州最高裁判所は票の数え直しを命じたが、これに対し最終的には連邦最高裁判所が介入し、十二月十二日州最高裁の裁定を覆す決定を行なった。[1] かくしてブッシュ当選は、投票日から一月あまりを経てようやく確定することになる。一般投票で多数の支持を得た候補が選挙人投票で敗北して落選するのは一八七六年以来のことであった。

こうした選出の経緯から、十分な国民的負託《マンデート》を欠いたままに就任したブッシュ新大統領は、政権発足にあたり超党派的協力を強く要請した。しかしその反面、この政権は前政権からの根本的な政策的方向転換を指向する強固な党派的な性格を伏在させていた。この政権にとって一つの利点は、二〇〇〇年連邦議会選挙の結果、共和党は僅差とはいえ議会両院の多数を維持し、クリントンの一期目の前半以来となる、ホワイト・ハウスと議会の多数派を同じ政党が占める統一政府となったことにある。これを背景としてブッシュ第一施政では、政権の主要人事に、クリントン政権の八年間に欲求不満を募らせてきた、ニクソン以来の共和党政治のベテランたちが配された。その上で、党内に意見の分裂のある人工妊娠中絶などの争点を慎重に回避しつつ、税制改革、教育改革、軍備増強、家族重視などの争点を梃子に、ブッシュは共和党内の結束の強化を図っていった。「思いやりの保守主義」という謳い文句にひきくらべて、じつのところこの政権ははるかに保守的かつ党派的な布陣をしき、クリントン政権の内外政策を大きく右へと方向転換させていく。

内政に関してもっとも顕著な保守への方向転換は、減税政策に示された。二〇〇一年六月七日の経済成長・減税調整法(Economic Growth and Tax Relief Reconciliation Act)は、クリントン政権の置き土産であった財政黒字の継続を当て込んだ二〇〇一年度からの一〇年間に総額一兆三四八五億ドルにのぼる大型減税策であった。一見、「思いやりの保守主義」に沿ったばらまき的な減税策に見えながら、その実この減税は「小さな政府」論を背景とし、長期的には富裕者優遇の逆進的効果をもっていた。その後、バブル経済の破綻と対テロ戦争による軍事費の急増があったにもかかわらず、ブッシュ政権はこの保守的な減税政策を当初のもくろみどおり進め、二〇〇三年、〇四年、〇六年と投資促進と富裕者優遇とに力点を置いた減税措置を相次いで実施してゆく。

この政権の司令塔の位置を占めたのは副大統領チェイニーであった。彼は、ニクソン政権以来、長い政治生活をとおして一貫して追求してきた行政のスピードと効率の最大化を図るべく、かつての「帝王的大統領制」の新版ともいうべき「一元的行政府」(unitary executive) の実現を策していた。チェイニー主導による行政府への権限の集中は、まず外交分野で追求された。クリントンと同じく州知事を前職とし、外交的経験に乏しいブッシュを補佐すべく、ライス国家安全保障担当大統領補佐官(のち国務長官)が指南役として任命され、国務長官には湾岸戦争時に統合参謀本部議長であったコリン・パウエルが、また国防長官にはフォード政権で大統領補佐官や国防長官を務め豊かな政治的国際的経験を誇るラムズフェルドが配された。PNACの主要メンバーであったチェイニーやラムズフェルドは、途上各国の国家建設に向けた対外経済援助を重視したクリントン政権の介入政策を批判し、軍事重視の単独主義的な外交へと路線の転換を企図していた。ラムズフェルドは、もはや時代遅れとなった冷戦期の重厚で過剰な兵器システムを、予測困難な「ならず者国家」とテロからの攻撃に、より機動的に即応しうるシステムに変えるべく、大規模な米軍再編の構想を抱いていた。

対外政策におけるブッシュ政権の保守性は、政権当初から中東、北朝鮮問題の多角的な国際的連携に基づく問題解決手法の放棄、レーガン期のミサイル防衛システム計画の復活、京都議定書からの完全離脱といった個別的な諸決定に如実に示された。しかし、この政権の保守的傾向を劇的に加速したきっかけは、二〇〇一年九月十一日の同時多発テロ事件であった。三〇〇〇人にのぼる無辜の市民の命を一瞬にして奪ったこの未曾有のテロ事件は、アメリカの政治外交を一変させる触媒となった。それは、事件前には五〇パーセント前後に低迷していた世論のブッシュ支持率をほぼ九〇パーセントにまで飛躍させ、「一元的行政府」の実現可能性を一挙に高めることとなった。

ブッシュは翌月には、ごく少数の批判的知識人を除きほとんど挙国一致といってよい圧倒的な国民的支持を背景に、アフガニスタン戦争に乗り出してゆく。国内的にはアメリカはいわば「準戦時体制」ともいうべき厳戒下に置かれ、事件直後にはイスラーム系市民への暴力やリンチも頻発した。また、テロ防止のために連邦当局の捜査権を強化することを狙いとした通称「愛国者法」(Patriot Act) も十月二十六日に成立を見る。この法は、当局に令状なしの盗聴や図書館の利用記録閲覧を認めるものであり、信仰・思想・表現の自由といった市民的諸権利の侵害の危険性がいちじるしく高まるという事態を招いた。マッカーシィズムの時代を彷彿させるこうした自警的な政治社会的動向の要請から、翌年の十一月二十五日には、国内の治安情報の収集を統括する新しい官庁として国土安全保障省 (Department of Homeland Security) が発足をみた。

九・一一は、ブッシュ外交の主導権が、共和党右派の対外強硬派とネオコンによってほぼ完全に掌握されるきっかけとなった。冷戦以後、「新しいアメリカの世紀」の姿を模索してきた彼らにとって、それは戦後長くパクス・アメリカーナの背景をなしてきたリベラルな多極的国際システムを総決算する機会にほかならなかった。彼らが目指したのは、多国間交渉を通すことなく、アメリカの圧倒的に一極集中的な軍事力によって、世界の自由化、民主化を成し遂げることであった。アメリカの力への自信と国連を中心とする多面的な国際的規約、制度、慣行への不信とから、ブッシュ外交は単独主義《ユニラテラリズム》へと大きく傾いてゆく。その結果、九・一一事件以後ブッシュ政権は、包括的核実験禁止条約（CTBT）の批准反対、デタントの成果であった弾道弾迎撃ミサイル制限条約（ABM条約）からの一方的離脱、一九九五年以来の生物兵器禁止条約検証議定書交渉からの離脱、国際刑事裁判所（ICC）設立条約への署名撤回などといった単独主義的対外政策を矢継ぎ早に実行に移していった。

二〇〇二年一月二十九日、九・一一後はじめての一般教書演説においてブッシュは、北朝鮮、イラン、イラクを「悪の枢軸」(the axis of evil) と形容した。トルーマン・ドクトリンからレーガンの「悪の帝国」論へと引き継がれてきた善悪二元論的な世界観が、対テロ戦争の時代に装いを変えて再現したと見ることができよう。二〇〇二年九月二十日、ブッシュは後に「ブッシュ・ドクトリン」と呼ばれるようになる予防的先制攻撃論を国家安全保障戦略の要の位置に据えることを宣言する。今やアメリカは、他のすべての国家の総計にも匹敵する巨大な軍事力を擁し、その使用をいかなる国際的組織や勢力によっても抑止されないと宣言することによって、新しい「帝国」の相貌をあらわにしつつあった。

2　イラク戦争下の保守政治

ブッシュ・ドクトリンの公表後、二〇〇二年秋、政権はPNACがかねてより構想していた、イラクへの侵攻を梃子とする中東民主化の一大事業へと乗り出してゆく。しかしイラク侵攻計画は、九・一一直後のアフガニスタン侵攻に比して、国内外でより大きな反対に直面する。ブッシュ・ドクトリンと相呼応するかのように十月連邦議会に提出された対イラク武力行使容認決議案に対し、上下両院では、民主党議員のほぼ半数が反対に回った。しかし、それ以外の民主党議員と大多数の共和党議員の賛成により、決議は上下両院とも大差で通過する。その直後に行なわれた二〇〇二年中間選挙において、共和党は上下両院で議席増を果す。そしてブッシュ政権は、「戦時大統領」への高い世論支持率を追い風に、イラク侵攻計画に着手する。しかし、この単独主義的な計画に対して、アメリカの同盟諸国のうちからも強硬な反対論がわき起り、国連安保理において激しい論議が繰り返された。イラクの大量破壊兵器保有や国際テロ組織との関係を指摘し、国際世論の説得に努めるアメリカ政府に対し、反対諸国は反証を挙げて論駁し、国際機関によるイラク国内査察の継続を訴えた。アメリカは、二〇〇三年二月パウエル国務長官自らが安保理においてイラクによる大量破壊兵器の所有に証拠があると演説し、安保理内の侵攻反対論の鎮静を図った。しかし、アメリカ、イギリス、スペインなどの侵攻支持勢力とフランス、ドイツ、中国、ロシアなどの侵攻反対勢力との対立は最後まで解けぬままに、三月二十日、米英を中心とする連合軍はイラク侵攻作戦を開始する。

ハイテク兵器を駆使した急襲を軸とするラムズフェルド戦略に依拠し、「衝撃と畏怖」(shock and awe)と名付けられたこの作戦において、侵攻軍は緒戦からイラク国軍を圧倒し、開戦後わずか二十日ほどでバグダッドを陥れ、五月一日には早くも戦闘終結宣言が下された。この日、サン・ディエゴの近海に停泊する航空母艦上にアメリカ空軍のパイロットの制服を身にまとって着陸したブッシュは、「任務は完遂した」と誇らしげに宣言した。

こうしてフセイン政権は崩壊し、米英が中心となって作られた連合国暫定当局（ＣＰＡ）により、イラク民主化に向けた占領体制が築かれていく。しかしながら、フセインの強圧体制の終了は、かえってイラク内部のイスラーム教派間の主導権争いを誘発し、以後イラクではテロが恒常化し、ブッシュ政権が目論んでいた民主化計画は頓挫する。かくしてアメリカの勝利が華々しく謳われたにもかかわらず、延引する内戦状態下、約一五万にのぼる米軍のイラク駐留は長期化していった。摘発されるべき大量破壊兵器はついに発見されることがないままに、終ったはずの戦争はイラクの民主化へと主要目的を移し、治安維持のための駐留へと形を変えながら継続していった。ジハードを叫ぶ反米テロ組織との戦闘により、アメリカ軍兵士の犠牲が増えてゆくにつれ、アメリカ国内ではしだいに厭戦世論が拡がり、イラク駐留軍の士気は急速に低下していった。

イラク侵攻から一年あまり後、二〇〇四年四月には、イラクのアブグレイブ刑務所での米兵による捕虜虐待事件が発覚する。事件の非人道性、反道徳性は、民主主義と公正を掲げるアメリカの国際的威信を大きく損う結果となった。このアブグレイブ事件に続き、対テロ戦争で捕らえられた兵士やテロ容疑者を収容するグアンタナモ捕虜収容所での拷問など非人道的収容の実態もしだいにあきらかにされてゆく。収容者に対し、アメリカ国内の市民的自由はもとより、捕虜の扱いをめぐる国際法の適用すら否定する、いわば法の空白地帯ともいうべきグアンタナモの存在は、対テロ戦争が、従来の国際法が前提としてきた国家間の対称戦争といかに異質な非対称戦争であるかを象徴的に物語っていたといえよう。こうした正義も終りも見えない戦争の延引にともない、アメリカ国内世論の厭戦気分はさらに拡大していった。さまざまな世論調査が共通にあきらかにするところでは、「イラク戦争は誤りであった」とみなす国民は、開戦後半年あまりで四〇パーセントに達し、やがて二〇〇四年六月にはついに五〇パーセントを越え、戦争賛成論を一〇パーセント近く上回るにいたった。

こうして開戦当初の挙国一致的な国内世論が雲散霧消した後も、ブッシュ政権はきわめて党派主義的な手法に依拠して強引にこの戦争の継続を図っていく。戦時下であることを理由としてホワイト・ハウスへの権限集中が強まり、大統領に対する厳格な忠誠が要求され、行政機関内の情報の機密性や一元的管理が極度に重視されるにいたった。チェイニーが目指した「一元的行政府」は、一時的とはいえイラク戦争の遂行過程で近似的に実現をみたといえよう。

二〇〇四年の大統領選挙は、イラク戦争の遂行についても、ブッシュ政権の命運にとっても、分水嶺となる選挙であった。この選挙に臨むブッシュからは、すでに「思いやりの保守主義」の片鱗すらもうかがうことはできなかった。選挙参謀カール・ローヴが打ち出したブッシュのイメージは、鉄の意志をもった信仰篤き戦争指導者にほかならなかった。ブッシュ自身、この選挙戦において繰り返し対テロ戦争の戦果を誇示し、国家の危急に立ち向かう国民の指導者を演じ続けた。共和党の中核的支持基盤をなすキリスト教右翼を多分に意識した彼の訴えは、頑迷な宗教指導者のそれを思わせる戦闘性と自己陶酔の調子を帯びることもまれではなかった。

これに対し、民主党陣営で先頭を切ったのは、イラク戦争に対する草の根の反戦運動を背景として登場した前ヴァーモント州知事ハワード・ディーン(Howard B. Dean, III)であった。ディーンが大統領選挙の前哨戦で注目を集めた理由は、彼が反戦候補であったこと以上に、きわめて斬新でユニークな選挙運動を展開したことによっていた。選挙運動がますます巨額の費用を必要とし、多くの候補者が選挙資金目当てに資産家や大企業や労働組合のPACに対する依存を深める中で、ディーンはインターネットを大々的に活用し、草の根から広汎な支持者を選挙運動に動員するとともに小口の献金を大量に集めるという新しい手法の可能性を開いてみせたのである。しかし、イラク戦争の当否をめぐる民主党内の深刻な対立のため、ディーンの反戦の立場が全党一致の支持を獲得することは困難であった。おまけに予備選の緒戦で敗北した後、ディーンはメディア対策を誤り、自らが大統領にふさわしいというイメージを作り上げることに失敗した。その結果、ディーンの選挙運動は急速に勢いを失っていった。

ディーンに代って民主党予備選を勝ち上がっていったのは、マサチューセッツ州選出連邦上院議員で中道リベラル派のジョン・ケリー（John F. Kerry）であった。彼は、自身ヴェトナム戦を戦った経験を持ち、イラク侵攻にも賛成してはいたが、ブッシュ政権の単独主義外交を批判し、開戦に当っては同盟国の同意調達に時間をかけるべきであったと論じた。内政に関しては、ブッシュ政権下における雇用の減少を批判し、クリントンの残した財政黒字を費消し、巨額の財政赤字を生み出したとしてブッシュの責任を糾弾した。

こうしてこの年の選挙は、外におけるイラク戦争、内における経済財政問題を主要争点として展開された。しかし、この年のブッシュ陣営の選挙戦は、またしても対立候補の欠点を暴露しあげつらうネガティヴ・キャンペーンに陥っていった。ケリーの出身州マサチューセッツの最高裁による同性婚容認判決（二〇〇三年）は、ブッシュ支持のキリスト教右翼にとってケリー攻撃の恰好の争点であった。またヴェトナム戦争中、ブッシュ大統領自身はテキサス州兵としてヴェトナム行きを免れていたにもかかわらず、ブッシュ陣営は、ケリーの掲げるヴェトナムでの戦功に偽りがあること、そして除隊後ケリーが反戦運動に参加していたことを、マス・メディアでスキャンダルとして大々的に煽り立てた。選挙戦が進むにつれ、しだいにケリーはこうしたネガティヴ・キャンペーンへの反論に追われていった。

この大統領選挙は、前回と同じくきわどい接戦となった。今回ブッシュは、一般投票ではケリーを約三〇〇万票（総投票数の約二・五パーセント）上回ったものの、前回のフロリダと同様、選挙人票の帰趨は最終的にオハイオ一州二〇票の行方にかかり、開票作業は投票日の翌日にまで及んだ。結局、オハイオはブッシュの手に落ち、この二〇〇四年選挙の結果は、二州（ニュー・ハンプシャーとニュー・メキシコ）を除き、二〇〇〇年選挙とほぼ同じパターンのうちに決着を見た。この選挙結果をもたらした一つの大きな要因としては、共和党が、ディーンと同じく草の根票に注目し、ただしディーンよりは伝統的な方法に従ってその掘り起こしを図った点を挙げることができよう。二〇〇二年選挙において戸別訪問による大量の投票動員に成功した経験をふまえ、共和党は二〇〇四年選挙の前には、電話や戸別訪問による投票勧奨やメディアへの投稿やコンピューター通信やウェブ上でのブログ開設といった手法を習得した約一四〇万人のボランティアからなる草の根組織を作り上げていた。これら各地の組織は、カール・ローヴの指揮の下、投票日直前に一斉にキリスト教右翼などの潜在的な共和党支持票の動員のための活動を展開したと報告されている。それにより、投票の焦点が、共和党の不利になりつつあったイラク戦争問題から、草の根保守の関心事である福祉、減税、人種、宗教といった国内的争点に多少なりとも移行した可能性は否定できない。この選挙において、共和党は連邦の上下両院においても議席数を増加させた。ローヴをはじめとする共和党の選挙参謀たちは、二〇〇四年選挙の結果を、保守的政党再編の完成、永続的な共和党多数派の時代の到来を告げる成果であると高らかに謳いあげたのである。

第二期ブッシュ政権は、こうして展望のみえてきた保守の時代へと確実に歩を進めることを目的として、以下のような「改革的」アジェンダを提起する。その第一は司法制度改革であり、人事をとおして連邦裁判所の保守化を進め、保守的憲法解釈の定着を促すことを目的としていた。第二は教育改革であり、アファーマティヴ・アクションなどリベラルな価値観に基づく平等主義的教育政策の変更を迫り、バウチャー制やホーム・スクール制の導入による教育の自由化、民営化が追求されてゆく。第三は税制のいっそうの簡素化により、二〇〇一年の経済成長・減税調整法からさらなる減税政策の実施を図ることである。第四は社会保障制度の再構築（否、むしろ解体）による「所有者社会」(ownership society) の実現である。それによれば、国民はすべて公的な機関や公的な費用に頼ることなしに、自助努力によって老後の生活あるいは失業後の生活を営むべく、従来の社会保障制度から自己資金を引揚げ、私的な個人口座に移すことによって、自立し自律的な市民からなる所有者社会の実現が可能となると期待されていた。それはまさに、レーガン以来の「小さな政府」論の延長上に思い描かれた保守のユートピアであったといえよう。そして第五に、イラク戦争を早期に勝利に導くことが挙げられた。かくして、ブッシュ政権の第二期の大目標は、イラク戦争を前提とした上で、なお「小さな政府」を実現させ、アメリカ政治経済全体の保守化を完成することに向けられたといえよう。

しかし、このような政権のもくろみは、不人気なイラク戦争にくわえ、以下のようないくつかの事件をめぐる政権の対応をきっかけとして大統領支持率が急落してゆく中、しだいに実現困難に陥ってゆく。二〇〇五年春、一五年間にわたり植物状態にあった女性の家族の要請を受けて、生命維持装置の停止を認めた連邦およびフロリダ州裁判所の裁定に対し、ブッシュ政権と議会共和党の右派は「生命の文化」(the culture of life) の擁護を主張し、立法によってこの裁定を覆す挙に出、広範な世論の批判を浴びる。このテリー・シャイヴォ事件は、ブッシュ政権とキリスト教右翼勢力の一般世論からの乖離を如実に示す結果となった。さらにその年八月末、巨大なハリケーン・カトリーナが、メキシコ湾岸の諸州に死者・行方不明者二五〇〇人余り、被災難民一〇〇万人余りにのぼる犠牲をもたらした。この合衆国史上未曾有の自然災害に直面したブッシュ政権の無為無策と救援の遅れは、激しい政権批判を呼び起した。批判は、最悪の被災地ニュー・オリンズのアフリカ系アメリカ人被災者の軽視、行政的不手際や責任回避、自然災害に対する危機管理体制の不備から、はては京都議定書離脱に象徴される気候変動への無関心にまで及んだ。大統領支持率は急落し、四〇パーセント前後に低迷した。くわえてこの年秋には、政権批判に追い打ちをかけるように、議会共和党にもスキャンダルが連続する。下院多数党院内総務トム・ディレイ（Thomas D. DeLay）の政治資金スキャンダル、上院多数党院内総務ビル・フリスト（William H. Frist）のインサイダー取引疑惑、そして下院議員マーク・フォーリー（Mark A. Foley）の議会ペイジ（page）との性的スキャンダルなどが、有権者の共和党離れを加速していった。さらにはこの時期ホワイト・ハウスによる政権批判者への盗聴事件も表沙汰となった。こうして二〇〇六年春までにブッシュ支持率は三〇パーセント台にまで落ち込んでいった。

このように多様な源泉に由来する政権不信を集約した争点は、やはりイラク戦争であったといえよう。この時期の支配的世論は、イラク戦争こそ、アメリカの安全保障体制にとり最大の不安定化要因であり、その経済的弱体化の根本原因であり、道義的衰退の源泉であるとみなすにいたった。二〇〇六年中間選挙は、まさにこのイラク戦争継続の可否をめぐる擬似的な国民投票の観を呈した。永続的共和党多数派の時代の到来を告げるべき最初の中間選挙において、圧勝し上下両院の多数を制したのは民主党であった。とはいえ、この選挙の結果が、かならずしも保守からリベラルへの逆転を意味しなかったことは強調すべきであろう。勝利した民主党候補の多くは、社会的・経済的争点ではむしろ保守的な傾向を示しており、民主党勝利の主因は、経済危機と格差・貧困問題に直面しつつあった中間層、それも確固とした政党帰属を欠く独立的有権者の共和党政権からの離反にこそあったからである。戦争政策と連動する経済問題への憂慮は、広く深く国民社会をとらえつつあった。それはこの選挙において、ブッシュ政権の基軸的支持基盤であったはずの南西部バイブル・ベルトにおいてすら、経済的ポピュリズムに立脚する政権批判の動きがもちあがった事実に端的に示されていたのである。(2)

この中間選挙における共和党の敗北がブッシュ政権に与えた打撃は甚大であった。イラク戦争の不人気ゆえに、ラムズフェルド国防長官は退任を余儀なくされた。また、それに相前後して、ローヴら第一期ブッシュ政権を支えてきたホワイト・ハウスの補佐官たちも退任する。こうして、かつてのレーガン政権に似て、ブッシュ政権もまた二期目の後半には、しだいにレームダック化の度合いを強めていった。そしてその死命を制するかのように、住宅建設ブームを支えてきたサブプライム・ローンの破綻をきっかけとして、大規模な経済・金融危機が勃発したのであった。

3　オバマ政権の登場

二〇〇八年大統領選挙を前にして、共和党陣営にとって大きな足枷となったのは、ブッシュ政権の負の遺産であった。アフガニスタン戦争とイラク戦争という二つの戦争を、孤立主義へと退却することなしにいかに終熄させるのか。これらの戦争の開始と展開をめぐって悪化した同盟国・友好国との関係をいかに修復してゆくのか。対テロ戦争という新しい戦争にともなう国内社会の緊張と不安をいかに鎮めてゆくのか。グローバル経済へと波及し、底なしの様相を呈しつつある経済・金融危機をいかに乗り切ってゆくのか。戦争と減税によって膨らみ続ける財政赤字をいかに克服してゆくのか。これらのブッシュ政権の置き土産は、誰がブッシュ後を引き継ぐにせよ、共和党候補の重荷になることが当然に予想されていた。

ブッシュ後の共和党陣営は、選挙を前にしてあたかも百家争鳴の観を呈するにいたった。この年、共和党予備選に登場しては消えてゆく候補たちは、全体としてレーガン以来培われてきた保守体制の政策的な幅と支持勢力の広がりを示しながら、個別には保守連合が統合力を失い分裂した結果生じてきた保守政治の断片をそれぞれに代表するかに見えた。長く「ブッシュ王朝」三人目の大統領として取りざたされてきた現大統領の弟、前フロリダ州知事ジェブ・ブッシュ（John Ellis [Jeb] Bush）の名前は、兄の支持率の低下とともに自然消滅していった。九・一一事件の際に果断な行動力を示して人気を博した前ニューヨーク市長ルドルフ・ジュリアーニ（Rudolph W. Giuliani）は、イタリア系カトリックでありながら結婚と離婚を繰り返した経歴も災いし、予備選の早い段階で撤退を余儀なくされた。穏健派の前マサチューセッツ州知事ミット・ロムニー（W. Mitt Romney）は、リベラル派の痕跡を消し去ろうとして、人工妊娠中絶などの鍵となる争点をめぐり突然保守的な立場へと豹変したことでかえって党内の信を失う結果を招いた。くわえて彼の場合は、何よりもモルモン教徒という福音派のキリスト教右翼の受け入れがたい宗教信条が足枷となって、やはり早期に撤退に追い込まれていった。テレビ俳優の前歴を利用して自らをレーガンに擬して売り込みをはかった前テネシー州選出上院議員フレッド・トンプソン（Fred D. Thompson）、バプティスト派の牧師にして前アーカンソー州知事マイク・ハッカビー（Michael D. Huckabee）、徹底したリバタリアンの立場に立ち主要共和党候補者中唯一イラク戦争に反対を表明したロン・ポール（Ronald

E. Paul)、これらいずれの候補者もが次々と現われては消えていった。

結局この本命なき指名争いを勝ち抜いたのは、アリゾナ州出身の連邦上院議員ジョン・マケインであった。皮肉なことにマケインの強みは、二〇〇〇年共和党予備選において、ブッシュ陣営からネガティヴ・キャンペーンを浴びて敗退した経歴にあったといえよう。もともと移民問題や同性婚問題などをめぐり党内で独自の政策的立場をとることがまれではなかったマケインは、ブッシュ政権下でも政権から一定の距離を保ってきており、二〇〇八年の政治状況では、そのことがマケインをして他の候補と一線を画することを可能にしたといえよう。しかしながら、そのマケインにして、選挙戦に勝利するためには保守連合の修復が必要条件であった。党内右派と草の根保守の取り込みを策したマケインが選んだ副大統領候補は、アラスカ州知事サラ・ペイリン (Sarah L. Palin) であった。しかし、共和党始まって以来最初の女性副大統領候補という歴史的使命を担いながらも、ペイリンにはほとんどまったく国際経験がなく、ワシントン政界とも無縁であり、選挙運動の期間中の彼女の危うい言動は、かえってマケインと彼女の代表する素朴な草の根右翼との不協和を際立たせる結果となった。

他方、民主党の陣営には、反ブッシュ世論の追い風が吹いていた。ブッシュ政治の終焉を見越し、民主党予備選では内政外交いずれに関しても大幅な現状変更を見込んだ積極的な政策提言が渦巻いていた。反ブッシュで一致しながら予備選に名乗りを上げた多様な集団の中から抜け出したのは、二〇〇四年選挙における副大統領候補、元ノース・カロライナ選出上院議員ジョン・エドワーズ (John Edwards)、ファースト・レディを経てニューヨーク州から上院議員となり二期目のヒラリー・クリントン、そして二〇〇四年イリノイ州から上院議員に初選出されたバラク・オバマ (Barack H. Obama, Jr.) という比較的新鮮で、それぞれにリベラルにも中道にもエスニック集団にも一定の支持基盤を持つ有力候補者であった。二〇〇八年一月にはエドワーズが撤退を表明し、その後はクリントンとオバマは各地の予備選で一進一退の激しい攻防を繰り広げた。女性とアフリカ系アメリカ人のいずれが候補に選出されるにしろアメリカの政党政治史に新しい時代を開くことになるこの歴史的な予備選を最終的に制したのはオバマであった。当初から民主党候補として本命視されワシントン政界での長い経験を誇るクリントンに対し、「変化」(Change!) をスローガンに掲げ、ブッシュ政権末期の政治的停滞の打破を掲げたオバマの挑戦が功を奏したのであった。

オバマの勝因の一つが、そのたぐいまれな演説の才にあったことは間違いない。予備選の進行とともに、彼がアフリカ系アメリカ人やヒスパニックの有権者の間に、しだいに信頼と支持を拡大してゆき、ついには彼らを揺るぎない中核的支持者とすることに成功したことも無視できない。またクリントンとは異なり当初からイラク戦争に批判的であったという事実も、彼の強みとなったかもしれない。しかし、それらとともに注目すべきは、オバマが有権者の動員と組織化に向けて、二一世紀の情報社会にふさわしく優れて斬新な方法を駆使した点である。四年前の大統領選挙におけるハワード・ディーンの手法に学び、共和党の草の根票掘り起こし策を取り入れつつ、二〇〇八年のオバマは「アメリカのためのオバマ」(Obama for America) と呼ぶ選挙組織を立ち上げ、若い選挙民の動員と積極的な運動参加とを促したのである。

予備選において効果を発揮したこれらの要因は、マケインとの本選挙におけるオバマの勝利にも大きく貢献することになる。党大会においてオバマは、デラウェア州選出上院議員ジョー・バイデン (Joseph R. Biden, Jr.) を副大統領候補として選出する。バイデンには、その一九七二年の初選出以来の長い連邦上院議員歴により、議会とのきわめて有力なパイプ役となること、そして数度の上院外交委員会委員長の経歴を背景として、外交経験に乏しいオバマの外交指南役を務めることが期待された。のみならずアイルランド系カトリックでもあり、労働組合との太いパイプを有するバイデンは、オバマの支持基盤の欠落を補いうる候補でもあった。マケイン－ペイリンの組み合わせに比して、オバマ－バイデンの組み合わせは政治的な有効性と安定性という点ではるかに優れた選挙チームであったといえよう。

二〇〇八年の大統領選の本選は、九月証券会社リーマン・ブラザーズの破綻を端緒とする劇的な経済・金融危機が進行する中で本格化していった。この危機に際し、大言壮語や不用意な事実誤認や失言を繰り返したマケインとペイリンに引きくらべ、オバマは慎重に事態を見すえ言葉を選びながら実現可能な対処策を提示するに留めた。両党候補者によるテレビ討論においても、いずれが「大統領的《プレジデンシャル》」であるかは、衆目にあきらかであった。くわえて、共和党内で一匹狼を自認してきたマケインの選挙運動は、伝統的な共和党の拠金者の離反を招き、資金難に苦しめられることとなった。この点でも、オバマは対立候補を圧倒した。彼は、コンピュータや携帯電話をとおして無数の小口献金をかき集めると同時に、企業などの伝統的な資金源からの大口献金も遠ざけず、結果として記録的な政治資金の積み上げに成功したのであった。

二〇〇八年選挙は結局、オバマの勝利に終る。すでに示唆したようにブッシュの失政、金融危機、イラク戦争など、オバマの勝利をもたらした外在的要因は多様かつ複合的であったろう。しかし、主体的要因としては、オバマが自らの選挙運動によって高まった政治的な関心と熱狂を、先に述べた新しい組織戦術をとおして、広汎な草の根の有権者の動員と投票参加へと結びつけた点にあった。二〇〇四年選挙と比べてこの選挙で目立って有権者登録率と投票率を上げた集団は、非白人とりわけアフリカ系アメリカ人と一八歳から二九歳の最若年層であり、いずれもが圧倒的にオバマに票を投じたのである。しかし、同時に注目すべきは、この選挙では、白人投票者の四三パーセントがオバマに票を投じた事実である。二〇〇〇年のゴア、二〇〇四年のケリーのいずれをも上回るこの数字は、オバマがアフリカ系アメリカ人でありながら、その「黒人性」を凌駕する国民的指導者として自己表現し、「大統領的」というパブリック・イメージの獲得に成功したことを示している。その意味で、オバマの勝利は、決してたんに南北戦争や市民権運動の遺産に基づく人種政治の延長線上に実現されたわけではない。六〇年代以来の市民権運動を導いてきたアフリカ系アメリカ人指導者たちの多くは、当初オバマの台頭には懐疑の目を向けていた。また実際オバマの勝利の後も、多くのアフリカ系アメリカ人が失望させられたように、アメリカ社会の人種差別が劇的に改善されたという証拠もない。オバマは「黒人性」やそれに起因する差別の現状を飛び越え、黒人の指導者としてではなく、はじめから国民の指導者として有権者に語りかけることによって勝利したのであった(3)。その点で、予備選挙で彼と激しく戦ったヒラリー・クリントンが敗北後、夫クリントン元大統領とともに、オバマに対する全面的支持を誓い、民主党の一体化を図ったこと、そしてバイデンというベテラン政治家が副大統領候補としてオバマに従ったことも、彼の勝利に大きく貢献したと思われる。オバマは、その説得力と人間的魅力により、自らを危機のリーダーとして打ち出しつつ、アメリカ史をふまえて国民社会全体の「変化」を謳うことによってはじめて、国民の指導者の地位に上り詰めたのであった。

しかしながら、このようにしてスタートしたオバマ政権は、初発からきわめて多くの難題に直面する。内政においてて、政権は何よりもまずブッシュ政権末期以来の金融危機への対処を迫られていた。経済危機の全面性、緊急性、深刻性についていうならば、オバマ政権の置かれた状況は、一九三三年のフランクリン・ローズヴェルト政権のそれに匹敵していたといって過言ではない。くわえてローズヴェルトの第一期とは異なり、オバマは泥沼化しつつある二つの戦争という対外危機の処理も迫られていた。しかも一九三〇年代とは大きく異なるグローバル化した世界の中で、これら内外二つの危機は、容易に連鎖的な国際危機へと拡大発展する危険性を秘めていた。かててくわえて、オバマ政権には、ローズヴェルト政権の「百日間」を無条件に支えた圧倒的な議会の多数派が欠けていた。たしかに二〇〇六年、二〇〇八年の二度の議会選挙を経て、民主党は共和党に対し、下院で七八、上院で一四と議席差を広げ、比較的安定的な多数を保持していた。とはいえ議会には、オバマの改革的イニシアティヴを受けて、円滑に改革立法を進める条件は欠けていた。第一に、オバマへの敵意を隠さない前副大統領チェイニーの影響の下で、共和党保守派が、オバマの立法的イニシアティヴのことごとくに強硬に抵抗する構えを示していた。第二に、与党であるはずの議会民主党の中にも、医療保険改革や税制や対外政策や宗教倫理や社会道徳など主要争点をめぐるリベラル派と中道派の積年の根深い対立があった。とりわけレーガン時代以来、保守化の圧力下に逼塞を余儀なくされてきたリベラル派の間には、オバマ政権の登場をリベラリズムの巻き返しの好機ととらえ、それだけにオバマに対する過剰ともいえる期待が渦巻いていた。連邦議会におけるこうした共和党右派と民主党リベラル派との非和解的対立状況に直面し、対立よりは対話を、分裂よりは妥協を重んじるオバマにして、議会対策は困難を極めることになる。

当初よりこのような困難を抱えながらも、オバマ政権は選挙戦の余勢を駆って、その就任直後から矢継ぎ早に改革的な内外施策を打ち出してゆく。とりわけ外交面では、オバマ大統領による就任後半年間の一連の果断な決定は、ブッシュ政権からの方向転換を広く内外に印象づけることとなった。グアンタナモ収容所閉鎖の大統領令、イラクからの撤兵宣言、対ロ関係の改善やイランへの対話呼びかけ、金融危機をめぐる多国間協議の主導、プラハにおける核廃絶演説、カイロにおけるイスラーム世界への対話と協調の訴えなどは、多面的な交渉による平和と安定をめざす新大統領の国際主義的志向を世界に向ってあきらかにしたといえよう。

とはいえ、オバマ外交が当初からかならずしも理想主義一辺倒でなかったことを示す政策も見のがすことはできない。とくに現実に進行中の二つの戦争の処理について、オバマの対応は慎重かつ現実主義的であった。二〇〇九年二月十七日に発表されたアフガニスタンへの米軍一万七〇〇〇人の増派は、かの地におけるテロとの戦いを当分の間継続するオバマの意図を示すものであった。イラクからの撤兵計画の規模と段階もまた、選挙戦中の早期全面撤退の公約と比べるならば、あきらかに戦争の継続に重点を置いた決定であったといわざるをえない(イラクにおける戦闘部隊の撤収は二〇一〇年八月、それ以後も残った治安支援部隊の完全撤収はようやく二〇一一年十二月のことであった)。さらに、グアンタナモ収容所閉鎖の大統領令も、「対テロ戦争」を重視するチェイニーをはじめとする共和党右派の批判の前に、実現は先延ばしにされていった。

初期オバマ政権のそれ以外の対外政策についても、実際には宣言的な意味合いが強く、具体的な成果の結実には大きな困難をともなうものが少なくなかった。ロシアとの核軍縮も、実際に新戦略兵器削減条約が批准発効を見たのは、二〇〇九年四月のオバマ－メドベージェフ会談の宣言やオバマのプラハ演説から二年近くたった二〇一〇年十二月のことであった。共和党の党派的策動が、アメリカ上院の批准を遅らせた結果であった。また、イスラーム世界との対話協調を訴えたオバマのカイロ演説は、その後アメリカとイスラーム諸国との関係改善や中東の平和に具体的な成果をもたらしたとは言いがたい。イランの核開発問題は、ほとんど進展がないばかりか、一触即発の危機的段階にいたってしまっている。イスラエルとパレスチナの和平交渉も、オバマ政権の努力にもかかわらず、和平の前提条件たるイスラエルの入植活動の凍結すら実現されていない。朝鮮半島の核問題についても、オバマ政権は国際的に有効な解決策を提示しえていない。政権獲得後に大きな課題として急浮上してきた中国との軍事的経済的対立関係を含め、アメリカにとって重要性を増しつつある西太平洋、東アジア地域全体についても、オバマは、いまだ平和的でかつ説得的な長期戦略を打ち出しえていない。そしてオバマ政権が早くから取り組んできたグローバルな金融危機の沈静化が達成される前に、危機はすでにユーロ危機へと波及拡大しつつある。

これらの諸事例は、圧倒的な軍事力と経済力にものをいわせる従来のアメリカ外交の方法を批判して選挙を勝ち抜いてきたオバマに対して、大きな課題を投げかけているといえよう。グローバル化の進展により、さまざまな国家が否応なく相互依存関係を強めながら、しかもそれぞれに国益のくびきから逃れられないという、この過渡的世界において、オバマのアメリカが、衰退しつつあるとはいえなお巨大な軍事力と経済力をもっていかに行動するかが問われているといえよう。

一方、オバマ政権が内政において真っ先に取り組んだのは、経済危機対策であった。就任から一ヵ月の内に、オバマ政権は史上最高額の七八七〇億ドルに上る景気対策法（American Recovery and Reinvestment Act）を可決成立させ、ついで金融危機の引き金を引いた住宅金融（サブプライム・ローン）破綻の被害者救済のために、総額七五〇億ドルの住宅ローン軽減策を発表している。こうした危機対応策と並行し、オバマ政権は問題の根源にある金融制度そのものに対しても、借り手保護の強化を含むローン制度の改革、銀行業務の見直し、投機的金融の抑制などといった規制強化策を進めてゆく。その具体的な成果の一つは、二〇一〇年七月に成立した金融規制強化法（Dodd-Frank Wall Street Reform and Consumer Protection Act）である。

オバマ政権最初の二年間における、もう一つの内政面の成果は、二〇一〇年三月に成立を見た医療保険改革法（Patient Protection and Affordable Care Act）であった。医療保険改革は、彼以前の民主党大統領カーター、クリントンが試みて挫折し、その結果、アメリカは、先進国中群を抜く対GDP比一五パーセントという巨額を医療に注ぎ込みながら、国民の一五パーセント、約四五〇〇万人が無保険といういびつな状況下にあった。これに対してオバマが当初目指した改革案は、政府による医療費の一元的管理（single-payer system）に基づく公的な国民皆保険制度であった。しかしながら、この改革案はとうてい共和党の容れるところではなく、民主党の右派、中道派の中にも強い反対を呼び起こした。一年余りの議論を経て、議会を僅差で通過した改革法は、当初の計画からは大きく後退し、民間保険会社に対する政府の規制を強化し、低所得者層への保険料控除制度を州ごとに創設し、事業主に従業員の保険加入を義務付けるといった手段をとおして、保険加入率を約九五パーセントまで上げることを目指すものであった。この法の実施に必要な経費は、以後一〇年間で約九四〇〇億ドルと試算された。

これらの改革的諸法の立法過程を経るごとに、オバマの政治的困難は雪だるまのように膨れあがっていった。困難の第一は、政権二年目以降、党派対立がほとんど修復不能なまでに悪化していったことにある。改革立法のほとんどは、オバマ政権が忍耐強く妥協策を探り続け、共和党右派の反対を押し切ることによって成立可能となった。しかし、それらの立法はいずれも、巨額の政府支出を必要とし、二〇〇九会計年度以降、年間一兆ドルを超えるというかつてない規模の財政赤字を生み出していった。その結果「小さな政府」を金科玉条とする共和党右派は、景気対策法や医療保険改革法を「社会主義的」と批判し、大統領を「非アメリカ的」と非難するまでに硬化していった。しかしながら他方で、オバマの妥協姿勢は、新政権による変革に過剰な期待を抱いた民主党リベラルからも、弱腰と裏切りと批判される。オバマの改革は、共和党右派の敵意を亢進させながら、民主党リベラルをも幻滅させ、改革に向けた民主党の結束を弱体化する結果となったのである。

オバマ政権にとって第二の困難は、これらの改革がかならずしも経済状況の改善に結びつかず、景気の回復が遅れたことにある。画期的な景気対策法の成立からわずか一ヵ月後、二月の雇用統計により、失業率前月比〇・五マイナスの八・一パーセントが公表された直後から、早くもオバマ政権の経済運営の失敗が、共和党、財界のみならず学界、マス・メディアでも取りざたされはじめた。以後、この雇用問題を最大の理由として、オバマ大統領の支持率は、徐々に低落してゆく。その後もアメリカの雇用総数は二〇〇九年中に減少の一途を辿り、同年十月には失業率はついに一〇・二パーセントに達した。それとともに、オバマ支持率は五〇パーセント前後まで下がる。失業率は、二〇一〇年にも改善の兆しを見せず、九パーセント台半ばの高水準で推移し、オバマ支持率も四〇パーセント台に低迷する。失業者が一四八〇万人に上るという状況下で行なわれた二〇一〇年の中間選挙は、予想されたとおり、民主党の大敗に終る。連邦下院の多数は再び共和党の握るところとなり、分割政府の下で二大政党間の対立はいっそうの激しさを増している。

以上二つの困難は、内外政策いずれについてもオバマ政権の選択肢をいちじるしく狭める結果となっている。共和党右派に代表される保守派は、いまやオバマ政権のあらゆる政策が、財政赤字を肥大させ、アメリカ金融業界を窒息させ、「大きな政府」の再来を招いていると批判する。それは今や、議会内の一有力党派であるに留まらず、「ティーパーティ」を自称する強力な草の根運動と連動するにいたっている。ティーパーティは、二〇一〇年中間選挙において、はじめは各地の共和党予備選挙における候補者選びに介入し、本選挙においては彼らが「オバマケア」と呼ぶ医療保険改革法批判を中心的争点として掲げ、民主党候補の追い落としに力を尽くした。そしてこの運動には、二〇一〇年一月の最高裁判決により政治広告に無制限に資金提供が許されるようになった企業の「スーパー政治活動委員会」(super PACs)から、潤沢な資金が注ぎ込まれたといわれる。これに対して、二〇一一年秋には、アメリカ社会に大きな経済格差をもたらしてきた金融業界に対する対抗的な草の根運動が勃興し、ウォール街の占拠運動を展開した。こうして今やアメリカ政治における保守とリベラルの分断は、草の根の有権者にまでおよび対抗組織間の大衆動員競争を引き起している。そこには、二大政党間の政権争奪戦という形をとった二つのアメリカ・デモクラシー像の競い合いを認めることもできよう。そして、オバマ政権を苦しめてきた、高い失業率と低い大統領支持率とが、民主党政権にとってやや好転の兆しを見せるのはようやく二〇一一年末以降のことであり、それら二つの指標の今後の変化が二〇一二年大統領選挙におけるオバマ再選の可能性を大きく左右するものと思われる。

(1)　二〇〇〇年選挙は、クリントンの弾劾問題に続き、党派間対立が憲法解釈へと波及した事例となった。それは、この千年紀の転換点におけるアメリカ政治がいかに深刻な党派間対立を内包していたかを如実に示す事態であった。しかも、この政治的問題を最終的に終結させた連邦最高裁判所の決定が、保守派と目される判事たちとリベラル・中間派と目される判事たちとに色分けされた五対四の評決によっていたことは、党派的中立性をたてまえとしてきた司法の領域にまで、深く党派性、イデオロギー性が浸透していたことを示していた。その背景には、レーガン以後、法学界、ロースクール、法曹のさまざまな分野で進行した保守的法律家集団の勃興と活発化の影響をうかがうことができよう。「保守革命」は、憲法体制の根幹にまで及んでいたのである。

(2) 南西部の福音派を中心とするキリスト教右翼は反主知主義的・道徳主義的であると同時に、十九世紀以来ポピュリズム、反エリート主義、反連邦政府を共通の信条とする。彼ら原理主義的な個人主義者たちは、とくに経済的困難に直面するとき、政権批判、ワシントン批判、金融資本批判へと向う傾向がある。近年ではニクソンのサイレント・マジョリティにもティーパーティ運動にも認められる傾向である。

(3) 疑いなくアフリカ系アメリカ人でありながら、オバマには大多数のアフリカ系アメリカ人とは異質な点が少なくない。彼の父親は、ケニアからの留学生であり、母親はカンザス州出身の白人である。したがってオバマの祖先は、通常ならばアフリカ系アメリカ人のアイデンティティの核をなす奴隷制とは無縁であった。彼の両親が結婚しオバマが生まれたのは、ハワイ州である。そして両親が離婚した後、オバマは母親、彼女の再婚相手とともにインドネシアに赴き、そこで小学生時代を送っている。こうした事実が物語るように、オバマの出自は、ふつうのアフリカ系アメリカ人に比して、コスモポリタンであった。彼のメモワールによれば、彼が自らの「黒人性」を強く意識し、黒人史を学ぶのは、インドネシアからハワイに戻った後、カリフォルニアのオクシデンタル・カレッジ、さらにコロンビア大学に入学する間のことであった。このような背景をもつオバマが、アフリカ系アメリカ人社会との接点を見いだし、選挙において彼らの支持を獲得するにいたった契機としては、彼がハーヴァード大学のロースクールを卒業後、シカゴの貧困地区でコミュニティ活動に従事したこと、そしてシカゴ生れのアフリカ系アメリカ人ミッシェル・ロビンソン (Michell L. Robinson Obama) と結婚したことが重要であろう。

参考文献解題

アメリカ政治外交史の参考文献については、かりにごく一般的な概説書、代表的な研究書をかかげるとしても膨大なものとならざるをえない。したがってここでは、個々の概説書・研究書をかかげることは断念して、参考文献についての参考文献というべきもの、いわゆるリファレンス・ブックをかかげるにとどめたい。

I　基本的参考文献解題ないし目録

(1)　Eric Foner and Lisa McGirr, eds., *American History Now* (Philadelphia: Temple University Press, 2011). アメリカ史学会が刊行したアメリカ史研究の案内書である。本書は一九九〇年発刊の *The New American History*、および一九九七年の同改訂版に続く第三版にあたるが、上記のようにタイトルが変更された。新進気鋭の学者たちが八つの時代区分と一〇の主要テーマについて、最新の研究動向を紹介する。

(2)　Mary Beth Norton, ed., *The American Historical Association's Guide to Historical Literature* (New York: Oxford University Press, 1995). アメリカ史学会に所属する歴史家たちが、世界史の諸分野に関する二万七〇〇〇点の英語文献を紹介したものである。アメリカとの関係が深い地域の歴史を学ぶ上でも役立つ。全四八編のうち、第四〇編から第四四編までがアメリカ史に該当する。

(3)　五十嵐武士・油井大三郎編『アメリカ研究入門［第三版］』(東京大学出版会、二〇〇三年)。一九六九年に初版が、八〇年に第二版が刊行された定評ある研究入門書の全面改訂版。全一九章は、アメリカ研究の方法論から、各分野の概観、全体的展望さらには電子媒体による資料調査案内からなる。それぞれに文献解題が付けられており、専門的なアメリカ研究の恰好の入門書となっている。

(4) 阿部斉・五十嵐武士編『アメリカ研究案内』(東京大学出版会、一九九八年)。第一線の研究者たちが、歴史、社会科学、対外関係、文学・思想の四部一四章をとおして、日本のアメリカ研究の発展の跡を概観する学説史。

(5) 古矢旬・遠藤泰生編『新版 アメリカ学入門』(南雲堂、二〇〇四年)。上記二冊に比して、初学者向けに書かれた研究案内書。各章末の文献解題も日本語文献に限られている。

(6) 有賀夏紀・紀平英作・油井大三郎編『アメリカ史研究入門』(山川出版社、二〇〇九年)。通史編、テーマ編、資料編からなる精細なアメリカ史入門。とくに資料編は、充実した文献リスト、デジタル資料案内に加え、アメリカ史関連の文書館案内を含み、専門研究の入り口に立つ研究者にとり必携である。

(7) アメリカ史の下位分野についてさらに深く研究動向・参考文献を学ぶ際には、Blackwell Companions to American History シリーズで該当するものを入手するとよい。時代別には *A Companion to Colonial America*, *A Companion to 19th-Century America*, *A Companion to 20th-Century America* があり、主題別には、たとえば *A Companion to American Indian History* や *A Companion to American Women's History* など、幅広くそろっているが、本書との関係では、*A Companion to American Foreign Relations* がとくに有用である。

II 辞事典・年表

(1) Stanley I. Kutler, ed., *Dictionary of American History*, 3rd ed., 10 vols. (New York: Charles Scribner's Sons, 2003). 最も標準的なアメリカ史辞典である。

(2) Gary B. Nash, ed., *Encyclopedia of American History*, rev. ed., 11 vols. (New York: Facts on File, 2009). 全一一巻からなり、各巻は該当する時代を理解する上で重要な項目について解説をのせている。年表、資料も盛り込まれており、研究論文執筆の時など、座右において参照するのに便利である。

(3) Paul S. Boyer, ed., *The Oxford Companion to United States History* (New York: Oxford University Press, 2001). アメリカ史を理解するうえで重要な一四〇〇項目について、簡潔明細に解説したものである。政治、軍事、外交、文化、思想、科学技術、宗教、芸術と幅広いテーマを扱っている。

(4) 斎藤眞他監修『アメリカを知る事典(新訂増補版)』(平凡社、二〇〇〇年)。定評ある各地域を「知る事典」のアメリカ合衆国版。近く、新しい版が刊行される予定。

(5) 小田隆裕他編『事典　現代のアメリカ』(大修館書店、二〇〇四年)。現代だけではなく、現代アメリカを形成してきた歴史も重視した事典であり、とりわけ巻末の年表は便利である。多彩な検索機能をもつCD－ROMが付属しており、これも便利。

(6) John A. Garraty and Mark C. Carnes, eds., *American National Biography*, 24 vols. (New York: Oxford University Press, 1999). アメリカ学術団体評議会 (American Council of Learned Societies) とオックスフォード大学出版局がスポンサーである。アメリカの歴史・文化に大きな影響を与えたとされる、約一万八〇〇〇名のアメリカ人についての辞典。それ自体独立した伝記研究として評価される項目も少なくない。

(7) 人名辞典は、ことに分野別のものを含めれば大変な数になる。現在生存中の人物については一八九九年以来 *Who's Who in America* が刊行されており、いわゆる「紳士録」的効用がある。死亡した人々については、*Who*

Was Who in America が刊行され、各巻の対象期間に死去した人々について記す。アメリカ政治外交史に関係ある人名辞典的なものとしては、*Biographical Directory of the American Congress*; Robert Sobel and David B. Sicilia, eds., *The United States Executive Branch: A Bibliographical Directory of Heads of State and Cabinet Officials* (Westport, Conn.: Greenwood Press, 2003) があるが、前者については米国連邦議会のウェブサイト (http://bioguide.congress.gov/biosearch/biosearch.asp) でも利用可能である。

(8) 井上謙治・藤井基精編『アメリカ地名辞典』(研究社出版、二〇〇一年)。地名の原綴りと発音が片仮名で併記され、州や都市や町などについては、その建設・発展の簡略な歴史、人口など便利なデータが与えられている。

(9) 田中英夫編集代表『英米法辞典』(東京大学出版会、一九九一年)。二〇年前に刊行されたが、現在でももっとも信頼できる本格的法律辞典である。専門的法律用語ばかりではなく、司法制度の詳細、代表的な憲法判決、著名な法曹人など、アメリカ政治外交史の理解に役立つ項目が少なくない。巻末の資料、索引も充実している。

(10) アメリカ史を概観する年表としては、少し古いが亀井俊介・平野孝編『総合アメリカ年表――文化・政治・経済』(講座『アメリカの文化』別巻、南雲堂、一九七一年)がある。最近のものとしては、Ernie Gross, *The American Years: A Chronology of United States History* (New York: Charles Scribner's Sons, 1999) を挙げる。アメリカの政治・経済にとどまらず、科学技術や芸術、文学、スポーツといった分野にわたるアメリカ生活様式の変遷をたどる。各分野ごとにまとめられたものも多くあり、たとえば外交に関しては、Lester H. Brune and Richard Dean Burns, eds., *Chronological History of U.S. Foreign Relations*, 2nd ed., 3 vols. (New York: Routledge, 2003)

がある。

III 地図・統計表

(1) Derek Hayes, *Historical Atlas of the United States: With Original Maps* (Berkeley: University of California Press, 2006) は、植民地期から現在までのアメリカ史の展開を視覚史《ビジュアル・ヒストリー》の観点から追う。連邦議会図書館所有の貴重な地図資料五三五点を収めている。

(2) Martin Gilbert, *The Routledge Atlas of American History*, 6th ed. (London: Routledge, 2009) は、アメリカ史に関する一六三の項目について図解と加工された地図をのせている。持ち運びに便利であり、学生用として役立つ。

(3) 川島浩平他編『地図でよむアメリカ——歴史と現在』(雄山閣出版、一九九九年)。一枚一枚に簡潔な解説を付した歴史地図と現代アメリカ社会問題地図とを含む便利な地図集。

(4) Gary B. Nash and Carter Smith, *Atlas of American History* (New York: Facts on File, 2007) は、さまざまな地図を紹介しつつも、その解説により重点をおいている。地図としてはほかにも州ごとやテーマ別のものも多くあり、たとえば J. Clark Alcher et al., *Historical Atlas of U.S. Presidential Elections, 1788–2004* (Washington, D.C.: CQ Press, 2006) は、カウンティ・レベルにおける大統領選挙の勝敗を図解する点が興味深い。

(5) Susan B. Carter et al., ed., *Historical Statistics of the United States*, Millennial Edition, 5 vols. (Cambridge: Cambridge University Press, 2006) は、一九七五年に商務省が刊行した *Historical Statistics of the United States, Colonial Times to 1970*, Bicentennial Edition の改訂版である。歴史統計集としてよくまとまっている。一九七五年版の邦訳は、斎藤眞・鳥居泰彦監訳『アメリカ歴史統計』(全二巻+別巻、原書房、一九八六—八七年〔新装版、東

洋書林、一九九九年)として刊行されている。なお、*Statistical Abstract of the United States* は同じく商務省編集の毎年発行の統計集である。

(6) Harold W. Stanley and Richard G. Niemi, *Vital Statistics on American Politics, 2011–2012* (Washington, D.C.: CQ Press, 2011). 同じ出版社から二年ごとに刊行されている選挙、世論調査、外交内政各政策分野に関わる重要な政治統計をコンパクトにまとめた便利な一冊。

(7) *Economic Report of the President.* 経済諮問委員会が毎年大統領に提出する年次報告書。経済分野ごとの解説に付録としてつけられている詳細な統計表が便利である。比較的最近のものはU.S. Government Printing Officeのホームページ(http://www.gpoaccess.gov/eop/download.html)で、一九四七年以降のすべてがThe Federal Reserve Archival System for Economic Research (FRASER) (http://fraser.stlouisfed.org/publications/ERP/) で閲覧できる。近年は『エコノミスト臨時増刊　米国経済白書』(毎日新聞社)として逐次邦訳刊行されている。

IV　史料集・データベース

(1) アメリカ学会編『原典アメリカ史』(全七巻、岩波書店、一九五〇—八二年)の続編として、二〇〇六年に第八巻、第九巻、および『社会史史料集』が刊行されている。各巻の巻頭にあつかっている時代の概説があり、つづいて重要な史料の邦訳とその解説がのっている。

(2) 亀井俊介・鈴木健次監修『史料で読む　アメリカ文化史』(全五巻、東京大学出版会、二〇〇五—二〇〇六年)。植民地時代から「九・一一事件」にいたるアメリカ文化史の浩瀚な史料集。専門家による的確な史料解説が付せられており、『原典アメリカ史』と併用することで、幅広い一次資料に基づくアメリカ政治史理解が可能となる。

(3) 斎藤眞・久保文明編『アメリカ政治外交史教材――英文資料選［第二版］』（東京大学出版会、二〇〇八年）は、日本人学生に英文の生の資料を読んでもらうべく本書の副読本として編集されたものである。

(4) Henry S. Commager, ed., *Documents of American History*, 10th ed. (Englewood Cliffs, N.J.: Prentice Hall, 1988). アメリカ史の史料集は、学生の教材用に実に多くの種類のものが刊行されている。その中で、本書は定評のあるものであり、一〇版を重ねた。二巻になっているが、学生用に一冊本にまとめられている。植民地期から十九世紀までの史料が多く、有用である。

(5) 公文書の類については参照すべきものが多いが、連邦議会の議事録は時代によって異なった表題で刊行されている。一七八九―一八二四年は *Annals of Congress*、一八二四―三七年は *Register of Debates*、一八三三―七三年は *Congressional Globe*、一八七三年以降は *Congressional Record* として刊行されている。議会の各委員会がそれぞれ報告書を出し、重要な資料になっていることは周知のごとくである。

(6) また国務省が一八六一年以来一年ごとに、*Foreign Relations of the United States: Diplomatic Papers* を刊行している。各巻は時系列および地域ごとに編集されており、一八六一年から一九六〇年までの巻号はウィスコンシン大学のウェブサイト (http://uwdc.library.wisc.edu/collections/FRUS) で、一九四五年以降の開示分については国務省 Office of the Historian のウェブサイト (http://history.state.gov/historicaldocuments) でそれぞれ公開されている。

(7) 大統領の演説などは、James D. Richardson, ed., *A Compilation of the Messages and Papers of the Presidents, 1789–*

1897, 10 vols. (Washington, D.C.: Government Printing Office, 1896–99) を嚆矢とし、さらに続きが刊行されて全二〇巻になっている。ハーバート・フーヴァー大統領以降については、それぞれ在職期間の公文書が *Public Papers of the Presidents of the United States* として刊行されているが、フランクリン・ローズヴェルト大統領については別個に刊行されている。

(8) さらに近年においては、インターネットで手軽に一次資料を入手することができる。カリフォルニア大学サンタバーバラ校の教授が運営する The American Presidency Project のウェブサイト (http://www.presidency.ucsb.edu/) には、大統領就任演説から大統領指令、プレス・コンファレンス、さらには政党綱領など大統領研究に関する一〇万点近くの資料が公開されている。また、ウィリアム・マッキンレー、およびハーバート・フーヴァー以後の各大統領を記念して建設された大統領図書館も、それぞれのウェブサイトにおいて米国政府の一次資料を多く公開している。

(9) そのほか、各大統領図書館に収められている米国政府の一次資料の多くについては、Declassified Documents Reference System、あるいは Digital National Security Archive といったデータベースを通して入手できる。このようなデータベースには国立国会図書館や国内の大学図書館などでアクセスすることが可能である。

(10) 細谷千博他編『日米関係資料集　一九四五—九七』(東京大学出版会、一九九九年)。現代アメリカ政治外交史と日本との交錯の跡を照らし出す充実した資料集。

初版あとがき

もし本書を通じて副題をつけるとすれば、「自由と統合」ということになろう。個人的なことを書くことを許されるならば、私がアメリカで学んだのは一九五〇年から五三年にかけてであるが、それはまさしく外に朝鮮戦争、内にマッカーシィズムの時代であった。日本から来たものとして、私は、一方で自由の根強さと共に、他方でその自由が専ら象徴として統合の機能を強くもたされていることに、衝撃に近いものを感じた。私にとって、アメリカ史における自由と統合との関係の追求こそ、ほとんど無意識のうちにアメリカ史研究の課題となったといってよい。その点、ルイス・ハーツ教授によるアメリカ政治思想史の演習も、当時どれだけフォローできたかは別として、私にとってはきわめて感銘深い示唆に富むものであった。帰国後アメリカ政治外交史の講義を担当してから、いつの間にか二〇年をこえてしまったが、この基本的な課題は依然追求すべき課題として残されており、本書の執筆にあたっても、やはり意識されていたといえよう。

ここで、一、二凡例的なことを記すことを許してもらうならば、まずアメリカという表現は、アメリカの一部を占めるにすぎないアメリカ合衆国をさすものとしては不適当ではあるが、繁をさけるために、一般の慣行にしたがってアメリカ合衆国をさすものとして用いた。なお、The United States は、本多勝一氏の『アメリカ合州国』(朝日新聞社、一九七二年)の刊行以来、しばしばアメリカ合州国と訳されている。アメリカが州よりなっている複合国家である点、確かにアメリカ合州国という表現はそれなりに意味があろう。実は私自身もかつて合州国という表現を使ったことがある。(世界文化地理大系25『アメリカ』平凡社、一九五七年、三六頁、「合衆国は合州国」)。しかし、国民的統合性を示す意味でも、やはり一般の慣行にしたがって合衆国という表現を本書では使用した。ちなみに、多様の人種から成り立つ国という意味では、合種国とも呼べよう。

本文各章末の註についていえば、本文における引用の出典を示す註であるよりは、逆に一般論を論じたり、時には余談であったり、息抜きであったりしている。なお、本文では頁数の制限もあって、かなり断定的な叙述をしているところが少なくない。本来ならば、それを註で補うか、私が他でよりくわしく論じているならばその論文名を註であげるべきであろうが、それをしていない。

本書執筆を志してから、何と一五年以上になる。私の怠慢と無能の故にのびのびになり、東京大学出版会の多田方氏があきれはてている間に大学紛争となりさらにのび、ようやくここに刊行されることとなった。本書が、日の目を見るにいたったのには多くの方の協力があった。ことに現在北海道大学助教授の古矢旬氏は大学院学生時代、吹きこみ原稿の整理から校正にいたるまで、全面的に協力してくれ、時に私の誤記や思いちがいを指摘してくれた。人名索引は自治医科大学助教授中村美子氏の作成になるものである。また一五年前より今日までただ忍の一字をもって本書の執筆を待ってくれた東京大学出版会の多田方氏、最終段階で全面的に担当してくれた土井和代氏のよき協力に心から感謝したい。

一九七五年八月

斎藤　眞

第二版あとがき

本書初版において著者斎藤眞は、アメリカ合衆国の政治外交史が、「自由と統合」という両立困難な二つの原理の葛藤により波乱万丈の変化を経てきたにもかかわらず、一定の「構造的連続性」(これを斎藤自身は時に「アメリカ史の文脈」と呼ぶ)を示してきたことに着目している。この視点は、著者斎藤の最初のアメリカ留学時に現地で勃興しつつあった、いわゆる「コンセンサス史学」の影響下に培われたことは、著者自身初版あとがきで述懐しているところでもあるが、そこに立脚することによってはじめて、アメリカ史における変化と持続との両面をバランスよくとらえた初版の通史的叙述は可能になったといえよう。そして、その刊行後四〇年近くを経た今日においても、初版の問題枠組みの有効性はなお失われていないように思われる。

とはいえ、同じ「自由と統合」といい、「構造的連続性」や「アメリカ史の文脈」といっても、それらの矛盾や相剋が作動する現実の時代的条件が、この四〇年間に大きく変容したこともまた否定できない。例えば、政治的な「自由」の作動条件としての社会的多元性ひとつ取っても、アメリカ社会は、四〇年前と比べ人種やエスニシティ、ジェンダー、階級などいずれの側面でもはるかに分化や多様化が進んでいる。それだけに「統合」は、現実の政治目標としてばかりか、可能な社会状態としてイメージすることすら、ますます困難となっている。また、他方で、近年グローバル化が急進展する中で、アメリカ史の「構造的連続性」が国民国家の枠内で保証されていた時代も、はるか遠い過去になりつつある。今や問うべきは、そしてこの第二版が主に問うているのも、こうした断片化とグローバル化という不可避な流れによって、「自由と統合」というアメリカ国家社会の伝統的なダイナミズムがいかなる影響を被っているのか、また「構造的連続性」はいかなる断絶の危機にさらされているのかという疑問にほかならない。

思えば、本書初版はその刊行以来現在に至るまで、私にとって終始、アメリカ政治史に関わる研究と教育上の導きの糸であり続けてきた。四〇年前まだ大学院生であった私に、恩師斎藤眞先生は本書初版の元となった大量のテープ起し原稿を示され、「自由に手を入れるように」と託された。しばらく後に、さまざまな文献を参照し、草稿の文意を補う文章を加え、細かい史実を書き込むことで倍ほどに膨れあがった私の原稿をご覧になった先生は、私の眼前でおそるべきスピードをもって、私の付加した部分のほとんどを削り取られていった。その修正された簡潔にして要を得た最終稿を拝見したときに気づかされたことは、この作業の全体が、(そうとは明示されなかったものの)未熟な大学院生に対する実地の文章修行であったことである。自らが第二版刊行のために一九七五年以降のアメリカ現代史を書き終えた今、あらためて思うことは、長年にわたって先生から受けた学恩の深さであり、歴史解釈についても文章についてもなおとうてい及びがたい先生の学識の高さである。

先生から本書の補筆改訂のお誘いを受けてから、早くも一〇年近い月日が経過してしまった。二〇〇八年先生とは幽明境を異にすることとなってしまったが、私自身の無力と怠惰のため、第二版刊行を先生の生前に果しえなかったことは悔やんでも悔やみきれず、ただお詫びするほかない。そしてこの間、同じく斎藤先生の薫陶を受けた五十嵐武士教授、久保文明教授、中野勝郎教授をはじめとし、未熟な私を教え、励まし、支えてくださった多くの同学の方々には深く感謝申し上げたい。

初版成立の経緯にならい、この第二版も付加部分の講義から始まり、そのテープ起し原稿を土台とし、それに繰り返し手を入れるという過程を踏んで執筆された。その模擬的な講義に参加し、時に貴重な批判や感想を述べ、さらに索引の作成に協力してくれた東京大学大学院総合文化研究科の院生、上英明、遠藤寛文両氏にはお礼申し上げたい。現在、オハイオ州立大学大学院においてアメリカ外交史研究に従事している上氏には、参考文献解題の更新にもご協力いただいた。第二版の刊行計画を軌道に乗せ、終始温かく見守ってくれた東京大学出版会の竹中英俊氏、編集を担当された奥田修一氏には、申し上げるべき感謝の言葉もない。奥田氏は、ともすれば定年前の雑事に埋没しそうな私を督励しつつ、原稿の細部に目を配り、初版では欠けていた事項索引を作成し、二つの通史を融合させるという難事を完成に導いてくれた。

仄聞するところでは、今新しいアメリカ政治外交史刊行を目指す複数のプロジェクトが進みつつあるという。この第二版が、古典としての初版の利用価値を高めるとともに、より専門的で、現代的解釈を盛り込んだ新しい通史の誕生を刺激することを願ってやまない。

二〇一二年三月　東京千駄ヶ谷において

古　矢　旬

人名索引

ア 行

アイゼンハワー(アイク) Eisenhower, Dwight David 219, 229-232, 246
アギナルド Aguinaldo, Emilio 148
アダムズ Adams, Herbert Baxter 168
アダムズ Adams, John 53, 58, 62
アダムズ Adams, John Quincy 70, 77, 78, 111, 112, 144
アダムズ Adams, Samuel 24
アダムズ Adams, Sherman 230
アチソン Acheson, Dean Gooderham 227
アラファト Arafat, Yasser 301
アルジャー Alger, Horatio 123
イーグルバーガー Eagleburger, Lawrence Sidney 300
イッキーズ Ickes, Harold LeClaire 200
イーデン Eden, Robert Anthony, Sir. 231
イングルハート Inglehart, Ronald 277
ヴァンス Vance, Cyrus Roberts 266
ヴァンゼッティ Vanzetti, Bartolomeo 178
ヴァンダビルト Vanderbilt, Cornelius 117
ヴァン・ビューレン Van Buren, Martin 79
ウィーヴァー Weaver, James Baird 136
ウィリアムズ Williams, Roger 17
ウィルキー Willkie, Wendell Lewis 215
ウィルソン Wilson, Charles Erwin 230
ウィルソン Wilson, Thomas Woodrow 114, 151, 152, 158-162, 164, 166-169, 171-176, 178-180, 182, 187
ヴィルヘルム二世 Wilhelm II (William II) 172
ウェーバー Weber, Max 142
ウェブスター Webster, Daniel 76, 112
ウェブスター Webster, Noah 72
ヴェブレン Veblen, Thorstein Bunde 134
ウェルタ Huerta, Victoriano 164
ヴォルカー Volcker, Paul Adolph 263
ウォルフォウィッツ Wolfowitz, Paul Dundes 286, 315
ウォレス Wallace, George Corley 241, 242
ウォレス Wallace, Henry Agard 200, 224, 225
エドワーズ Edwards, John 330, 331
エマソン Emerson, Ralph Waldo 26, 72
エリザベス女王 Elizabeth I 4
エリツィン Yeltsin, Boris Nikolayevich 283
オストロゴルスキー Ostrogorsky, Moisei Yakovlevich 142
オバマ Obama, Barack Hussein, Jr. 330-340
オバマ Obama, Michelle LaVaughn Robinson 340
オルドリッチ Aldrich, Nelson Wilmarth 153, 157
オルニー Olney, Richard 163
オルブライト Albright, Madeleine Korbel 307, 308

カ 行

ガーヴェイ Garvey, Marcus 235
カーソン Carson, Rachel Louise 252
カーター Carter, James Earl, Jr. 256, 257, 259, 265-272
カーネギー Carnegie, Andrew 117, 123
カルフーン Calhoun, John Caldwell 69, 76, 79, 111
キッシンジャー Kissinger, Henry Alfred 242, 244, 250, 265, 266
キップリング Kipling, Rudyard 146
ギャラティン Gallatin, Albert 63, 65
ギャリソン Garrison, William Lloyd 94
キング King, Martin Luther, Jr. 236, 237, 241
ギングリッチ Gingrich, Newton Leroy 293-295, 298
クラーク Clark, William 66
グラント Grant, Ulysses Simpson 104, 109
クリーヴランド Cleveland, Stephen Grover 114, 136-139
クリストファー Christopher, Warren Minor 305

クーリッジ Coolidge, Calvin　179, 182, 190
グリーリー Greely, Horace　131
グリーンスパン Greenspan, Alan　291, 297
クリントン Clinton, Hillary Rodham　292, 330, 331, 333
クリントン Clinton, William Jefferson　289–310, 313–315, 333
クレイ Clay, Henry　69, 76, 77, 112
グレンヴィル Grenville, George　20
クローフォド Crawford, William Harris　77
クローリー Croly, Herbert David　157, 159
ゲイジ Gage, Thomas　25
ケネディ Kennedy, John Fitzgerald　219, 221, 232–234, 236, 238
ケネディ Kennedy, Robert Fitzgerald　241
ケリー Kerry, John Forbes　324
ゲリー Gerry, Elbridge　46
ケロッグ Kellog, Frank Billings　188
ゴア Gore, Albert Arnold, Jr.　289, 313, 314, 316
コーエン Cohen, William Sebastian　308
コクシー Coxey, Jacob Sechler　138
コグリン Coughlin, Charles Edward　204
コックス Cox, James Middleton　178, 179
ゴールドウォーター Goldwater, Barry Morris　238, 241, 258, 260
ゴルバチョフ Gorbachev, Mikhail Segreevich　280, 281, 283, 299
コロンブス Columbus, Christopher　2
コンウェル Conwell, Russell Herman　123
コーンウォリス Cornwallis, Charles, 1st Marquis　37
コンクリング Conkling, Roscoe　105
ゴンパース Gompers, Samuel　128

サ　行

サッコ Sacco, Nicola　178
サハロフ Sakharov, Andrei Dmitrievich　271, 280
サムナー Sumner, Charles　105
サムナー Sumner, William Graham　123
サーモンド Thurmond, J. Strom　225
サンディーノ Sandino, Augusto César　269
ジェイ Jay, John　50, 53, 68
シェイズ Shays, Daniel　44
ジェイムズ一世 James I　4
ジェファソン Jefferson, Thomas　31, 43, 53, 54, 56–59, 61–64, 66–69, 84, 122, 133
シーモア Seymour, Horatio　110
ジャクソン Jackson, Andrew　76–79, 82–85, 89, 111
ジャクソン Jakson, Henry Martin (Scoop)　267
シャットシュナイダー Schattschneider, Elmer Eric　141, 142, 220
シュウォード Seward, William Henry　105, 144, 145
シュトイベン Steuben, Baron Friedrich Wilhelm von　36
ジュリアーニ Giuliani, Rudolph William　329
シュレジンジャー Schlesinger, Arthur Meier, Jr.　i, 239
蔣介石　227, 231
ジョージ George, Henry　130
ジョージ三世 George III　31
ジョンソン Johnson, Andrew　106, 107, 109
ジョンソン Johnson, Hiram Warren　155
ジョンソン Johnson, Hugh Samuel　199, 202
ジョンソン Johnson, Lyndon Baines　237–240, 249
シルヴィス Sylvis, William　127
シンクレア Sinclair, Upton　156
スコウクロフト Scowcroft, Brent　282
スター Starr, Kenneth Winston　292
スターリン Stalin, Joseph　223, 231
スタントン Stanton, Edwin McMasters　109
スタンフォード Stanford, Leland　117
スティーヴンソン Stevenson, Adlai Ewing　229
スティムソン Stimson, Henry Lewis　217
ステファンズ Steffens, Lincoln　156
ストー Stowe, Harriet Elizabeth Beecher　94
ストロング Strong, Josiah　146
スペンサー Spencer, Herbert　122
スミス Smith, Adam　12
スミス Smith, Alfred Emanuel　182, 185, 186,

193–196, 225
ゼーリック Zoellick, Robert Bruce 287
ソモサ Somoza Debayle, Anastasio 269, 270
ソロー Thoreau, Henry David 94

タ 行

タウンゼント Townsend, Francis Everett 204
タウンゼント Townshend, Charles 22
高木八尺 viii
タグウェル Tugwell, Rexford Guy 193, 219
ダグラス Douglas, Stephen Arnold 92, 99, 100, 103
ダグラス Douglas, William Orville 209
ダグラス Douglass, Frederick 97
ターナー Turner, Frederick Jackson 73, 133
ターナー Turner, Nat 96
タフト Taft, Robert Alphonso 229
タフト Taft, William Howard 151, 152, 156–159, 161–166, 169
タブマン Tubman, Harriet 97
ターベル Tarbell, Ida Minerva 156
ダレス Dulles, John Foster 230, 231
チェイニー Cheney, Richard Bruce 282, 310, 315, 316, 318, 323, 334, 335
チトー Tito, Josip Broz 299
チャーチル Churchill, Winston Leonardo Spencer, Sir. 223, 224
ツォンガス Tsongas, Paul Efthemios 310
デイヴィス Davis, John William 182
ティルデン Tilden, Samuel Jones 110
ディレイ DeLay, Thomas Dale 326
ディーン Dean, Howard Brush, III 323, 324, 331
デ・グレイジア de Grazia, Sebastian 142
デブス Debs, Eugene Victor 138, 159, 174, 179, 196
デューイ Dewey, George 147
デューイ Dewey, John 196
デューイ Dewey, Thomas Edmund 225
デュカキス Dukakis, Michael Stanley 282
デュ・ボイス Du Bois, William Edward Burghardt 235
鄧小平 283
ドーズ Dawes, Charles Gates 188
トックヴィル Tocqueville, Alexis Charles Henri Maurice Clérel de 85
トーニイ Taney, Roger Brooke 83, 92
ドネリー Donnelly, Ignatius 136
トマス Thomas, Norman Mattoon 196, 207
ドール Dole, Robert Joseph 296
トルーマン Truman, Harry S. 218, 222–227, 231, 235
トンプソン Thompson, Fred Dalton 329

ナ 行

ナイ Nye, Gerald Prentice 213
ナポレオン Napoleon I (Bonaparte, Napoléon) 66
ニクソン Nixon, Richard Milhous 229, 232, 242–244, 246, 250, 259, 265, 266, 340
新渡戸稲造 168
ニーバー Niebuhr, Reinhold 196
ネーダー Nader, Ralph 315
ノックス Knox, Frank 217
ノックス Knox, Philander Chase 163, 164
ノリエガ Noriega, Manuel 284, 285

ハ 行

バー Burr, Aaron 62
バイデン Biden, Joseph Robinette, Jr. 331–333
パウエル Powell, Colin Luther 282, 318, 321
バーガー Berger, Victor Louis 177
パーキンス Perkins, Frances 205
バーク Burke, Edmund 29, 168
パークマン Parkman, Francis 16
バジョット Bagehot, Walter 168
ハッカビー Huckabee, Michael Dale 329
ハーディング Harding, Warren Gamaliel 178, 179
ハナ Hanna, Marcus Alonzo 140
パーマー Palmer, Alexander Mitchell 177
ハミルトン Hamilton, Alexander 50, 53–59, 67, 68, 75, 143, 144
ハリソン Harrison, Benjamin 136
ハリマン Harriman, Edward Henry 117

ハル Hull, Cordell　213
バルーク Baruch, Bernard Mannes　173
バーレ Berle, Adolf Augustus, Jr.　219
パーレヴィ Pahlavi, Mohammad Reza Shah　270, 271
バンクロフト Bancroft, George　v
ハンティントン Huntington, Collis Potter　117
ハンフリー Humphrey, Hubert Horatio, Jr.　242
ビアード Beard, Charles Austin　iv
ビドゥル Biddle, Nicholas　82
ヒューズ Hughes, Charles Evans　161, 179
ヒルマン Hillman, Sidney　203, 207
ファランド Farrand, Max　60
ファーリー Farley, James Aloysius　193, 219
フィツヒュー Fitzhugh, George　97
フーヴァー Hoover, Herbert Clark　179, 180, 186, 190–194
フォスター Foster, William Zebulon　196
フォード Ford, Gerald Rudolph　244, 246, 256, 259, 265, 266
フォーリー Foley, Mark Adam　327
フォール Faure, Edgar　231
ブキャナン Buchanan, Patrick Joseph　290, 300
フクヤマ Fukuyama, Francis　287
フセイン Hussein, Saddam　285, 309
ブッシュ Bush, George Herbert Walker　281–290, 298–300, 306, 310
ブッシュ Bush, George Walker　311, 315–328, 330, 331
ブッシュ Bush, John Ellis (Jeb)　328
ブライアン Bryan, William Jennings　139–141, 147, 156, 167, 169, 196
ブライス Bryce, James　141, 142
ブラウダー Browder, Earl Russell　207
ブラウン Brown, John　98, 99
ブラック Black, Hugo LaFayette　209
ブラッドレイ Bradley, William Warren　314
フランクフルター Frankfurter, Felix　193, 209
フランクリン Franklin, Benjamin　7, 37, 122
ブランダイス Brandeis, Louis Dembitz　159
ブリアン Briand, Aristide　188
フリスト Frist, William Harrison　327
フリーモント Frémont, John Charles　98
ブルガーニン Bulganin, Nikolai Aleksandrovich　231
フルシチョフ Khrushchev, Nikita Sergeevich　231, 233
フルブライト Fulbright, James William　240, 244
ブレジネフ Brezhnev, Leonid Ilich　268, 272, 280
ブレジンスキー Brzezinski, Zbigniew Kazimierz　266, 272
ブレッキンリッジ Breckinridge, John Cabell　99, 100
ヘイ Hay, John Milton　150
ヘイズ Hayes, Rutherford Birchard　110
ペイリン Palin, Sarah Louise　330, 332
ペイン Paine, Thomas　17, 30
ベヴァリッジ Beveridge, Albert Jeremiah　146
ベーカー Baker, James Addison, III　282
ヘーゲル Hegel, George Wilhelm Friedrich　133
ベーコン Bacon, Nathaniel　14
ヘバン Hepburn, Alonzo Barton　viii
ベラミー Bellamy, Edward　130
ペリー Perry, Mathew Calbraith　112, 144, 165, 220
ベル Bell, Daniel　254
ベル Bell, John　99
ヘルパー Helper, Hinton Rowan　97
ヘルムズ Helms, Jesse　300
ペロー Perot, Henry Ross　290, 296, 301, 306
ヘンリー Henry, Patrick　24, 51
ホイットニー Whitney, Eli　74
ホー・チ・ミン Ho Chi Minh　237
ホプキンズ Hopkins, Harry Lloyd　199
ホメイニ Khomeini, Ruhollah Mussaui　270, 271
ポール Paul, Ronald Ernest　329
ホルブルック Holbrooke, Richard Charles Albert　303, 309

マ 行

マクガヴァン McGovern, George Stanley 243, 254
マクナマラ McNamara, Robert Strange 233, 240
マケイン McCain, John Sidney, III 315, 330–332
マーシャル Marshall, George Catlett 224
マーシャル Marshall, John 62, 63, 83
マッカーサー MacArthur, Douglas 227, 228
マッカーシー McCarthy, Eugene Joseph 241
マッカーシー McCarthy, Joseph Raymond 226, 245
マッカドゥー McAdoo, William Gibbs 182
マッキンレー McKinley, William 139, 140, 151, 152
マディソン Madison, James 47, 50, 53, 57, 59, 63, 64, 70
マートン Merton, Robert K. 142
マハン Mahan, Alfred Thayer 145, 168
ミロシェヴィッチ Milosevic, Slobodan 299, 309
メドベージェフ Medvedev, Dmitry Anatolyevich 335
メロン Mellon, Andrew William 179
モーガン Morgan, John Pierpont 121
モーゲンソウ Morgenthau, Hans Joachim 239
モーリー Moley, Raymond Charles 193, 198, 206, 219
モンデール Mondale, Walter Frederick 264
モンロー Monroe, James 64, 70, 72

ヤ 行

ヤング Young, Owen D. 188

ラ 行

ライス Rice, Condoleezza 315, 318
ラビン Rabin, Yitzhak 301
ラファイエット LaFayette, Marquis de 36
ラフォレット LaFollette, Robert Marion 155, 157, 158, 181, 182
ラムズフェルド Rumsfeld, Donald Henry 310, 315, 316, 318, 321, 328
ランキン Rankin, Jeannette 220
ランシング Lansing, Robert 167
ランドン Landon, Alfred Mossman 206, 207
リー Lee, Robert Edward 104
リーバーマン Lieberman, Joseph Isadore 314
リンカン Lincoln, Abraham 86, 99, 100, 102–107, 114, 115, 117, 235
リンド Lynd, Staughton v
ルイス Lewis, John Llewellyn 203
ルイス Lewis, Meriwether 66
ルーズヴェルト Roosevelt, Theodore 143, 145, 151–154, 156–159, 161–166, 168, 268
ルート Root, Elihu 165, 173
レーガン Reagan, Ronald Wilson 257, 259–265, 273–276, 280–282, 288, 289, 292, 297, 306, 311, 320
レムケ Lemke, William 207
ロイド Lloyd, Henry Demarest 130
ローヴ Rove, Karl Christian 315, 323, 325, 328
ローウェル Lowell, Francis Cabot 75
ローズヴェルト Roosevelt, Franklin Delano 114, 178, 179, 193–198, 200, 201, 203–215, 217–220, 222, 223, 235, 246, 334
ロストウ Rostow, Walt Whitman 233, 239
ロック Locke, John 31
ロックフェラー Rockefeller, John Davison 117, 121
ロッジ Lodge, Henry Cabot 145, 146
ロビンソン Robinson, James Harvey iv
ロムニー Romney, Willard Mitt 329
ローリ Raleigh, Walter, Sir. 4
ロング Long, Huey Pierce 203, 204, 206, 207
ロングフェロー Longfellow, Henry Wadsworth 94

ワ 行

ワシントン Washington, Booker Taliaferro 235
ワシントン Washington, George 26, 37, 45, 53, 54, 68
ワトソン Watson, Thomas Edward 140

事項索引

カ　行

サ　行

タ　行

ナ　行

ハ 行

マ　行

ヤ　行

ラ　行

ワ　行

斎　藤　　眞
1921年東京に生まれる．1942年東京大学法学部卒業．1959年東京大学法学部教授．2008年逝去．主要著書：『アメリカ外交の論理と現実』（東京大学出版会，1962年），『アメリカ政治外交史』（東京大学出版会，1975年），『アメリカ革命史研究――自由と統合』（東京大学出版会，1992年），『アメリカとは何か』（平凡社ライブラリー，1995年）．

古　矢　　旬
1947年東京に生まれる．1975年東京大学大学院法学政治学研究科博士課程中退．現在，北海商科大学教授．主要著書：『アメリカニズム――「普遍国家」のナショナリズム』（東京大学出版会，2002年），『アメリカ　過去と現在の間』（岩波新書，2004年），『ブッシュからオバマへ――アメリカ　変革のゆくえ』（岩波書店，2009年）．

アメリカ政治外交史［第2版］

1975年10月20日　初　版
2012年 4 月23日　第2版第1刷
2017年 2 月24日　第2版第2刷

［検印廃止］

著　者　斎藤《さいとう》　眞《まこと》・古矢《ふるや》　旬《じゅん》

発行所　一般財団法人　東京大学出版会
代表者　吉見俊哉
153-0041　東京都目黒区駒場4-5-29
http://www.utp.or.jp/
電話　03-6407-1069　Fax　03-6407-1991
振替　00160-6-59964

印刷所　研究社印刷株式会社
製本所　誠製本株式会社

ISBN　978-4-13-032218-8　Printed in Japan

斎藤眞・久保文明編	アメリカ政治外交史教材［第二版］	A5判	二八〇〇円
斎藤眞著	アメリカ革命史研究	A5判	七五〇〇円
五十嵐武士・久保文明編	アメリカ現代政治の構図	A5判	五六〇〇円
五十嵐武士・油井大三郎編	アメリカ研究入門［第三版］	A5判	二八〇〇円
古矢旬編	史料で読むアメリカ文化史 5	A5判	四五〇〇円
ニコルソン著 斎藤・深谷訳	外交	四六判	二四〇〇円
岡山裕著	アメリカ二大政党制の確立	A5判	五四〇〇円
西山隆行著	アメリカ型福祉国家と都市政治	A5判	六五〇〇円
森聡著	ヴェトナム戦争と同盟外交	A5判	六八〇〇円
梅川健著	大統領が変えるアメリカの三権分立制	A5判	五二〇〇円

ここに表示された価格は本体価格です．ご購入の
際には消費税が加算されますのでご了承ください．